2022年版

中华人民共和国监察法
中华人民共和国监察法实施条例
关联条文对照与适用精解

莫于川 主　编
哈书菊 副主编

中国法制出版社
CHINA LEGAL PUBLISHING HOUSE

序言　践行监察法治的强有力抓手

监察制度是国家治理体系和治理能力的重要组成部分。2018 年制定《中华人民共和国监察法》（以下简称监察法）、依法全面推行监察体制改革之后，社会各方面都希望能够进一步细化完善我国监察法治体系。国家监察委员会于 2021 年 9 月 20 日公布了《中华人民共和国监察法实施条例》（以下简称实施条例）。实施条例深入贯彻党的十九大和十九届二中、三中、四中、五中全会精神，认真落实党中央关于深化国家监察体制改革的重大决策部署，坚持以人民为中心的政治立场，完善监察权运行机制和监督责任制度，彰显运用法治思维、法治方式正风肃纪反腐的坚强决心，必须认真学习、深刻领会和稳健施行。

在此背景下来认识制定实施条例的重要意义，可以看到这是深化国家监察体制改革的重要举措，是推进监察工作规范化、法治化、正规化的有力保证，是解决监察工作中突出问题的现实需要，也是加强对监察机关监督制约的内在要求。作为国家监察委员会制定的第一部监察法规，实施条例的主旨包括：实现党对监察工作的全面领导具体化法治化，增强对公权力和公职人员监督的全覆盖有效性，进一步规范监察机关职责和权限，完善监察权运行的法律程序，确保监察权接受最严格的监督约束，切实维护当事人合法权益。①

实施条例在依据监察法的基础上对监察法中的一些原则性、概括性

---

① 《持续深化国家监察体制改革 规范和正确行使国家监察权》，载中央纪委国家监委网站，https://www.ccdi.gov.cn/toutiao/202109/t20210923_251073.html，最后访问时间：2022 年 1 月 17 日。

和指引性规定做了细化补充，其体量很大且注重实际操作，反映了近年来基层工作的积极创新经验，有助于解决监察实务中的一些具体问题，成为践行监察法治的强有力抓手，推动监察工作规范化、法治化和高效化，实现监察法规范与时俱进，确保监察权在法治轨道上运行。各级纪检监察机关是监督执纪执法机关，必须坚决贯彻落实实施条例，严格按照有关法律原则、权限、方式、程序开展工作，确保监察权力规范高效行使，促进纪检监察工作稳健发展。

对于本书，虽然进行条文对比和精要分析的文字篇幅不大，但对专业理论和政策水平都有很高的要求，需要通过深入浅出的分析，让这本创新格式的图书对纪检监察实务工作提供更多指导和帮助。从理论分析角度看，监察法治是一个多学科、跨学科和交叉学科的研究领域，正在发展成为相对独立的监察法学科，这是值得关注和推动的学术和制度发展，所以序言作者之一莫于川教授曾大力支持西南政法大学率先建立监察法学院，也曾参加编写马怀德教授主编的《监察法学》教材，还与哈书菊教授等学者共同编写了《中华人民共和国公职人员政务处分法释义》。基于既往的专业经验，我们组织了涵盖法学、政治学和思想政治教育学等多学科编写团队，作者或在高校、党校和科研机构工作（其中部分作者有纪检监察工作经历），或系现职纪检监察干部，努力保证本书切合实际需求，具有可信度和可行性。

这里简要说明本书内容框架的特殊编排格式。监察法与实施条例的框架结构总体上是一致的，体现了基本制度体系与细化制度规定的相互关系，这是一般做法且利于理解；编写团队也考虑到实施条例中有一些条文，可能是过去在监察监督工作实践中尝试运用的某些制度和方法，它们原先是通过规范性文件等形式予以推行的，在监察法不一定有完整的体现；经过三年多的监察法实施过程，再将一些成熟经验也纳入法律制度体系的需求更加迫切，故在与监察法的立法精神、法律原则和具体规定保持一致的前提下，通过实施条例作出了一些补充和细化规定，这有助于更好地实现监察法的立法目的和制度功能。因此，监察法的69个条文与实施条例的287个条文并非一一对应关系，有时前者一个条文对应（或分散对应）后者多个条文，有时前者某些条文与后者某些条文并不对应。鉴于此，本书选用特殊的编排方式，将正文设置为三栏：左栏是监察法的条文，中栏是监察条例的条文，右栏是简明的适用精解内容。这样的关联条文对照和适用精解格式，希望能够方便读者学习使用。

本书的基本内容包括四个部分：第一部分是序言，由莫于川教授与哈书菊教授共同撰写；第二部分是上编：关联条文对照与适用精解，以对比编排方式将法律文本逐章加以分析；第三部分是下编：监察法治典型案例分析，对相关的典型监察监督案例加以分析；第四部分是附录，内容包括相关法规、相关制度。

本书的读者范围较宽，首先是纪检监察部门干部及其派驻到其他单位去工作的干部；其次是机关、企事业单位、社会团体的纪检干部；最后是一般的公职人员、社会人士及高校师生。鉴于此，本书的写作考虑到读者的宽泛性，须同时注重叙事方法的准确度、接受度和可读性，尽量使用规范用语，也要适当通俗化，必要时通过注释加以说明，要让包括纪检监察干部在内的有关读者都易于阅读理解并加以运用。因此，本书的探索仅是开始，尚待不断创新完善。

目　录

上　编　关联条文对照与适用精解

下　编　监察法治典型案例分析

附 录 相关规范

上　编

关联条文对照与适用精解

监察法	实施条例	适用精解
第一章　总　则	**第一章　总　则**	法律法规的第一章总则，一般是规定其立法目的、立法依据、立法精神、法律价值、法律原则、适用范围、基本概念、基本关系、基本体制、基本方针政策等总体概括性的内容。其中最主要的内容乃是以立法目的和法律原则为主要表现形式的条理法，它确定了这个法律文本的基本定位、基本品格和基本功用。① 对于总则内容的全面认知和正确运用具有重要意义，值得予以重视。这里，还需要说明一点：实施条例第一章的第七条、第八条、第九条，并未与监察法第一章的条文顺序完全一致地顺序排列，而是与监察法第四条、第五条对应。
第一条　为了深化国家监察体制改革，加强对所有行使公权力的公职人员的监督，实现国家监察全面覆盖，深入开展反腐败工作，推进国家治理体系和治理能力现代化，根据宪法，制定本法。	**第一条**　为了推动监察工作法治化、规范化，根据《中华人民共和国监察法》（以下简称监察法），结合工作实际，制定本条例。	**监察法**第一条是关于立法目的和立法依据的规定。本条开宗明义和完整地概括了制定监察法的四项基本目的，也即“深化改革”“加强监督实现全覆盖”“深入反腐”“推进治理现代化”，体现了通过监察体制改革、制定监察法以形成中国特色监察法治的立法精神和法律价值；同时，还明确了制定本法的基本依据是宪法。 **实施条例**第一条是关于本条例立法目的和依据的规定。其立法目的为“推动监察工作法治化、规范化”，这也是最终实现监察法立法目的的基本要求。其立法依据有两项：一是作为上位法依据的监察法，因为实施条例细化了监察法确立的监察制度和运行机制，有助于监察法的具体施行，能够有效推动监察工作法治化、规范化；二是作为事实依据的“结合工作实际”，也即有必要将监察法施行后实践经验总结上升为实施条例的具体规定，这也是“推动监察工作法治化、规范化”的必然要求。

---

① 这里所谓条理法（Principle-ideal Law），是指一个法律文本的形而上的内容，包括基本内容和其他内容；基本内容是指，立法目的、立法精神、法律价值和法律原则；其他内容是指，特殊条件下的社会公德、当地习惯和社会共识等。条理法是与实体法、程序法相呼应的法概念，它广泛存在、富有功用，先在于实体法和程序法，指引着实体法和程序法的建构和运用，而且在没有明确的实体法和程序法规范之际，常可直接代位发挥实体法和程序法的规范作用，可以避免适用法律规范过程中的教条主义、形而上学的做法。条理法主要存在和表现于一部法律文本的第一章总则中，最基本和常见形态是立法目的和法律原则，其解决的是一部法律文本的基本方向、基本品格和基本功能等基础问题。参见莫于川：《行政权行使的条理法规制》，载《现代法治研究》2017 年第 4 期。

续表

监察法	实施条例	适用精解
		【相关规定】 1.《中华人民共和国宪法》(2018年3月11日)① 第三章第七节第一百二十三条至第一百二十七条; 2.《全国人民代表大会常务委员会关于国家监察委员会制定监察法规的决定》(2019年10月27日); 3.《法规、司法解释备案审查工作办法》(2019年12月16日)第二条、第十条。
第二条 坚持中国共产党对国家监察工作的领导，以马克思列宁主义、毛泽东思想、邓小平理论、“三个代表”重要思想、科学发展观、习近平新时代中国特色社会主义思想为指导，构建集中统一、权威高效的中国特色国家监察体制。	**第二条** 坚持中国共产党对监察工作的全面领导，增强政治意识、大局意识、核心意识、看齐意识，坚定中国特色社会主义道路自信、理论自信、制度自信、文化自信，坚决维护习近平总书记党中央的核心、全党的核心地位，坚决维护党中央权威和集中统一领导，把党的领导贯彻到监察工作各方面和全过程。	**监察法**第二条是关于国家监察工作的领导制度、指导思想和体制特点的规定。关于领导制度，是指要坚持中国共产党对国家监察工作的领导；关于指导思想，包括马克思列宁主义、毛泽东思想、邓小平理论、“三个代表”重要思想、科学发展观、习近平新时代中国特色社会主义思想；关于体制特点或曰建设目标，是指在上述领导制度和指导思想下要建构起集中统一、权威高效的中国特色国家监察体制。 **实施条例**第二条是关于如何落实国家监察工作的领导制度、指导思想和建设目标的严格和明确要求。也即在监察法第二条的基础上，强调了坚持中国共产党对监察工作的全面领导、增强“四个意识”、坚定“四个自信”、坚决做到“两个维护”等思想上的严格要求，有助于在监察制度践行过程中依法实现“把党的领导贯彻到监察工作各方面和全过程”。 【相关规定】 1.《中华人民共和国宪法》(2018年3月11日)第一条; 2.《中华人民共和国监察法》(2018年3月20日)第二条; 3.《中华人民共和国监察官法》(2021年8月20日)第二条; 4.《中国共产党章程》(2017年10月24日);

① 除特别说明的外，括号内的时间一般是指相关规定的发布时间或最近一次的修改时间。

续表

监察法	实施条例	适用精解
		5.《关于新形势下党内政治生活的若干准则》（2016年10月27日）； 6.《中国共产党问责条例》（2019年9月1日施行）第二条； 7.《中国共产党纪律处分条例》（2018年8月18日）第二条、第三条； 8.《中国共产党纪律检查机关监督执纪工作规则》（2019年1月1日施行）第一条、第二条、第三条第一项、第十三条。
第三条　各级监察委员会是行使国家监察职能的专责机关，依照本法对所有行使公权力的公职人员（以下称公职人员）进行监察，调查职务违法和职务犯罪，开展廉政建设和反腐败工作，维护宪法和法律的尊严。	**第三条**　监察机关与党的纪律检查机关合署办公，坚持法治思维和法治方式，促进执纪执法贯通、有效衔接司法，实现依纪监督和依法监察、适用纪律和适用法律有机融合。	**监察法**第三条是关于监察委员会的机构性质和基本职能的规定。 **实施条例**第三条是关于监察机关的组织行为样态的规定。它是在明确了监察机关的机构性质和基本职能的基础上，就监察机关的四大组织目标作出的具体规定，包括合署办公、坚持法治、贯通衔接、纪法融合等。 **【相关规定】** 1.《中华人民共和国宪法》（2018年3月11日）第一百二十七条； 2.《中华人民共和国监察法》（2018年3月20日）第四条； 3.《中国共产党机构编制工作条例》（2019年8月5日）第十一条第一款、第二款； 4.《中国共产党纪律检查机关监督执纪工作规则》（2019年1月1日施行）第二条、第六条。
第四条　监察委员会依照法律规定独立行使监察权，不受行政机关、社会团体和个人的干涉。 监察机关办理职务违法和职务犯罪案件，应当与审判机关、检察机关、执法部门互相配合，互相制约。	**第八条**　监察机关办理职务犯罪案件，应当与人民法院、人民检察院互相配合、互相制约，在案件管辖、证据审查、案件移送、涉案财物处置等方面加强沟通协调，对于人民法院、人民检察院提出的退回补充调查、排除非法证据、调取同步录音录像、要求调查人员出	**监察法**第四条是关于独立行使权力、相互关系和请求权的规定。它作出了监察委员会独立行使监察权、监察机关与有关机关之间是配合制约关系、监察机关具有协助工作要求权等组织法方面的三项规定。其中核心是第一款，规定了依法独立行使监察权，不受行政机关、社会团体和个人的干涉。 **实施条例**第八条、第九条是关于沟通协调关系和协助配合义务的规定。与监察法第四条第二款、第三款相对应。实施条例第八条规定了办理职务犯罪案件，监察机关如何与审判机关、检察机关配合制约、沟通协调、办理所提

续表

监察法	实施条例	适用精解
监察机关在工作中需要协助的，有关机关和单位应当根据监察机关的要求依法予以协助。	庭等意见依法办理。 **第九条** 监察机关开展监察工作，可以依法提请组织人事、公安、国家安全、审计、统计、市场监管、金融监管、财政、税务、自然资源、银行、证券、保险等有关部门、单位予以协助配合。 有关部门、单位应当根据监察机关的要求，依法协助采取有关措施、共享相关信息、提供相关资料和专业技术支持，配合开展监察工作。	意见。 **【相关规定】** 1.《中华人民共和国宪法》（2018 年 3 月 11 日）第一百二十七条； 2.《中华人民共和国监察法》（2018 年 3 月 20 日）第四条、第三十三条、第三十四条、第四十五条至第四十七条； 3.《中华人民共和国刑事诉讼法》（2018 年 10 月 26 日）第十九条、第一百七十条、第一百七十二条； 4.《最高人民法院关于适用〈中华人民共和国刑事诉讼法〉的解释》（2021 年 1 月 26 日）第二十四条、第一百三十条、第一百三十五条、第一百三十六条、第二百四十六条、第二百五十一条； 5.《人民检察院刑事诉讼规则》（2019 年 12 月 30 日）第十七条、第七十三条、第七十四条、第一百四十二条、第一百四十六条、第一百五十六条、第二百五十六条、第二百六十三条、第三百二十九条、第三百四十一条、第三百四十三条、第三百四十四条、第三百四十六条、第三百四十九条、第三百五十七条、第三百六十五条、第三百七十一条、第三百七十八条、第三百七十九条。 **实施条例**第九条规定了监察机关开展监察工作，可依法提请组织人事、公安等十余个重要部门、单位予以协助配合，有关部门、单位应当根据要求配合开展监察工作。这里对应法律条文作出细化规定的沟通协调关系和协助配合义务，有助于保证组织法方面的规定得以落实。 **【相关规定】** 1.《中华人民共和国宪法》（2018 年 3 月 11 日）第一百二十七条； 2.《中华人民共和国监察法》（2018 年 3 月 20 日）第四条、第二十三条第一款、第二十四条第三款、第四十三条第三款、第六十三条第一项；

续表

监察法	实施条例	适用精解
		3.《中国共产党党内监督条例》（2016 年 10 月 27 日）第三十七条； 4.《中国共产党纪律检查机关监督执纪工作规则》（2019 年 1 月 1 日施行）第十一条第二款。
第五条　国家监察工作严格遵照宪法和法律，以事实为根据，以法律为准绳；在适用法律上一律平等，保障当事人的合法权益；权责对等，严格监督；惩戒与教育相结合，宽严相济。	**第四条**　监察机关应当依法履行监督、调查、处置职责，坚持实事求是，坚持惩前毖后、治病救人，坚持惩戒与教育相结合，实现政治效果、法律效果和社会效果相统一。 **第七条**　监察机关应当在适用法律上一律平等，充分保障监察对象以及相关人员的人身权、知情权、财产权、申辩权、申诉权以及申请复审复核权等合法权益。	**监察法**第五条是关于监察工作四项基本原则的规定，这就是：其一，遵宪依法、坚持“事实和准绳”的原则；其二，平等适用法律、保障合法权益的原则；其三，权责对等、严格监督的原则；其四，惩教结合、宽严相济的原则。这是本法在总则中明确表达的条理法内容。 **实施条例**第四条、第七条是关于监察机关工作基本原则的细化规定。它们共同对应监察法第五条的内容，明确具体地规定了履行职责、三个坚持、三效统一、适法平等、保障权益等具体原则。 **【相关规定】** 1.《中华人民共和国监察法》（2018 年 3 月 20 日）第五条、第六条、第十一条； 2.《中华人民共和国公职人员政务处分法》（2020 年 6 月 20 日）第四条； 3.《中国共产党章程》（2017 年 10 月 24 日）第四十条第二款； 4.《中国共产党问责条例》（2019 年 9 月 1 日施行）第三条； 5.《中国共产党纪律处分条例》（2018 年 8 月 18 日）第四条、第五条； 6.《中国共产党党内监督条例》（2016 年 10 月 27 日）第四条； 7.《中国共产党组织处理规定（试行）》（2021 年 3 月 19 日）第四条； 8.《中国共产党纪律检查机关监督执纪工作规则》（2019 年 1 月 1 日施行）第四条。
第六条　国家监察工作坚持标本兼治、综合治理，强化监督问责，严厉惩治腐败；深化	**第五条**　监察机关应当坚定不移惩治腐败，推动深化改革、完善制度，规范权力运行，加强思想道德教育、	**监察法**第六条是关于构建监察工作长效机制三项工作方针的规定。这三项工作方针是要配套构建不敢腐、不能腐、不想腐的长效机制。 **实施条例**第五条是关于如何一体推进不敢腐、不能腐、不想腐的体制机制建设的具体规

续表

监察法	实施条例	适用精解
改革、健全法治，有效制约和监督权力；加强法治教育和道德教育，弘扬中华优秀传统文化，构建不敢腐、不能腐、不想腐的长效机制。	法治教育、廉洁教育，引导公职人员提高觉悟、担当作为、依法履职，一体推进不敢腐、不能腐、不想腐体制机制建设。	定。对应监察法第六条的规定，其明确列出了实现“三不”目标的五项具体目标和举措，这是非常重要的体制机制建设任务。 **【相关规定】** 1.《中华人民共和国监察法》（2018 年 3 月 20 日）第六条、第十一条第一项； 2.《中华人民共和国公务员法》（2018 年 12 月 29 日）第五十七条第一款； 3.《中华人民共和国国家安全法》（2015 年 7 月 1 日）第十五条第一款； 4.《中国共产党章程》（2017 年 10 月 24 日）； 5.《中国共产党廉洁自律准则》（2015 年 10 月 18 日）； 6.《关于新形势下党内政治生活的若干准则》（2016 年 10 月 27 日）； 7.《党委（党组）落实全面从严治党主体责任规定》（2020 年 3 月 9 日）第七条第七项。
	第六条 监察机关坚持民主集中制，对于线索处置、立案调查、案件审理、处置执行、复审复核中的重要事项应当集体研究，严格按照权限履行请示报告程序。	**实施条例**第六条是关于监察工作重要事项的必经程序规定。其明确提出，作为监察工作专责机关的监察机关必须坚持民主集中制，对于监察工作中的五个重要事项（线索处置、立案调查、案件审理、处置执行、复审复核），应当经过集体研究，严格按照权限履行请示报告程序，这是非常重要的程序原则和制度规范。 **【相关规定】** 1.《中华人民共和国宪法》（2018 年 3 月 11 日）第三条第一款； 2.《中华人民共和国监察法》（2018 年 3 月 20 日）第三十一条、第三十二条、第四十二条、第四十三条第一款； 3.《中华人民共和国公职人员政务处分法》（2020 年 6 月 20 日）第四条； 4.《中华人民共和国监察官法》（2021 年 8 月 20 日）第六条； 5.《中国共产党章程》（2017 年 10 月 24 日）第十条；

续表

监察法	实施条例	适用精解
		6.《关于新形势下党内政治生活的若干准则》（2016年10月27日）； 7.《中国共产党重大事项请示报告条例》（2019年1月31日）第三条、第十三条第一款第二项、第十四条第一款第三项； 8.《中国共产党党内监督条例》（2016年10月27日）第四条、第二十九条； 9.《中国共产党纪律处分条例》（2018年8月18日）第四条第四项； 10.《党委（党组）落实从严治党主体责任规定》（2020年3月9日）第九条第二款； 11.《党组讨论和决定党员处分事项工作程序规定（试行）》（2019年1月1日施行）第三条； 12.《中国共产党纪律检查机关监督执纪工作规则》（2019年1月1日施行）第十条、第五十三条、第五十五条第一款第四项。
第二章　监察机关及其职责	**第二章　监察机关及其职责**	**监察法**及**实施条例**的第二章均规定了监察组织和监察职责两个方面的内容。监察组织的建立是制度运行的起点，监察法和实施条例的各项制度均以监察组织及其相互之间的关系为基础展开。监察职责限定了监察委员会的权力边界；在监察法的基础上，实施条例对三项法定职责的具体方式作出了细化规定。本章内容对监察法律制度的构建和完善具有基础性意义。
	第一节　领导体制	**实施条例**第二章第一节以**监察法**第七条至第十条为基础，对监察机构的领导体制作出细化规定。领导体制是监察机构工作运行的基础，因此本节对各级监察机构之间、派出机关与监察机构和监察专员之间领导与被领导关系作了具体规定。 **【相关规定】** 《中华人民共和国宪法》（2018年3月11日）第一百二十五条。
第七条　中华人民共和国国家监察委员会是最高监		**监察法**第七条是关于监察委员会机构设置的规定。本条以法律的形式将监察机构设置固定下来。监察组织的建立是制度运行的开端，

续表

监察法	实施条例	适用精解
察机关。 省、自治区、直辖市、自治州、县、自治县、市、市辖区设立监察委员会。		第七条在第二章中起到总领性作用，保证了各级监察机关的产生、监督、领导、管辖及监察派驻等制度在逻辑上的完整性。
第八条　国家监察委员会由全国人民代表大会产生，负责全国监察工作。 国家监察委员会由主任、副主任若干人、委员若干人组成，主任由全国人民代表大会选举，副主任、委员由国家监察委员会主任提请全国人民代表大会常务委员会任免。 国家监察委员会主任每届任期同全国人民代表大会每届任期相同，连续任职不得超过两届。 国家监察委员会对全国人民代表大会及其常务委员会负责，并接受其监督。		**监察法**第八条是关于国家监察委员会的产生、组成人员、主任任期与连任以及监督的规定。第一款规定了国家监察委员会的产生。同时，由于国家监察委员会是最高监察机构，因此对全国监察工作负责。第二款规定了国家监察委员会的组成人员及选拔方式。其中主任由全国人大选举产生；副主任、委员由主任提请全国人大常委会任免。第三款规定了国家监察委员会主任任期。第四款规定了国家监察委员会需对全国人大及其常委会负责并接受监督。这种负责和监督具体体现在组织层面和工作层面。
第九条　地方各级监察委员会由本级人民代表大会产生，负责本行政		**监察法**第九条是关于地方各级监察委员会的产生、组成人员、主任任期与连任以及监督的规定。纵向上看，地方监察委员会的设置与我国行政区域的划分基本一致。① 横向上看，

① 参见马怀德主编：《监察法学》，人民出版社2019年版，第130页。

续表

监察法	实施条例	适用精解
区域内的监察工作。 地方各级监察委员会由主任、副主任若干人、委员若干人组成，主任由本级人民代表大会选举，副主任、委员由监察委员会主任提请本级人民代表大会常务委员会任免。 地方各级监察委员会主任每届任期同本级人民代表大会每届任期相同。 地方各级监察委员会对本级人民代表大会及其常务委员会和上一级监察委员会负责，并接受其监督。		地方监察委员会和人大之间的结构关系与国家层面保持一致。因此，地方监察委员会应当对同级人大及其常委会负责，并接受其监督。需要强调的是，由于监察机关和纪检机关合署办公，为匹配上下级纪委之间的领导与被领导关系，地方监察委员会也对上一级监察委员会负责，并接受其监督。 **【相关规定】** 《中国共产党纪律检查机关监督执纪工作规则》（2019年1月1日施行）第五条。
第十条　国家监察委员会领导地方各级监察委员会的工作，上级监察委员会领导下级监察委员会的工作。	**第十条**　国家监察委员会在党中央领导下开展工作。地方各级监察委员会在同级党委和上级监察委员会双重领导下工作，监督执法调查工作以上级监察委员会领导为主，线索处置和案件查办在向同级党委报告的同时应当一并向上一级监察委员会报告。 上级监察委员会应当加强对下级监察委员会的领导。下级监察委	**监察法**第十条是关于监察机关领导体制的规定。本条原则性地规定了中央和地方监察机关、上级和下级监察机关之间领导与被领导的关系。 **实施条例**第十条是关于监察机关领导体制的细化规定。本条规定了三个方面的内容：第一，监察工作接受党的领导。其中，国家监察委员会接受党中央领导，地方各级监察委员会接受同级党委领导。第二，规定了双重领导体制。在双重领导体制下，监督执法调查是以上级监察机关领导为主，而线索处置和案件查办则需遵循双重领导的要求。第三，第十条第二款对“上级领导下级”这一原则作出具体规定。一是树立了上级决定要坚决执行的观念，保证监察工作可以顺利开展。二是为平衡监察

续表

监察法	实施条例	适用精解
	员会对上级监察委员会的决定必须执行，认为决定不当的，应当在执行的同时向上级监察委员会反映。上级监察委员会对下级监察委员会作出的错误决定，应当按程序予以纠正，或者要求下级监察委员会予以纠正。 **第十一条** 上级监察委员会可以依法统一调用所辖各级监察机关的监察人员办理监察事项。调用决定应当以书面形式作出。 监察机关办理监察事项应当加强互相协作和配合，对于重要、复杂事项可以提请上级监察机关予以协调。	工作效率和“有错必纠”的工作原则，该款规定了依程序纠错制度。 **实施条例**第十一条是关于上下级监察委员会领导体制的延伸规定。第一款是关于人员力量调配的规定，体现了上级监察委员会在开展监察工作时对下级的领导。第二款规定了监察机关之间需要相互协作和配合，必要时可以提请上级监察机关予以协调。 **【相关规定】** 《中华人民共和国宪法》（2018 年 3 月 11 日）第一百二十五条。
第十一条 监察委员会依照本法和有关法律规定履行监督、调查、处置职责： （一）对公职人员开展廉政教育，对其依法履职、秉公用权、廉洁从政从业以及道德操守情况进行监督检查； （二）对涉嫌贪污贿赂、滥用职权、玩忽职守、权力寻租、利益输送、徇私舞弊以及浪费	第二节 监察监督	**监察法**第十一条是关于监察委员会监督、调查、处置职责的规定。本条通过列举的方式确定了监察委员会的职责种类。 **实施条例**第二章第二节是关于监察机关监督职责的具体规定，包括监察监督内涵、监督重点、监督方式、监督的工作形式及监督合力的内容。 特别提醒：为方便读者对照查阅监察法与实施条例内容之间的联系，故以监察法的体例顺序为参照，将实施条例第十二条、第十三条分别置于第二章第四节第三十六条之后阐述。
	第十四条 监察机关依法履行监察监督职责，对公职人员政治品行、行使公权力和道德操守情况进行监督检查，督促有关机关、单	**实施条例**第十四条至第二十一条是关于监察法中监督职责具体方式的细化规定。实施条例丰富了监察监督职责的具体实现方式。第十四条规定了监察机关监督职责的内涵，并规定了**检查监督**和**督促监督**两种监督形式。检查监督是由监察机关亲自组织实施的监督活动，督

续表

监察法	实施条例	适用精解
国家资财等职务违法和职务犯罪进行调查； （三）对违法的公职人员依法作出政务处分决定；对履行职责不力、失职失责的领导人员进行问责；对涉嫌职务犯罪的，将调查结果移送人民检察院依法审查、提起公诉；向监察对象所在单位提出监察建议。	位加强对所属公职人员的教育、管理、监督。 **第十五条**　监察机关应当坚决维护宪法确立的国家指导思想，加强对公职人员特别是领导人员坚持党的领导、坚持中国特色社会主义制度，贯彻落实党和国家路线方针政策、重大决策部署，履行从严管理监督职责，依法行使公权力等情况的监督。 **第十六条**　监察机关应当加强对公职人员理想教育、为人民服务教育、宪法法律法规教育、优秀传统文化教育，弘扬社会主义核心价值观，深入开展警示教育，教育引导公职人员树立正确的权力观、责任观、利益观，保持为民务实清廉本色。 **第十七条**　监察机关应当结合公职人员的职责加强日常监督，通过收集群众反映、座谈走访、查阅资料、召集或者列席会议、听取工作汇报和述责述廉、开展监督检查等方式，促进公职人员依法用权、秉公用权、廉洁用权。 **第十八条**　监察机关可以与公职人员进行	促监督是出于监督日常化和提高监督效率的考虑，以督促的方式要求管辖范围内的组织对所属公职人员进行教育、管理和监督。需要指出的是，本条中的监督检查应做广义理解，检查的具体方式可以是多样的。从检查主体和被检查主体的特点来看，检查要发挥效能须做到无定式、无定法，根据实际情况灵活使用各种手段。① 第十五条规定了监察机关的监督重点内容。由于与党的纪律检查机关合署办公，所以监察机关需对公职人员的党政行为进行双重监督。第十六条规定的是开展廉政教育的具体工作；第十七条至第十九条是关于开展监督检查工作具体方式的规定。其中，第十七条规定的各种监督方式，应属第十四条规定中检查监督的具体工作形式。第十八条中的谈心谈话，也属监察监督职责的法定工作形式。第十九条是对第十四条中的督促监督制度的具体细化，即规定了督促监督的适用情形和督促措施。第二十条是关于监察监督标本兼治的规定。需要强调的是，针对监督结果，监察机关有权提监察建议。监察建议作为一种处置手段，是对监督结果的反馈回应以及确保监督职责得以实效化的保障。② 监督和处置既相互独立又密切相关，在第二十条对监督结果的处置方式进行规定，能够从体例上凸显出监督和处置的密切关系。第二十一条的规定旨在将监察监督融入党和国家监督体系范畴，强调监察监督应与监察制度内外的各类监督制度共同发挥作用，形成监督合力。努力形成监督合力是完善党和国家监督体系的应有之义。本条规定的监督应划分为几类：第一类，横向监督。此类监督主要是同级国家机关之间的相互监督，包括人大监督、行政监督、司法监督和监察监督；第二类，专业监督。此类监督主要由专业部门对专业问题进行监督，包括审计监督、财会监督、统计监督等；第三类，内部监督。主要包括与监察机关

① 马怀德主编：《监察法学》，人民出版社 2019 年版，第 159 页。

② 参见马怀德主编：《监察法学》，人民出版社 2019 年版，第 174 页。

续表

监察法	实施条例	适用精解
	谈心谈话，发现政治品行、行使公权力和道德操守方面有苗头性、倾向性问题的，及时进行教育提醒。 **第十九条** 监察机关对于发现的系统性、行业性的突出问题，以及群众反映强烈的问题，可以通过专项检查进行深入了解，督促有关机关、单位强化治理，促进公职人员履职尽责。 **第二十条** 监察机关应当以办案促进整改、以监督促进治理，在查清问题、依法处置的同时，剖析问题发生的原因，发现制度建设、权力配置、监督机制等方面存在的问题，向有关机关、单位提出改进工作的意见或者监察建议，促进完善制度，提高治理效能。 **第二十一条** 监察机关开展监察监督，应当与纪律监督、派驻监督、巡视监督统筹衔接，与人大监督、民主监督、行政监督、司法监督、审计监督、财会监督、统计监督、群众监督和舆论监督等贯通协调，健全信息、资源、成果共享等机制，形成监督合力。	内部系统有关的机关监督，其中包括监察监督、派驻监督、纪律监督以及巡视监督。在监察工作中，内部监督应发挥统筹衔接作用，主动与其他监督形式形成合力。第四类，外部监督。此类监督主要为国家机关以外的组织或个人进行的监督，其中包括群众监督、舆论监督等。 **【相关规定】** 1.《中华人民共和国公职人员政务处分法》（2020 年 6 月 20 日）第三条； 2.《中国共产党纪律检查机关监督执纪工作规则》（2019 年 1 月 1 日施行）第十三条至第十六条； 3.《中国共产党党内监督条例》（2016 年 10 月 27 日）第三十七条至第三十九条。

续表

监察法	实施条例	适用精解
	第三节　监察调查	**实施条例**第二章第三节是关于监察调查的细化规定。本节大体划分为三个部分：第二十二条是对监察调查的法律依据和主要内容进行原则性概括。第二十三条至第三十一条分别通过列举的方式将职务违法行为的具体情形和职务犯罪具体罪名予以明确，其中第二十三条、第二十四条是关于调查违法行为的规定，第二十五条至第三十一条是关于调查职务犯罪的规定。第三十二条是关于调查过程中和调查终结后的处理程序规定。
	第二十二条　监察机关依法履行监察调查职责，依据监察法、《中华人民共和国公职人员政务处分法》（以下简称政务处分法）和《中华人民共和国刑法》（以下简称刑法）等规定对职务违法和职务犯罪进行调查。	**实施条例**第二十二条明确规定了履行监察调查职责的法律依据和调查的具体内容。
	第二十三条　监察机关负责调查的职务违法是指公职人员实施的与其职务相关联，虽不构成犯罪但依法应当承担法律责任的下列违法行为： （一）利用职权实施的违法行为； （二）利用职务上的影响实施的违法行为； （三）履行职责不力、失职失责的违法行为； （四）其他违反与公职人员职务相关的特定义务的违法行为。	**实施条例**第二十三条是关于调查公职人员职务违法行为适用情形的相关规定，列举了违法但未达到犯罪程度的三类情形。

续表

监察法	实施条例	适用精解
	第二十四条 监察机关发现公职人员存在其他违法行为，具有下列情形之一的，可以依法进行调查、处置： （一）超过行政违法追究时效，或者超过犯罪追诉时效、未追究刑事责任，但需要依法给予政务处分的； （二）被追究行政法律责任，需要依法给予政务处分的； （三）监察机关调查职务违法或者职务犯罪时，对被调查人实施的事实简单、清楚，需要依法给予政务处分的其他违法行为一并查核的。 监察机关发现公职人员成为监察对象前有前款规定的违法行为的，依照前款规定办理。	**实施条例**第二十四条是关于调查非职务违法行为的相关规定。本条规定了监察机关对公职人员其他违法行为可以进行调查、处置，其立法意义和功能为何？欲探究这一问题，有必要先厘清三段关系：第一，监察调查事项与政务处分事项的关系。笔者认为，监察法调整的是公职人员的职务违法与职务犯罪行为；而根据《中华人民共和国公职人员政务处分法》第十五条至第十八条，不难看出该法调整的是公职人员的全部违法行为（包括一般违法行为和犯罪行为）。因此，我们可以发现，《中华人民共和国公职人员政务处分法》调整的事项要广于监察调查的事项。第二，监察权与政务处分权之间的关系。根据监察法第四十五条第一款第二项，政务处分是一种监察处置方式，政务处分决定的作出以监察监督和检查的结果为依据。第三，处分与政务处分之间关系。处分和政务处分的主体分别是公职人员任免机关、单位和监察机关；接受处分的公职人员可同时接受政务处分。厘清上述关系后，我们知道监察机关针对除职务违法和职务犯罪外的其他违法行为可依据《中华人民共和国公职人员政务处分法》，作出政务处分决定。但被调查人涉嫌其他违法或者犯罪行为的，应当依法移送主管机关处理。因此，实施条例第二十四条规定了只需由监察机关给予政务处分的几种情形，即排除了需要移送主管机关处理的情况。第一种是法律不追究公职人员行政或刑事责任的情形。在这一情形下，案件无须移交其他主管机关，由监察机关直接给予政务处分即可。第二种是追究行政责任的同时还给予政务处分的情形。此种情况应属被调查人已经确定承担行政责任，但同时需要给予政务处分的情况，监察机关应当予以追究。第三种是违法事实较为简单、清楚同时需要给予政务处分的情形。出于提升办案效率的考量，实施条例规定此种情形直接由监察机关一并查核。

续表

监察法	实施条例	适用精解
	第二十五条　监察机关依法对监察法第十一条第二项规定的职务犯罪进行调查。 **第二十六条**　监察机关依法调查涉嫌贪污贿赂犯罪，包括贪污罪，挪用公款罪，受贿罪，单位受贿罪，利用影响力受贿罪，行贿罪，对有影响力的人行贿罪，对单位行贿罪，介绍贿赂罪，单位行贿罪，巨额财产来源不明罪，隐瞒境外存款罪，私分国有资产罪，私分罚没财物罪，以及公职人员在行使公权力过程中实施的职务侵占罪，挪用资金罪，对外国公职人员、国际公共组织官员行贿罪，非国家工作人员受贿罪和相关联的对非国家工作人员行贿罪。 **第二十七条**　监察机关依法调查公职人员涉嫌滥用职权犯罪，包括滥用职权罪，国有公司、企业、事业单位人员滥用职权罪，滥用管理公司、证券职权罪，食品、药品监管渎职罪，故意泄露国家秘密罪，报复陷害罪，阻碍解救被拐卖、绑架妇女、儿童罪，帮助犯罪分子逃避处罚罪，违法	**实施条例**第二十五条至第三十一条是关于职务犯罪罪名的相关规定。其中，第二十六条针对贪污贿赂犯罪；第二十七条针对滥用职权犯罪；第二十八条针对玩忽职守犯罪；第二十九条针对徇私舞弊犯罪；第三十条针对部分因过失造成的安全事故犯罪；第三十一条针对公职人员行使的其他涉及公权力行使的犯罪。

续表

监察法	实施条例	适用精解
	发放林木采伐许可证罪，办理偷越国（边）境人员出入境证件罪，放行偷越国（边）境人员罪，挪用特定款物罪，非法剥夺公民宗教信仰自由罪，侵犯少数民族风俗习惯罪，打击报复会计、统计人员罪，以及司法工作人员以外的公职人员利用职权实施的非法拘禁罪、虐待被监管人罪、非法搜查罪。 **第二十八条** 监察机关依法调查公职人员涉嫌玩忽职守犯罪，包括玩忽职守罪，国有公司、企业、事业单位人员失职罪，签订、履行合同失职被骗罪，国家机关工作人员签订、履行合同失职被骗罪，环境监管失职罪，传染病防治失职罪，商检失职罪，动植物检疫失职罪，不解救被拐卖、绑架妇女、儿童罪，失职造成珍贵文物损毁、流失罪，过失泄露国家秘密罪。 **第二十九条** 监察机关依法调查公职人员涉嫌徇私舞弊犯罪，包括徇私舞弊低价折股、出售国有资产罪，非法批准征收、征用、占用土地罪，非法低价出让	

续表

监察法	实施条例	适用精解
	国有土地使用权罪，非法经营同类营业罪，为亲友非法牟利罪，枉法仲裁罪，徇私舞弊发售发票、抵扣税款、出口退税罪，商检徇私舞弊罪，动植物检疫徇私舞弊罪，放纵走私罪，放纵制售伪劣商品犯罪行为罪，招收公务员、学生徇私舞弊罪，徇私舞弊不移交刑事案件罪，违法提供出口退税凭证罪，徇私舞弊不征、少征税款罪。 **第三十条**　监察机关依法调查公职人员在行使公权力过程中涉及的重大责任事故犯罪，包括重大责任事故罪，教育设施重大安全事故罪，消防责任事故罪，重大劳动安全事故罪，强令、组织他人违章冒险作业罪，危险作业罪，不报、谎报安全事故罪，铁路运营安全事故罪，重大飞行事故罪，大型群众性活动重大安全事故罪，危险物品肇事罪，工程重大安全事故罪。 **第三十一条**　监察机关依法调查公职人员在行使公权力过程中涉及的其他犯罪，包括破坏选举罪，背信损害上市公司利益罪，金融工	

续表

监察法	实施条例	适用精解
	作人员购买假币、以假币换取货币罪，利用未公开信息交易罪，诱骗投资者买卖证券、期货合约罪，背信运用受托财产罪，违法运用资金罪，违法发放贷款罪，吸收客户资金不入账罪，违规出具金融票证罪，对违法票据承兑、付款、保证罪，非法转让、倒卖土地使用权罪，私自开拆、隐匿、毁弃邮件、电报罪，故意延误投递邮件罪，泄露不应公开的案件信息罪，披露、报道不应公开的案件信息罪，接送不合格兵员罪。	
	第三十二条 监察机关发现依法由其他机关管辖的违法犯罪线索，应当及时移送有管辖权的机关。 监察机关调查结束后，对于应当给予被调查人或者涉案人员行政处罚等其他处理的，依法移送有关机关。	**实施条例**第三十二条是关于调查中和调查后的处理程序规定。在实践中，对党员或公职人员的调查，可能是从发现违纪违法线索开始的，对此类党员或公职人员的处理也往往先从党纪处分或政务处分开始。但随着调查的深入，案件性质可能发生变化，从违反党纪转变为职务违法甚至为职务犯罪或其他犯罪。因此，有必要制定调查过程中和调查终结后的案件移送制度，以保证处理违法行为的程序顺畅。
	第四节 监察处置	实施条例第二章第四节是对监察法中规定的政务处分、问责、案件移送和监察建议四种监察处置权作出的细化规定。 **【相关规定】** 《中华人民共和国监察法》（2018 年 3 月 20 日）第十一条、第四十五条。
	第三十三条 监察机关对违法的公职人员，依据监察法、政务	**实施条例**第三十三条至第三十六条是关于监察处置职责的细化规定。具体包括：第一，对作出政务处分的依据作出规定。第二，对决

续表

监察法	实施条例	适用精解
	处分法等规定作出政务处分决定。 **第三十四条**　监察机关在追究违法的公职人员直接责任的同时，依法对履行职责不力、失职失责，造成严重后果或者恶劣影响的领导人员予以问责。 监察机关应当组成调查组依法开展问责调查。调查结束后经集体讨论形成调查报告，需要进行问责的按照管理权限作出问责决定，或者向有权作出问责决定的机关、单位书面提出问责建议。 **第三十五条**　监察机关对涉嫌职务犯罪的人员，经调查认为犯罪事实清楚，证据确实、充分，需要追究刑事责任的，依法移送人民检察院审查起诉。 **第三十六条**　监察机关根据监督、调查结果，发现监察对象所在单位在廉政建设、权力制约、监督管理、制度执行以及履行职责等方面存在问题需要整改纠正的，依法提出监察建议。 监察机关应当跟踪了解监察建议的采纳情况，指导、督促有关单位限期整改，推动监察建议落实到位。	定予以问责的基本标准和决定问责的程序作出明确规定。第三，对调查结果的移送起诉标准作出规定。第四，对监察建议的适用条件和监察建议的具体落实工作作出规定。第四节规定的四种监察处置权，最明显的区分在于适用对象的不同：政务处分针对的是违法公职人员；问责针对的是领导人员，问责与政务处分可以并处；案件移送起诉针对的是涉嫌职务犯罪的人员；监察建议针对的是有关单位。

续表

监察法	实施条例	适用精解
第十二条　各级监察委员会可以向本级中国共产党机关、国家机关、法律法规授权或者委托管理公共事务的组织和单位以及所管辖的行政区域、国有企业等派驻或者派出监察机构、监察专员。 监察机构、监察专员对派驻或者派出它的监察委员会负责。	**第十二条**　各级监察委员会依法向本级中国共产党机关、国家机关、法律法规授权或者受委托管理公共事务的组织和单位以及所管辖的国有企业事业单位等派驻或者派出监察机构、监察专员。 省级和设区的市级监察委员会依法向地区、盟、开发区等不设置人民代表大会的区域派出监察机构或者监察专员。县级监察委员会和直辖市所辖区（县）监察委员会可以向街道、乡镇等区域派出监察机构或者监察专员。 监察机构、监察专员开展监察工作，受派出机关领导。	**监察法**第十二条是关于监察派驻制度①的规定。第一款规定了派驻或派出的范围和组织形式。第二款规定体现了监察委员会与其派出的监察机构或监察专员之间领导与被领导、本体与派生的关系。 **实施条例**第十二条是关于监察派驻制度的具体细化规定。该条强调“依法派驻或派出”，即派驻或派出行为必须有法律的授权。此条款借助法定化技术推动了监察派驻制度的规范化进程。第一款和第二款分别规定了监察委员会向同级和下级机关单位派驻或派出监察机构和监察专员的具体情形。第三款与监察法第十二条第二款含义无差，反映了派出机关与监察机构、监察专员之间领导与被领导的关系。
第十三条　派驻或者派出的监察机构、监察专员根据授权，按照管理权限依法对公职人员进行监督，提出监察建议，依法对公职人员进行调查、处置。	**第十三条**　派驻或者派出的监察机构、监察专员根据派出机关授权，按照管理权限依法对派驻或者派出监督单位、区域等的公职人员开展监督，对职务违法和职务犯罪进行调查、处置。监察机构、监察专员可以按规定与地方监察委员会联合调查严重职务违法、职务犯罪，或者移交地方监察	**监察法**第十三条是关于派驻或派出的监察机构、监察专员职责的规定。主要涉及两个方面的内容：第一，强调监察机构和监察专员的权力来源和行使都应受到约束。第二，规定了派驻或派出的监察机构、监察专员在管理权限内拥有与监察委员会相同的职责种类。 **实施条例**第十三条是关于监察机构、监察专员履行职责的具体规定。第一款明确了监察机构和监察专员的职责授权主体、管辖范围，规定了独立调查、联合调查及移交案件三种调查程序模式。第二款规定了监察机构、监察专员移交管辖权限范围之外案件的程序，旨在保证被发现的线索能够依照法定流程被获取和处理。

① 参见中共中央纪律检查委员会中华人民共和国国家监察委员会法规室编写：《〈中华人民共和国监察法〉释义》，中国方正出版社2018年版，第97页。

续表

监察法	实施条例	适用精解
	委员会调查。 未被授予职务犯罪调查权的监察机构、监察专员发现监察对象涉嫌职务犯罪线索的，应当及时向派出机关报告，由派出机关调查或者依法移交有关地方监察委员会调查。	
第十四条　国家实行监察官制度，依法确定监察官的等级设置、任免、考评和晋升等制度。		**监察法**第十四条是关于监察官制度的规定。第十四条以法律的形式原则性规定了监察官制度需要包含的主要内容。对监察官制度设立的具体安排由《中华人民共和国监察官法》和其他规范性文件予以规定。建立监察官制度的优势正如《中华人民共和国监察官法》第一条表述的那样，能够加强对监察官的管理和监督，保障监察官依法履行职责，维护监察官合法权益，推进高素质专业化监察官队伍建设。 **【相关规定】** 《中华人民共和国监察官法》（2021年8月20日）第一条。
第三章　监察范围和管辖	**第三章　监察范围和管辖**	监察法与实施条例的第三章均规定了监察范围与管辖的相关内容。监察的范围和管辖均涉及监察权行使边界问题：监察范围针对监察权覆盖的对象边界，包括所有行使公权力的公职人员；管辖问题涉及监察权行使的事项边界和地域边界。需要强调的是，实施条例在遵守法律保留原则的基础上，对监察工作中存在的管辖争议问题提出了具体解决措施，这些内容对监察法相关制度的构建与发展极具实践意义。
第十五条　监察机关对下列公职人员和有关人员进行监察： （一）中国共产党机关、人民代表大会及其常务委	第一节　监察对象	**监察法**第十五条是关于监察对象范围的规定。该条旨在通过分类表述方式，将行使公权力、从事公务的公职人员和有关人员作为监察对象，没有疏漏地逐一明确规定。 明确监察对象的意义在于确定监察权行使的边界，即监察权应施加于何种类型的对象，哪些对象应受监察法的调整。**实施条例**第三章

续表

监察法	实施条例	适用精解
员会机关、人民政府、监察委员会、人民法院、人民检察院、中国人民政治协商会议各级委员会机关、民主党派机关和工商业联合会机关的公务员，以及参照《中华人民共和国公务员法》管理的人员； （二）法律、法规授权或者受国家机关依法委托管理公共事务的组织中从事公务的人员； （三）国有企业管理人员； （四）公办的教育、科研、文化、医疗卫生、体育等单位中从事管理的人员； （五）基层群众性自治组织中从事管理的人员； （六）其他依法履行公职的人员。	**第三十七条** 监察机关依法对所有行使公权力的公职人员进行监察，实现国家监察全面覆盖。 **第三十八条** 监察法第十五条第一项所称公务员范围，依据《中华人民共和国公务员法》（以下简称公务员法）确定。 监察法第十五条第一项所称参照公务员法管理的人员，是指有关单位中经批准参照公务员法进行管理的工作人员。 **第三十九条** 监察法第十五条第二项所称法律、法规授权或者受国家机关依法委托管理公共事务的组织中从事公务的人员，是指在上述组织中，除参照公务员法管理的人员外，对公共事务履行组织、领导、管理、监督等职责的人员，包括具有公共事务管理职能的行业协会等组织中从事公务的人员，以及法定检验检测、检疫等机构中从事公务的人员。 **第四十条** 监察法第十五条第三项所称国有企业管理人员，是指国家出资企业中的下列人员：	第一节包括八个条文，主要以列举的形式明确监察法第十五条中包含的几类人员。 **实施条例**第三十七条是在遵循立法原意的基础上，对监察法第十五条所列几类人员进行高度概括，形成原则性规定。第三十八条至第四十三条则是关于监察法第十五条规定的对象逐项进行细化的规定。通过列举的方式有利于明确监察的对象，便于对此类人员依法加强监察监督。第四十四条规定对单位违法的，监察机关应追究负有责任的领导人员和负有直接责任的公职人员的法律责任。 **【相关规定】** 《中华人民共和国公职人员政务处分法》（2020年6月20日）第二条。

续表

监察法	实施条例	适用精解
	（一）在国有独资、全资公司、企业中履行组织、领导、管理、监督等职责的人员； （二）经党组织或者国家机关，国有独资、全资公司、企业，事业单位提名、推荐、任命、批准等，在国有控股、参股公司及其分支机构中履行组织、领导、管理、监督等职责的人员； （三）经国家出资企业中负有管理、监督国有资产职责的组织批准或者研究决定，代表其在国有控股、参股公司及其分支机构中从事组织、领导、管理、监督等工作的人员。 **第四十一条**　监察法第十五条第四项所称公办的教育、科研、文化、医疗卫生、体育等单位中从事管理的人员，是指国家为了社会公益目的，由国家机关举办或者其他组织利用国有资产举办的教育、科研、文化、医疗卫生、体育等事业单位中，从事组织、领导、管理、监督等工作的人员。 **第四十二条**　监察法第十五条第五项所称基层群众性自治组织中从事管理的人员，是指	

续表

监察法	实施条例	适用精解
	该组织中的下列人员： （一）从事集体事务和公益事业管理的人员； （二）从事集体资金、资产、资源管理的人员； （三）协助人民政府从事行政管理工作的人员，包括从事救灾、防疫、抢险、防汛、优抚、帮扶、移民、救济款物的管理，社会捐助公益事业款物的管理，国有土地的经营和管理，土地征收、征用补偿费用的管理，代征、代缴税款，有关计划生育、户籍、征兵工作，协助人民政府等国家机关在基层群众性自治组织中从事的其他管理工作。 **第四十三条** 下列人员属于监察法第十五条第六项所称其他依法履行公职的人员： （一）履行人民代表大会职责的各级人民代表大会代表，履行公职的中国人民政治协商会议各级委员会委员、人民陪审员、人民监督员； （二）虽未列入党政机关人员编制，但在党政机关中从事公务的人员； （三）在集体经济	

续表

监察法	实施条例	适用精解
	组织等单位、组织中，由党组织或者国家机关，国有独资、全资公司、企业，国家出资企业中负有管理监督国有和集体资产职责的组织，事业单位提名、推荐、任命、批准等，从事组织、领导、管理、监督等工作的人员； （四）在依法组建的评标、谈判、询价等组织中代表国家机关，国有独资、全资公司、企业，事业单位，人民团体临时履行公共事务组织、领导、管理、监督等职责的人员； （五）其他依法行使公权力的人员。 **第四十四条**　有关机关、单位、组织集体作出的决定违法或者实施违法行为的，监察机关应当对负有责任的领导人员和直接责任人员中的公职人员依法追究法律责任。	
	第二节　管　辖	**实施条例**第三章第二节的内容既包括对监察法中管辖规定的细化，也增补了实践中所需的关于管辖问题的特殊规定。
第十六条　各级监察机关按照管理权限管辖本辖区内本法第十五条规	**第四十五条**　监察机关开展监督、调查、处置，按照管理权限与属地管辖相结合的原则，	**监察法**第十六条是关于监察机关管辖原则的规定。该条文中的三款分别规定了一般管辖、提级管辖以及管辖争议的解决方式。① 第一款的表述涵盖三个方面的要素：管辖级别、

① 参见中共中央纪律检查委员会中华人民共和国国家监察委员会法规室编写：《〈中华人民共和国监察法〉释义》，中国方正出版社 2018 年版，第 116~117 页。

续表

监察法	实施条例	适用精解
定的人员所涉监察事项。 上级监察机关可以办理下一级监察机关管辖范围内的监察事项，必要时也可以办理所辖各级监察机关管辖范围内的监察事项。 监察机关之间对监察事项的管辖有争议的，由其共同的上级监察机关确定。	实行分级负责制。 **第四十六条** 设区的市级以上监察委员会按照管理权限，依法管辖同级党委管理的公职人员涉嫌职务违法和职务犯罪案件。 县级监察委员会和直辖市所辖区（县）监察委员会按照管理权限，依法管辖本辖区内公职人员涉嫌职务违法和职务犯罪案件。 地方各级监察委员会按照本条例第十三条、第四十九条规定，可以依法管辖工作单位在本辖区内的有关公职人员涉嫌职务违法和职务犯罪案件。 监察机关调查公职人员涉嫌职务犯罪案件，可以依法对涉嫌行贿犯罪、介绍贿赂犯罪或者共同职务犯罪的涉案人员中的非公职人员一并管辖。非公职人员涉嫌利用影响力受贿罪的，按照其所利用的公职人员的管理权限确定管辖。 **第四十七条** 上级监察机关对于下一级监察机关管辖范围内的职务违法和职务犯罪案件，具有下列情形之一的，可以依法提级管辖： （一）在本辖区有重大影响的；	管辖区域以及管辖事项。管辖权限涉及管辖级别与管辖事项。管辖事项即“对本法第十五条规定的人员”的监察。“管辖本辖区内的……”体现属地管辖原则。第二款的提级管辖是对一般管辖原则的补充，是对特殊案件的特殊处理。第三款规定了管辖争议的解决方式。这一制度的确立是以上下级监察委员会之间领导与被领导的关系为基础的。 **实施条例**第四十五条是关于监察机关需要按照管理权限与属地管辖相结合的原则，实行分级负责制的一般管辖规定。第四十六条、第四十七条是关于监察法第十六条细化的规定。其中第四十六条对应监察法第十六条第一款的规定。主要涉及三个方面的问题：第一，明确了各级监察委员会对本辖区的监察事项有管辖权；第二，明确了监察委员会遵循级别管辖与属地管辖相结合的原则；第三，明确了对非公职人员的管辖。第四十七条第一款和第三款对应监察法第十六条第二款前半句和第十七条第二款规定，列明适用提级管辖的具体情形。同时也细化了适用提级管辖的程序，既可以由上级监察委员会决定适用提级管辖，也可以在满足法定情形的情况下，由下一级监察委员会报请上一级管辖。第四十七条第二款对应监察法第十六条第二款的后半句，对提级管辖中的特殊情形进行了细化规定，即上级监察委员会有权管辖辖区内任何一级监察委员会的监察事项。该款对监察法中的“必要时”这一概念作出进一步说明，即当该案件在辖区内有重大影响时，上级有可能直接调查或组织、指挥、参与调查。

续表

监察法	实施条例	适用精解
	（二）涉及多个下级监察机关管辖的监察对象，调查难度大的； （三）其他需要提级管辖的重大、复杂案件。 上级监察机关对于所辖各级监察机关管辖范围内有重大影响的案件，必要时可以依法直接调查或者组织、指挥、参与调查。 地方各级监察机关所管辖的职务违法和职务犯罪案件，具有第一款规定情形的，可以依法报请上一级监察机关管辖。	
第十七条　上级监察机关可以将其所管辖的监察事项指定下级监察机关管辖，也可以将下级监察机关有管辖权的监察事项指定给其他监察机关管辖。 监察机关认为所管辖的监察事项重大、复杂，需要由上级监察机关管辖的，可以报请上级监察机关管辖。	**第四十八条**　上级监察机关可以依法将其所管辖的案件指定下级监察机关管辖。 设区的市级监察委员会将同级党委管理的公职人员涉嫌职务违法或者职务犯罪案件指定下级监察委员会管辖的，应当报省级监察委员会批准；省级监察委员会将同级党委管理的公职人员涉嫌职务违法或者职务犯罪案件指定下级监察委员会管辖的，应当报国家监察委员会相关监督检查部门	**监察法**第十七条是关于指定管辖与报请提级管辖的规定。[①] 第一款规定上级监察机关有权将自己管辖的监察事项指定给管辖区域内的任意下级进行调查处理。体现了上下级监察机关之间领导与被领导的关系。第二款与监察法第十六条第二款相呼应，规定下级监察机关在遇到重大、复杂案件时，可以报请由上级监察机关管辖。 **实施条例**第四十八条是关于指定监察管辖的限制性规定。第一款强调的是上级监察机关可以将管辖权下放，需要依据法律下放，这是对指定管辖的限制性规定作总体概括。第二款是有关管辖权下放的限制性规定，上级监察委员会可以将自己管辖的案件指定由下级处理，但需要报其上一级监察委员会批准或备案。第三款是对监察法第十七条第一款规定的指定异地管辖情形进行细化。该规定指出，上级监察

① 参见中共中央纪律检查委员会中华人民共和国国家监察委员会法规室编写：《〈中华人民共和国监察法〉释义》，中国方正出版社2018年版，第118页。

续表

监察法	实施条例	适用精解
	备案。 上级监察机关对于下级监察机关管辖的职务违法和职务犯罪案件，具有下列情形之一，认为由其他下级监察机关管辖更为适宜的，可以依法指定给其他下级监察机关管辖： （一）管辖有争议的； （二）指定管辖有利于案件公正处理的； （三）下级监察机关报请指定管辖的； （四）其他有必要指定管辖的。 被指定的下级监察机关未经指定管辖的监察机关批准，不得将案件再行指定管辖。发现新的职务违法或者职务犯罪线索，以及其他重要情况、重大问题，应当及时向指定管辖的监察机关请示报告。	机关若将下级监察机关管辖案件指定由另一下级管辖，需符合一定条件。第四款主要规定两层含义，一是被指定的下级监察机关未经指定管辖的监察机关批准，不得将案件再行指定管辖；二是如果被指定的下级监察机关经指定管辖接管案件后，遇有足以影响案件管辖的新情况，应当及时向指定管辖的监察机关请示报告。
	第四十九条 工作单位在地方、管理权限在主管部门的公职人员涉嫌职务违法和职务犯罪，一般由驻在主管部门、有管辖权的监察机构、监察专员管辖；经协商，监察机构、监察专员可以按规定移交公职人员工作单位所在地的地方监察委员会调查，或者与地方监察委	**实施条例**第四十九条至第五十三条是关于管辖争议问题的特别规定。 第四十九条是关于双重管理单位、垂直管理单位等的公职人员进行管辖的规定。第一款规定，派驻在主管部门且有管辖权的监察机构、监察专员有权对监察事项进行监督、调查等。其中，在履行调查职责过程中，上述派驻机构或派驻专员可采取自行调查，也可移交至工作单位所在地的地方监察委员会调查，或与其联合调查。各地方监察委员会发现涉及该类人员的问题线索时，应当通报派驻监察机构。第二款规定，在第一款的工作单位中，除上述

续表

监察法	实施条例	适用精解
	员会联合调查。地方监察委员会在工作中发现上述公职人员有关问题线索，应当向驻在主管部门、有管辖权的监察机构、监察专员通报，并协商确定管辖。 前款规定单位的其他公职人员涉嫌职务违法和职务犯罪，可以由地方监察委员会管辖；驻在主管部门的监察机构、监察专员自行立案调查的，应当及时通报地方监察委员会。 地方监察委员会调查前两款规定案件，应当将立案、留置、移送审查起诉、撤销案件等重要情况向驻在主管部门的监察机构、监察专员通报。 **第五十条**　监察机关办理案件中涉及无隶属关系的其他监察机关的监察对象，认为需要立案调查的，应当商请有管理权限的监察机关依法立案调查。商请立案时，应当提供涉案人员基本情况、已经查明的涉嫌违法犯罪事实以及相关证据材料。 承办案件的监察机关认为由其一并调查更为适宜的，可以报请有权决定的上级监察机关指定管辖。	公职人员外的监察对象，可由地方监察委员会或派驻在主管部门的监察机构、监察专员管辖。第三款规定，地方监察委员会在调查前两款中规定的案件时，应当将立案后的重要情况向派驻监察机构、监察专员通报。 第五十条是关于监察机关在办理案件过程中认为与其无隶属关系的其他监察机关的监察对象需要立案调查的两种情况：一是商请有管理权限的监察机关依法立案调查；二是报请有权决定的上级监察机关指定管辖。 第五十一条是关于监察机关与公安机关、人民检察院等其他机关办理的案件存在交叉情况的处理规定。该条规定了当监察机关作为主调查机关时，有关机关应分别立案，并由监察机关履行协调职责。 第五十二条是关于监察机关与人民检察院管辖范围存在交叉情况的处理规定。人民检察院在职权范围内从事侦查活动时，发现犯罪嫌疑人具有监察机关管辖的事项，经沟通全案移送的，由监察机关管辖。 第五十三条是关于对退休公职人员或者离职、死亡的公职人员在履职期间行为的调查权与管辖权。 **【相关规定】** 1.《中华人民共和国监察法》（2018年3月20日）第三十四条； 2.《中华人民共和国公职人员政务处分法》（2020年6月20日）第二十七条； 3.《中华人民共和国刑事诉讼法》（2018年10月26日）第十九条； 4.《人民检察院刑事诉讼规则》（2019年12月30日）第十三条、第十七条、第三百五十七条； 5.《公安机关办理刑事案件程序规定》（2020年7月20日）第十四条、第二十九条。

续表

监察法	实施条例	适用精解
	第五十一条 公职人员既涉嫌贪污贿赂、失职渎职等严重职务违法和职务犯罪，又涉嫌公安机关、人民检察院等机关管辖的犯罪，依法由监察机关为主调查的，应当由监察机关和其他机关分别依职权立案，监察机关承担组织协调职责，协调调查和侦查工作进度、重要调查和侦查措施使用等重要事项。 **第五十二条** 监察机关必要时可以依法调查司法工作人员利用职权实施的涉嫌非法拘禁、刑讯逼供、非法搜查等侵犯公民权利、损害司法公正的犯罪，并在立案后及时通报同级人民检察院。 监察机关在调查司法工作人员涉嫌贪污贿赂等职务犯罪中，可以对其涉嫌的前款规定的犯罪一并调查，并及时通报同级人民检察院。人民检察院在办理直接受理侦查的案件中，发现犯罪嫌疑人同时涉嫌监察机关管辖的其他职务犯罪，经沟通全案移送监察机关管辖的，监察机关应当依法进行调查。 **第五十三条** 监察	

续表

监察法	实施条例	适用精解
	机关对于退休公职人员在退休前或者退休后，或者离职、死亡的公职人员在履职期间实施的涉嫌职务违法或者职务犯罪行为，可以依法进行调查。 对前款规定人员，按照其原任职务的管辖规定确定管辖的监察机关；由其他监察机关管辖更为适宜的，可以依法指定或者交由其他监察机关管辖。	
第四章　监察权限	**第四章　监察权限**	与**监察法**第四章“监察权限”比较而言，**实施条例**第四章“监察权限”主要是强调监察机关应当加强监督执法调查工作规范化建设，严格按规定对监察措施进行审批和监管，依照法定的范围、程序和期限采取措施。其细化了监察权限，首先以第一节“一般要求”对监察机关的监督权和调查权作了概括性规定，在此基础上，从第二节至第十五节共计14节的篇幅分别从证据、谈话、讯问、询问、留置、查询、冻结、搜查、调取、查封、勘验检查、鉴定、技术调查、通缉、限制出境等方面，具体规范了监察权限的行使，涉及监察措施适用的各环节和各方面，是监察机关采取监察措施时需要遵循的基本规范和总的原则，强调要对监察措施适用的严格监督和规范管理，既赋予了监察机关采取相应的调查取证的职权，也作了严格的权限规范，以保障被调查人的合法权益。
	第一节　一般要求	**实施条例**第四章第一节是有关监察权限的一般性规定，细化了监察机关行使监督、调查措施的原则性规定。
	第五十四条　监察机关应当加强监督执法	**实施条例**第五十四条是关于监察权限规范化建设的原则性规定，是完善自我监督机制，

续表

监察法	实施条例	适用精解
	调查工作规范化建设，严格按规定对监察措施进行审批和监管，依照法定的范围、程序和期限采取相关措施，出具、送达法律文书。	严格审批权限和监管的程序，规范内控程序的规定。监察机关在行使职权时应注意把权力关进制度的笼子，确保各项措施不被滥用。遵循正当程序原则，依照法定的范围、程序和期限采取相应的措施，出具、送达法律文书。 **【相关规定】** 1.《中华人民共和国监察法》（2018年3月20日）第五条； 2.《中华人民共和国公职人员政务处分法》（2020年6月20日）第三条。
	第五十五条 监察机关在初步核实中，可以依法采取谈话、询问、查询、调取、勘验检查、鉴定措施；立案后可以采取讯问、留置、冻结、搜查、查封、扣押、通缉措施。需要采取技术调查、限制出境措施的，应当按照规定交有关机关依法执行。设区的市级以下监察机关在初步核实中不得采取技术调查措施。 开展问责调查，根据具体情况可以依法采取相关监察措施。	**实施条例**第五十五条是关于监察机关在不同监察阶段的监察措施的规定，并规定技术调查措施的行使具有级别限制，设区的市级以下监察机关在初步核实中不得采取技术调查措施，开展问责调查，可以根据具体情况依法采取相关监察措施。
	第五十六条 开展讯问、搜查、查封、扣押以及重要的谈话、询问等调查取证工作，应当全程同步录音录像，并保持录音录像资料的完整性。录音录像资料应当妥善保管、及时归档，留存备查。 人民检察院、人民	**实施条例**第五十六条第一款是关于在开展讯问、搜查、查封、扣押以及重要的谈话、询问等调查取证工作要规范监察委员会的内控程序，应当全程同步录音录像，并保持录音录像资料的完整性、妥善保管、及时归档、留存备查的规范性规定，有利于规范取证工作，防止权力滥用，保护被调查人的合法权益。 第二款是关于监察机关有义务配合人民检察院、人民法院调取同步录音录像，经审批依法予以提供。

续表

监察法	实施条例	适用精解
	法院需要调取同步录音录像的，监察机关应当予以配合，经审批依法予以提供。	**【相关规定】** 1.《中华人民共和国监察法》（2018年3月20日）第四十一条； 2.《中国共产党纪律检查机关监督执纪工作规则》（2019年1月1日施行）第四十八条、第四十九条、第五十条； 3.《最高人民法院关于适用〈中华人民共和国刑事诉讼法〉的解释》（2021年1月26日）第五十四条、第七十四条； 4.《人民检察院刑事诉讼规则》（2019年12月30日）第七十六条、第七十七条、第二百六十三条。
	第五十七条　需要商请其他监察机关协助收集证据材料的，应当依法出具《委托调查函》；商请其他监察机关对采取措施提供一般性协助的，应当依法出具《商请协助采取措施函》。商请协助事项涉及协助地监察机关管辖的监察对象的，应当由协助地监察机关按照所涉人员的管理权限报批。协助地监察机关对于协助请求，应当依法予以协助配合。	**实施条例**第五十七条是关于监察机关商请其他监察机关针对不同事项协助配合的不同规定。 1. 根据需要商请其他监察机关协助事项的不同，监察机关应当出具不同函件。商请协助收集证据材料的，应当依法出具《委托调查函》；商请其他监察机关对采取措施提供一般性协助的，应当依法出具《商请协助采取措施函》。 2. 当商请协助事项涉及协助地监察机关管辖的监察对象的，应当由协助地监察机关按照所涉人员的管理权限报批。 3. 协助地监察机关对于协助请求，有义务依法予以协助配合。 **【相关规定】** 1.《中国共产党纪律检查机关案件检查工作条例》（1994年3月25日）第六条； 2.《中国共产党纪律检查机关监督执纪工作规则》（2019年1月1日施行）第十一条。
	第五十八条　采取监察措施需要告知、通知相关人员的，应当依法办理。告知包括口头、书面两种方式，通知应当采取书面方式。采取口头方式告知的，	**实施条例**第五十八条是关于采取监察措施后，需要告知、通知相关人员的方式和程序性规定。 1. 告知的方式包括口头和书面；通知的方式只能以书面形式。采取口头告知或者无法通知、告知的，或者相关人员拒绝接受的情况的调查人员应当根据相关情况进行工作记录或者

续表

监察法	实施条例	适用精解
	应当将相关情况制作工作记录；采取书面方式告知、通知的，可以通过直接送交、邮寄、转交等途径送达，将有关回执或者凭证附卷。 无法告知、通知，或者相关人员拒绝接收的，调查人员应当在工作记录或者有关文书上记明。	在文书上载明。 2. 采取书面通知时可以直接送交、邮寄、转交等途径送达，将有关回执或者凭证附卷。 **【相关规定】** 1.《中华人民共和国监察法》（2018 年 3 月 20 日）第二十条、第三十九条、第四十一条、第四十四条、第四十五条； 2.《中华人民共和国公职人员政务处分法》（2020 年 6 月 20 日）第四十三条、第四十六条； 3.《中国共产党纪律检查机关监督执纪工作规则》（2019 年 1 月 1 日施行）第四十一条、第四十二条。
第十八条 监察机关行使监督、调查职权，有权依法向有关单位和个人了解情况，收集、调取证据。有关单位和个人应当如实提供。 监察机关及其工作人员对监督、调查过程中知悉的国家秘密、商业秘密、个人隐私，应当保密。 任何单位和个人不得伪造、隐匿或者毁灭证据。	第二节 证 据	**监察法**第十八条是关于监察机关在行使监督、调查职权，有权收集、调取证据的一般规定。 **实施条例**第四章第二节是关于监察机关在监督、调查时，对涉及有关证据种类、证据收集、证据采纳、证明标准、非法证据等问题作了全面系统的规定。
	第五十九条 可以用于证明案件事实的材料都是证据，包括： （一）物证； （二）书证； （三）证人证言； （四）被害人陈述； （五）被调查人陈述、供述和辩解； （六）鉴定意见； （七）勘验检查、辨认、调查实验等笔录； （八）视听资料、电子数据。 监察机关向有关单位和个人收集、调取证据时，应当告知其必须依法如实提供证据。对	**实施条例**第五十九条是关于监察证据种类，监察机关在调查、收集证据时应当告知相关主体必须依法如实提供证据的规定，明确监察机关依法有权针对不按要求提供有关材料，泄露相关信息，伪造、隐匿、毁灭证据，提供虚假情况或者阻止他人提供证据的主体追究法律责任。 监察机关依照相关法律法规收集的证据材料，经审查符合法定要求的，在刑事诉讼中可以作为证据使用，有利于实现证据的衔接和共享，提升审查工作效率。 **【相关规定】** 1.《中华人民共和国监察法》（2018 年 3 月 20 日）第三十三条、第六十三条； 2.《中华人民共和国刑事诉讼法》（2018 年 10 月 26 日）第五十条； 3.《最高人民法院关于适用〈中华人民共和国刑事诉讼法〉的解释》（2021 年 1 月 26 日）第六十九条、第七十条、第七十一条、第

续表

监察法	实施条例	适用精解
	于不按要求提供有关材料，泄露相关信息，伪造、隐匿、毁灭证据，提供虚假情况或者阻止他人提供证据的，依法追究法律责任。 监察机关依照监察法和本条例规定收集的证据材料，经审查符合法定要求的，在刑事诉讼中可以作为证据使用。	七十六条； 4.《人民检察院刑事诉讼规则》（2019 年 12 月 30 日）第六十五条。
	第六十条　监察机关认定案件事实应当以证据为根据，全面、客观地收集、固定被调查人有无违法犯罪以及情节轻重的各种证据，形成相互印证、完整稳定的证据链。 只有被调查人陈述或者供述，没有其他证据的，不能认定案件事实；没有被调查人陈述或者供述，证据符合法定标准的，可以认定案件事实。	**实施条例**第六十条是关于监察机关应当作为认定案件事实的根据，遵循证据主义的原则，应当全面客观的收集证据，各证据之间相互印证，形成完整稳定的证据链条，认定案件的事实。 不轻信口供，只有被调查人陈述或者供述，不能认定案件事实。只要证据符合法定标准，“零口供”也可以认定案件事实。 **【相关规定】** 1.《中华人民共和国监察法》（2018 年 3 月 20 日）第四十条； 2.《中华人民共和国刑事诉讼法》（2018 年 10 月 26 日）第五十二条、第五十五条； 3.《最高人民法院关于适用〈中华人民共和国刑事诉讼法〉的解释》（2021 年 1 月 26 日）第七十三条； 4.《人民检察院刑事诉讼规则》（2019 年 12 月 30 日）第六十一条； 5.《中国共产党纪律检查机关监督执纪工作规则》（2019 年 1 月 1 日施行）第三十二条、第四十六条。
	第六十一条　证据必须经过查证属实，才能作为定案的根据。审查认定证据，应当结合案件的具体情况，从证据与待证事实的关联程	**实施条例**六十一条是关于证据作为定案根据的审查判断标准，应当结合案件的具体情况具有客观性，认定证据与待证事实、各证据之间要具备关联性。证据必须经过查证属实，才能作为定案的依据。

续表

监察法	实施条例	适用精解
	度、各证据之间的联系、是否依照法定程序收集等方面进行综合判断。	**【相关规定】** 1.《中华人民共和国监察法》（2018 年 3 月 20 日）第三十三条、第四十条； 2.《人民检察院刑事诉讼规则》（2019 年 12 月 30 日）第六十二条； 3.《最高人民法院关于适用〈中华人民共和国刑事诉讼法〉的解释》（2021 年 1 月 26 日）第七十二条、第八十二条至第一百二十二条、第一百三十九条。
	第六十二条 监察机关调查终结的职务违法案件，应当事实清楚、证据确凿。证据确凿，应当符合下列条件： （一）定性处置的事实都有证据证实； （二）定案证据真实、合法； （三）据以定案的证据之间不存在无法排除的矛盾； （四）综合全案证据，所认定事实清晰且令人信服。	**实施条例**第六十二条是关于监察机关调查终结职务违法案件的证明标准。
	第六十三条 监察机关调查终结的职务犯罪案件，应当事实清楚，证据确实、充分。证据确实、充分，应当符合下列条件： （一）定罪量刑的事实都有证据证明； （二）据以定案的证据均经法定程序查证属实； （三）综合全案证据，对所认定事实已排除合理怀疑。	**实施条例**第六十三条是关于规定监察机关调查终结职务犯罪案件的证明标准。 **【相关规定】** 1.《中华人民共和国公职人员政务处分法》（2020 年 6 月 20 日）第五条； 2.《中华人民共和国公务员法》（2018 年 12 月 29 日）第六十三条； 3.《中国共产党纪律检查机关监督执纪工作规则》（2019 年 1 月 1 日施行）第五十三条； 4.《中国共产党问责条例》（2019 年 9 月 1 日施行）第十条； 5.《党组讨论和决定党员处分事项工作程序规定（试行）》（2019 年 1 月 1 日施行）第四条；

续表

监察法	实施条例	适用精解
	证据不足的，不得移送人民检察院审查起诉。	6.《中华人民共和国监察法》（2018 年 3 月 20 日）第四十五条、第四十七条； 7.《中华人民共和国刑事诉讼法》（2018 年 10 月 26 日）第五十五条； 8.《最高人民法院关于适用〈中华人民共和国刑事诉讼法〉的解释》（2021 年 1 月 26 日）第一百四十条至第一百四十三条； 9.《人民检察院刑事诉讼规则》（2019 年 12 月 30 日）第六十三条、第三百五十五条； 10.《中国共产党纪律检查机关监督执纪工作规则》（2019 年 1 月 1 日施行）第五十三条。
	第六十四条　严禁以暴力、威胁、引诱、欺骗以及非法限制人身自由等非法方法收集证据，严禁侮辱、打骂、虐待、体罚或者变相体罚被调查人、涉案人员和证人。 **第六十五条**　对于调查人员采用暴力、威胁以及非法限制人身自由等非法方法收集的被调查人供述、证人证言、被害人陈述，应当依法予以排除。 前款所称暴力的方法，是指采用殴打、违法使用戒具等方法或者变相肉刑的恶劣手段，使人遭受难以忍受的痛苦而违背意愿作出供述、证言、陈述；威胁的方法，是指采用以暴力或者严重损害本人及其近亲属合法权益等进行威胁的方法，使人遭	**实施条例**第六十四条、第六十五条、第六十六条是关于非法证据排除的规定。 其中，第六十四条是关于严禁以暴力等明显非法方法手段或者变相体罚的非法手段取得证据的规定，在非法方法收集证据的情况下，被调查人、涉案人员和证人容易作出虚假陈述，容易造成错案；证人容易不敢作证或者作虚假证明，不利于事实情况的调查。 第六十五条是关于以非法方法收集的证据应当依法予以排除的规定，并具体解释了“暴力的方法”与“威胁的方法”，规定收集物证、书证不符合法定程序且不能补正或者作出合理解释的，对该证据应当予以排除。 第六十六条是关于监察机关在监督中发现检查、调查、案件审理、案件监督管理等部门监察人员在办理案件中，可能存在以非法方法收集证据情形的，依职责应当调查核实的规定。 第一款主要规定三个方面的内容：一是监察机关在监督中发现监察人员在办理案件时可能存在以非法方法收集证据情形的，应当依据职责进行调查核实。二是监察机关应当受理并审核被调查人控告、举报调查人员采用非法方法收集证据，并提供涉嫌非法取证的人员、时间、地点、方式和内容等材料或者线索的案件。三是根据现有材料无法证明证据收集合法性的，监察机关应当进行调查核实。

续表

监察法	实施条例	适用精解
	受难以忍受的痛苦而违背意愿作出供述、证言、陈述。 收集物证、书证不符合法定程序，可能严重影响案件公正处理的，应当予以补正或者作出合理解释；不能补正或者作出合理解释的，对该证据应当予以排除。 **第六十六条** 监察机关监督检查、调查、案件审理、案件监督管理等部门发现监察人员在办理案件中，可能存在以非法方法收集证据情形的，应当依据职责进行调查核实。对于被调查人控告、举报调查人员采用非法方法收集证据，并提供涉嫌非法取证的人员、时间、地点、方式和内容等材料或者线索的，应当受理并进行审核。根据现有材料无法证明证据收集合法性的，应当进行调查核实。 经调查核实，确认或者不能排除以非法方法收集证据的，对有关证据依法予以排除，不得作为案件定性处置、移送审查起诉的依据。认定调查人员非法取证的，应当依法处理，另行指派调查人员重新调	第二款主要规定了两个方面的内容：一是监察机关应当依法排除经调查核实，确认或者不能排除以非法方法收集的证据，不得作为案件定性处置、移送审查起诉的依据。二是监察机关认定调查人员非法取证的，应当依法处理，另行指派调查人员重新调查取证。 第三款主要规定监察机关接到针对下级监察机关调查人员采用非法方法收集证据的控告、举报的调查核实具体内容。 **【相关规定】** 1.《中华人民共和国监察法》（2018年3月20日）第三十三条、第四十条； 2.《中华人民共和国公职人员政务处分法》（2020年6月20日）第四十二条、第四十三条； 3.《中华人民共和国刑事诉讼法》（2018年10月26日）第五十二条、第五十六条、第五十九条、第六十条； 4.《最高人民法院关于适用〈中华人民共和国刑事诉讼法〉的解释》（2021年1月26日）第一百二十三条至第一百三十八条； 5.《人民检察院刑事诉讼规则》（2019年12月30日）第六十六条至第七十条、第七十三条、第七十四条、第七十六条至第七十八条； 6.《人民法院办理刑事案件排除非法证据规程（试行）》（2017年11月27日）第一条至第六条、第十二条至第十七条； 7.《关于办理刑事案件严格排除非法证据若干问题的规定》（2017年6月20日）第一条至第七条； 8.《中国共产党纪律检查机关监督执纪工作规则》（2019年1月1日施行）第四十六条、第七十一条。

续表

监察法	实施条例	适用精解
	查取证。 监察机关接到对下级监察机关调查人员采用非法方法收集证据的控告、举报，可以直接进行调查核实，也可以交由下级监察机关调查核实。交由下级监察机关调查核实的，下级监察机关应当及时将调查结果报告上级监察机关。	
	第六十七条　对收集的证据材料及扣押的财物应当妥善保管，严格履行交接、调用手续，定期对账核实，不得违规使用、调换、损毁或者自行处理。	**实施条例**第六十七条是关于证据材料以及扣押的财物妥善保管，严格履行交接、调用手续，定期对账核实，不得违规使用、调换、损毁或者自行处理的规定。 **【相关规定】** 1.《中华人民共和国监察法》（2018 年 3 月 20 日）第二十五条； 2.《中国共产党纪律检查机关监督执纪工作规则》（2019 年 1 月 1 日施行）第四十六条至第四十八条。
	第六十八条　监察机关对行政机关在行政执法和查办案件中收集的物证、书证、视听资料、电子数据，勘验、检查等笔录，以及鉴定意见等证据材料，经审查符合法定要求的，可以作为证据使用。 根据法律、行政法规规定行使国家行政管理职权的组织在行政执法和查办案件中收集的证据材料，视为行政机关收集的证据材料。 **第六十九条**　监察	**实施条例**第六十八条、第六十九条规定监察机关对行政机关、根据法律和行政法规规定行使国家行政管理职权的组织在行政执法和查办案件中收集的证据材料，以及人民法院、人民检察院、公安机关、国家安全机关等在刑事诉讼中收集的证据材料，经审查符合法定要求的，可以作为证据使用，有利于在监察工作中防止不必要的重复取证，提高工作效率，节省公共资源。 监察机关办理职务违法案件，对于人民法院生效刑事判决、裁定和人民检察院不起诉决定采信的证据材料，可以直接作为证据使用。 **【相关规定】** 1.《中华人民共和国刑事诉讼法》（2018 年 10 月 26 日）第五十四条； 2.《最高人民法院关于适用〈中华人民共

续表

监察法	实施条例	适用精解
	机关对人民法院、人民检察院、公安机关、国家安全机关等在刑事诉讼中收集的物证、书证、视听资料、电子数据，勘验、检查、辨认、侦查实验等笔录，以及鉴定意见等证据材料，经审查符合法定要求的，可以作为证据使用。 监察机关办理职务违法案件，对于人民法院生效刑事判决、裁定和人民检察院不起诉决定采信的证据材料，可以直接作为证据使用。	和国刑事诉讼法〉第解释》（2021 年 1 月 26 日）第七十五条； 3.《人民检察院刑事诉讼规则》（2019 年 12 月 30 日）第六十四条； 4.《行政执法机关移送涉嫌犯罪案件的规定》（2020 年 8 月 7 日）第四条； 5.《中华人民共和国公职人员政务处分法》（2020 年 6 月 20 日）第四十九条。
第十九条 对可能发生职务违法的监察对象，监察机关按照管理权限，可以直接或者委托有关机关、人员进行谈话或者要求说明情况。	第三节 谈 话	**监察法**第十九条是关于监察机关对可能发生职务违法的监察对象有权采取谈话措施的规定。 **实施条例**第四章第三节是在监察法第十九条基础上细化了问题线索处置、初步核实和立案调查不同阶段的监察谈话措施。
	第七十条 监察机关在问题线索处置、初步核实和立案调查中，可以依法对涉嫌职务违法的监察对象进行谈话，要求其如实说明情况或者作出陈述。 谈话应当个别进行。负责谈话的人员不得少于二人。	**实施条例**第七十条是关于监察谈话措施的总体性规定。要求监察机关在问题线索处置、初步核实和立案调查中，采取监察谈话措施时，应当要求被谈话人如实说明情况或者作出陈述，规定谈话应当个别进行，负责谈话的人员不得少于二人。 **【相关规定】** 1.《中华人民共和国监察法》（2018 年 3 月 20 日）第十九条； 2.《中国共产党纪律检查机关监督执纪工作规则》（2019 年 1 月 1 日施行）第二十一条、第二十七条； 3.《中国共产党党内监督条例》（2016 年 10 月 27 日）第二十一条； 4.《中央纪委、中央组织部关于对党员领导干部进行诫勉谈话和函询的暂行办法》（2005 年 12 月 19 日）第三条、第八条。

续表

监察法	实施条例	适用精解
	第七十一条　对一般性问题线索的处置，可以采取谈话方式进行，对监察对象给予警示、批评、教育。谈话应当在工作地点等场所进行，明确告知谈话事项，注重谈清问题、取得教育效果。 **第七十二条**　采取谈话方式处置问题线索的，经审批可以由监察人员或者委托被谈话人所在单位主要负责人等进行谈话。 监察机关谈话应当形成谈话笔录或者记录。谈话结束后，可以根据需要要求被谈话人在十五个工作日以内作出书面说明。被谈话人应当在书面说明每页签名，修改的地方也应当签名。 委托谈话的，受委托人应当在收到委托函后的十五个工作日以内进行谈话。谈话结束后及时形成谈话情况材料报送监察机关，必要时附被谈话人的书面说明。	**实施条例**第七十一条、第七十二条是关于问题线索处置的谈话措施的相关规定。其中，第七十一条主要规定了对一般性问题线索的处置可以采取谈话措施，谈话目的是给予监察对象警示、批评、教育，要明确告知谈话事项，注重谈清问题，取得教育效果。 第七十二条是关于监察机关或者委托被谈话人所在单位主要负责人等不同谈话主体及谈话程序的规定。并规定谈话应当形成笔录或者记录，为保证谈话内容的真实准确，被谈话人应当在书面说明每页签名，修改的地方也应当签名以及委托谈话后的程序要求，形成谈话情况材料报送监察机关，必要时附被谈话人的书面说明。 **【相关规定】** 1.《中国共产党纪律检查机关监督执纪工作规则》（2019 年 1 月 1 日施行）第十五条、第二十一条、第二十六条至第三十一条； 2.《中国共产党党内监督条例》（2016 年 10 月 27 日）第三十一条； 3.《中央纪委、中央组织部关于对党员领导干部进行诫勉谈话和函询的暂行办法》（2005 年 12 月 19 日）第二条、第四条。
	第七十三条　监察机关开展初步核实工作，一般不与被核查人接触；确有需要与被核查人谈话的，应当按规定报批。	**实施条例**第七十三条是关于开展初步核实工作的程序要求的规定。一般不能与被核查人接触，确需谈话的，应按规定报批后进行。 **【相关规定】** 《中国共产党纪律检查机关监督执纪工作规则》（2019 年 1 月 1 日施行）第三十三条、第三十五条。

续表

监察法	实施条例	适用精解
	第七十四条 监察机关对涉嫌职务违法的被调查人立案后，可以依法进行谈话。 与被调查人首次谈话时，应当出示《被调查人权利义务告知书》，由其签名、捺指印。被调查人拒绝签名、捺指印的，调查人员应当在文书上记明。对于被调查人未被限制人身自由的，应当在首次谈话时出具《谈话通知书》。 与涉嫌严重职务违法的被调查人进行谈话的，应当全程同步录音录像，并告知被调查人。告知情况应当在录音录像中予以反映，并在笔录中记明。 **第七十五条** 立案后，与未被限制人身自由的被调查人谈话的，应当在具备安全保障条件的场所进行。 调查人员按规定通知被调查人所在单位派员或者被调查人家属陪同被调查人到指定场所的，应当与陪同人员办理交接手续，填写《陪送交接单》。 **第七十六条** 调查人员与被留置的被调查人谈话的，按照法定程序在留置场所进行。 与在押的犯罪嫌疑	**实施条例**第七十四条、第七十五条、第七十六条是关于对涉嫌职务违法的被调查人立案后谈话措施的规定。其中，第七十四条是关于涉嫌职务违法的被调查人立案后，针对与被调查人首次谈话的、未被限制人身自由的、涉嫌严重职务违法的等不同情况，规定出示有关告知书、通知书、全程同步录音录像等谈话措施规定，以充分保障被调查人的合法权益。 第七十五条是关于立案后与未被限制人身自由的被调查人的谈话要在具备安全保障条件的场所进行以及与陪同人员办理交接手续的规定。 第七十六条是关于调查人员与被留置的被调查人员，与在押的犯罪嫌疑人、被告人，与在看守所、监狱服刑的人员的谈话规定并规定按照法定程序在留置场所进行谈话。 **【相关规定】** 1.《中国共产党纪律检查机关监督执纪工作规则》（2019年1月1日施行）第二十七条、第二十八条、第三十九条、第四十二条、第四十三条、第四十八条、第四十九条； 2.《中国共产党纪律检查机关案件检查工作条例》（1994年3月25日）第二十五条。

续表

监察法	实施条例	适用精解
	人、被告人谈话的，应当持以监察机关名义出具的介绍信、工作证件，商请有关案件主管机关依法协助办理。 与在看守所、监狱服刑的人员谈话的，应当持以监察机关名义出具的介绍信、工作证件办理。	
	第七十七条　与被调查人进行谈话，应当合理安排时间、控制时长，保证其饮食和必要的休息时间。	**实施条例**第七十七条是关于在采取谈话措施时，对被调查人的权益保障的规定。进行谈话，应当合理安排时间、控制时长，保证其饮食和必要的休息时间。 **【相关规定】** 1.《中华人民共和国刑事诉讼法》（2018年10月26日）第一百一十九条； 2.《中国共产党纪律检查机关监督执纪工作规则》（2019年1月1日施行）第二十八条。
	第七十八条　谈话笔录应当在谈话现场制作。笔录应当详细具体，如实反映谈话情况。笔录制作完成后，应当交给被调查人核对。被调查人没有阅读能力的，应当向其宣读。 笔录记载有遗漏或者差错的，应当补充或者更正，由被调查人在补充或者更正处捺指印。被调查人核对无误后，应当在笔录中逐页签名、捺指印。被调查人拒绝签名、捺指印的，调查人员应当在笔录中记明。调查人员也应当在笔录中签名。	**实施条例**第七十八条是关于制作谈话笔录的规定。 **【相关规定】** 《中国共产党纪律检查机关监督执纪工作规则》（2019年1月1日施行）第二十八条、第四十六条。

续表

监察法	实施条例	适用精解
	第七十九条 被调查人请求自行书写说明材料的，应当准许。必要时，调查人员可以要求被调查人自行书写说明材料。 被调查人应当在说明材料上逐页签名、捺指印，在末页写明日期。对说明材料有修改的，在修改之处应当捺指印。说明材料应当由二名调查人员接收，在首页记明接收的日期并签名。	**实施条例**第七十九条是关于被调查人自行书写说明材料的规定。 **【相关规定】** 1.《中华人民共和国刑事诉讼法》（2018年10月26日）第一百二十二条； 2.《人民检察院刑事诉讼规则》（2019年12月30日）第一百八十九条、第二百五十八条； 3.《中国共产党纪律检查机关监督执纪工作规则》（2019年1月1日施行）第二十九条。
	第八十条 本条例第七十四条至第七十九条的规定，也适用于在初步核实中开展的谈话。	**实施条例**第八十条是关于立案调查中的谈话措施以及关于谈话笔录、被调查人自行书写说明材料等相关规定也适用于初步核实阶段的谈话。
第二十条 在调查过程中，对涉嫌职务违法的被调查人，监察机关可以要求其就涉嫌违法行为作出陈述，必要时向被调查人出具书面通知。 对涉嫌贪污贿赂、失职渎职等职务犯罪的被调查人，监察机关可以进行讯问，要求其如实供述涉嫌犯罪的情况。	第四节 讯 问	**监察法**第二十条是关于监察机关有权要求涉嫌职务违法的被调查人陈述、对涉嫌贪污贿赂、失职渎职等职务犯罪的被调查人进行讯问的规定。本条旨在区分在调查过程中，监察机关对于职务违法和职务犯罪两种不同程度的行为所应采取的不同措施。具体分为两个方面：第一个方面针对的是职务违法的被调查人，监察机关可以要求其对于涉嫌违法的行为作出陈述，而监察机关在此过程中，在必要时应履行出具书面通知的程序；第二个方面针对的是涉嫌职务犯罪，如贪污贿赂、失职渎职的被调查人可采取讯问的调查措施，并要求其如实供述涉嫌犯罪的情况。 **实施条例**第四章第四节是在监察法第二十条的基础上细化了讯问措施。
	第八十一条 监察机关对涉嫌职务犯罪的被调查人，可以依法进行讯问，要求其如实供	**实施条例**第八十一条、第八十二条、第八十三条、第八十四条是关于监察机关对涉嫌职务犯罪的被调查人采取讯问措施的细化规定。 其中，第八十一条是关于监察机关对涉嫌

续表

监察法	实施条例	适用精解
	述涉嫌犯罪的情况。 **第八十二条**　讯问被留置的被调查人，应当在留置场所进行。 **第八十三条**　讯问应当个别进行，调查人员不得少于二人。 首次讯问时，应当向被讯问人出示《被调查人权利义务告知书》，由其签名、捺指印。被讯问人拒绝签名、捺指印的，调查人员应当在文书上记明。被讯问人未被限制人身自由的，应当在首次讯问时向其出具《讯问通知书》。 讯问一般按照下列顺序进行： （一）核实被讯问人的基本情况，包括姓名、曾用名、出生年月日、户籍地、身份证件号码、民族、职业、政治面貌、文化程度、工作单位及职务、住所、家庭情况、社会经历，是否属于党代表大会代表、人大代表、政协委员，是否受到过党纪政务处分，是否受到过刑事处罚等； （二）告知被讯问人如实供述自己罪行可以依法从宽处理和认罪认罚的法律规定； （三）讯问被讯问	职务犯罪的被调查人，可以依法进行讯问，要求其如实供述涉嫌犯罪情况的规定。 第八十二条是关于讯问被留置的被调查人应当在留置场所内进行的规定。 第八十三条是关于讯问的具体程序的规定。本条进一步明确了讯问的相关细节性问题，分别从讯问过程中调查人员的人数、首次讯问时应注意的程序、讯问的顺序和内容以及讯问过程中对被调查人告知内容和义务这四个方面作出的解释。 第八十四条是关于被谈话人的安全场所保障、权利保障、谈话笔录、自行书写说明材料等相关规定也适用于被讯问人。 **【相关规定】** 1.《中华人民共和国公职人员政务处分法》（2020 年 6 月 20 日）第四十二条、第六十三条； 2.《中华人民共和国监察法》（2018 年 3 月 20 日）第四十一条、第四十四条； 3.《中华人民共和国刑事诉讼法》（2018 年 10 月 26 日）第八十八条、第一百一十八条、第一百二十一条、第一百二十二条； 4.《最高人民法院关于适用〈中华人民共和国刑事诉讼法〉的解释》（2021 年 1 月 26 日）第五十四条、第七十四条、第九十三条至第九十五条； 5.《人民检察院刑事诉讼规则》（2019 年 12 月 30 日）第七十七条、第一百八十七条、第一百八十八条； 6.《中国共产党纪律检查机关监督执纪工作规则》（2019 年 1 月 1 日施行）第四十二条至第四十四条。

续表

监察法	实施条例	适用精解
	人是否有犯罪行为，让其陈述有罪的事实或者无罪的辩解，应当允许其连贯陈述。 调查人员的提问应当与调查的案件相关。被讯问人对调查人员的提问应当如实回答。调查人员对被讯问人的辩解，应当如实记录，认真查核。 讯问时，应当告知被讯问人将进行全程同步录音录像。告知情况应当在录音录像中予以反映，并在笔录中记明。 **第八十四条** 本条例第七十五条至第七十九条的要求，也适用于讯问。	
第二十一条 在调查过程中，监察机关可以询问证人等人员。	第五节 询 问	**监察法**第二十一条是关于监察机关在调查过程中有权询问证人的规定。本条的主要目的是将实践中监察机关运用的询问措施确定为法定权限。 **实施条例**第四章第五节是在监察法第二十一条的基础上细化了询问措施。
	第八十五条 监察机关按规定报批后，可以依法对证人、被害人等人员进行询问，了解核实有关问题或者案件情况。 **第八十六条** 证人未被限制人身自由的，可以在其工作地点、住所或者其提出的地点进行询问，也可以通知其到指定地点接受询问。	**实施条例**第八十五条、第八十六条、第八十七条、第八十八条是关于监察机关采取询问措施的对象以及询问的场所作出的细化规定。第八十九条、第九十条、第九十一条是关于采取询问措施中证人的资格、义务以及证人寻求监察机关保护的细化规定。其中，第八十五条是关于询问对象的细化规定。监察机关可以对证人、被害人等人员采取询问的调查方法，以便了解和核实案件的相关情况和问题。 第八十六条是关于采取询问措施的场所规定。此条分为两款，第一款规定了未被限制人身自由的证人对于询问的地点场所有一定的自

续表

监察法	实施条例	适用精解
	到证人提出的地点或者调查人员指定的地点进行询问的，应当在笔录中记明。 调查人员认为有必要或者证人提出需要由所在单位派员或者其家属陪同到询问地点的，应当办理交接手续并填写《陪送交接单》。	由选择的权利，以及确定询问地点和场所需要在笔录中记明的程序性规定；第二款规定了在出现需要由所在单位派员陪同或家属陪同的特殊情况时，调查人员需要办理《陪送交接单》的规定。
	第八十七条　询问应当个别进行。负责询问的调查人员不得少于二人。 首次询问时，应当向证人出示《证人权利义务告知书》，由其签名、捺指印。证人拒绝签名、捺指印的，调查人员应当在文书上记明。证人未被限制人身自由的，应当在首次询问时向其出具《询问通知书》。 询问时，应当核实证人身份，问明证人的基本情况，告知证人应当如实提供证据、证言，以及作伪证或者隐匿证据应当承担的法律责任。不得向证人泄露案情，不得采用非法方法获取证言。 询问重大或者有社会影响案件的重要证人，应当对询问过程全程同步录音录像，并告知证人。告知情况应当	**实施条例**第八十七条是关于询问过程中的具体措施。本条详细说明了询问中调查人员的人数、首次询问的程序、出现特殊情况时询问的调查人员应当采取的措施、询问过程中的核实、告知义务以及在遇到重大或者有社会影响的案件时的记录措施和告知义务。

续表

监察法	实施条例	适用精解
	在录音录像中予以反映，并在笔录中记明。 **第八十八条** 询问未成年人，应当通知其法定代理人到场。无法通知或者法定代理人不能到场的，应当通知未成年人的其他成年亲属或者所在学校、居住地基层组织的代表等有关人员到场。询问结束后，由法定代理人或者有关人员在笔录中签名。调查人员应当将到场情况记录在案。 询问聋、哑人，应当有通晓聋、哑手势的人员参加。调查人员应当在笔录中记明证人的聋、哑情况，以及翻译人员的姓名、工作单位和职业。询问不通晓当地通用语言、文字的证人，应当有翻译人员。询问结束后，由翻译人员在笔录中签名。 **第八十九条** 凡是知道案件情况的人，都有如实作证的义务。对故意提供虚假证言的证人，应当依法追究法律责任。 证人或者其他任何人不得帮助被调查人隐匿、毁灭、伪造证据或者串供，不得实施其他干扰调查活动的行为。 **第九十条** 证人、鉴定人、被害人因作	**实施条例**第八十八条是关于询问的对象为未成年人或聋哑人时的特殊规定。本条分为两款：第一款规定了当询问对象是未成年人时所应采取的措施和告知义务；第二款规定了询问聋哑人时所应采取的措施和义务。此条是对未成年人和聋哑人的特殊规定，体现了对未成年人、聋哑人的特殊关怀和照顾。 第八十九条是关于询问的对象即证人的内涵作出解释性规定。本条厘清了证人的范围，即知道案件情况的人，规定了证人的作为义务是如实作证，对于提供虚假证言的人的惩罚措施以及证人的不作为义务：不得帮助毁灭证据以及干扰司法活动。 第九十条是关于证人有申请监察机关采取保护措施的权利以及保护措施具体内容的规定。 第九十一条是关于被谈话人的安全场所保障、权利保障、谈话笔录、自行书写说明材料等相关规定也适用于被询问人。 **【相关规定】** 1.《中华人民共和国公职人员政务处分法》（2020 年 6 月 20 日）第四十二条、第六十二条； 2.《中华人民共和国监察法》（2018 年 3 月 20 日）第四十一条、第四十四条、第六十三条； 3.《中华人民共和国刑事诉讼法》（2018 年 10 月 26 日）第五十四条、第六十二条、第六十三条至第六十五条、第一百二十四条； 4.《最高人民法院关于适用〈中华人民共和国刑事诉讼法〉的解释》（2021 年 1 月 26 日）第八十七条、第八十九条、第九十条、第二百五十六条、第二百五十七条； 5.《中华人民共和国刑法》（2020 年 12 月 26 日）第三百零五条； 6.《人民检察院刑事诉讼规则》（2019 年 12 月 30 日）第六十条、第七十九条、第一百九十三条、第一百九十五条；

续表

监察法	实施条例	适用精解
	证，本人或者近亲属人身安全面临危险，向监察机关请求保护的，监察机关应当受理并及时进行审查；对于确实存在人身安全危险的，监察机关应当采取必要的保护措施。监察机关发现存在上述情形的，应当主动采取保护措施。 监察机关可以采取下列一项或者多项保护措施： （一）不公开真实姓名、住址和工作单位等个人信息； （二）禁止特定的人员接触证人、鉴定人、被害人及其近亲属； （三）对人身和住宅采取专门性保护措施； （四）其他必要的保护措施。 依法决定不公开证人、鉴定人、被害人的真实姓名、住址和工作单位等个人信息的，可以在询问笔录等法律文书、证据材料中使用化名。但是应当另行书面说明使用化名的情况并标明密级，单独成卷。 监察机关采取保护措施需要协助的，可以提请公安机关等有关单位和要求有关个人依法予以协助。	7.《中国共产党纪律检查机关监督执纪工作规则》（2019年1月1日施行）第四十条、第四十九条； 8.《公安机关办理刑事案件程序规定》（2020年9月1日）第二百一十条； 9.《中华人民共和国未成年人保护法》（2020年10月17日）第四条、第一百零一条、第一百零二条。

续表

监察法	实施条例	适用精解
	第九十一条 本条例第七十六条至第七十九条的要求，也适用于询问。询问重要涉案人员，根据情况适用本条例第七十五条的规定。 询问被害人，适用询问证人的规定。	
第二十二条 被调查人涉嫌贪污贿赂、失职渎职等严重职务违法或者职务犯罪，监察机关已经掌握其部分违法犯罪事实及证据，仍有重要问题需要进一步调查，并有下列情形之一的，经监察机关依法审批，可以将其留置在特定场所： （一）涉及案情重大、复杂的； （二）可能逃跑、自杀的； （三）可能串供或者伪造、隐匿、毁灭证据的； （四）可能有其他妨碍调查行为的。 对涉嫌行贿犯罪或者共同职务犯罪的涉案人员，监察机关可以依照前款规定采取留置措施。 留置场所的设	第六节　留　置	**监察法**第二十二条是关于在调查过程中监察机关有权对被调查人采取留置措施的规定。本条中所规定的留置对象是涉嫌贪污贿赂、失职渎职等严重职务违法或职务犯罪的被调查人；留置措施的适用条件是监察机关已掌握其部分违法犯罪的事实及证据，但仍有重要问题需要进一步调查，并具备第二十二条中列出的四种情况之一。 **实施条例**第四章第六节是在监察法第二十二条的基础上细化了监察留置措施。
	第九十二条 监察机关调查严重职务违法或者职务犯罪，对于符合监察法第二十二条第一款规定的，经依法审批，可以对被调查人采取留置措施。 监察法第二十二条第一款规定的严重职务违法，是指根据监察机关已经掌握的事实及证据，被调查人涉嫌的职务违法行为情节严重，可能被给予撤职以上政务处分；重要问题，是指对被调查人涉嫌的职务违法或者职务犯罪，在定性处置、定罪量刑等方面有重要影响的事实、情节及证据。	**实施条例**第九十二条是关于监察法第二十二条第一款中“已经掌握其部分违法犯罪事实及证据”的解释性规定。

续表

监察法	实施条例	适用精解
置、管理和监督依照国家有关规定执行。	监察法第二十二条第一款规定的已经掌握其部分违法犯罪事实及证据，是指同时具备下列情形： （一）有证据证明发生了违法犯罪事实； （二）有证据证明该违法犯罪事实是被调查人实施； （三）证明被调查人实施违法犯罪行为的证据已经查证属实。 部分违法犯罪事实，既可以是单一违法犯罪行为的事实，也可以是数个违法犯罪行为中任何一个违法犯罪行为的事实。	
	第九十三条　被调查人具有下列情形之一的，可以认定为监察法第二十二条第一款第二项所规定的可能逃跑、自杀： （一）着手准备自杀、自残或者逃跑的； （二）曾经有自杀、自残或者逃跑行为的； （三）有自杀、自残或者逃跑意图的； （四）其他可能逃跑、自杀的情形。	**实施条例**第九十三条是关于监察法第二十二条第一款第二项中“可能逃跑、自杀”情形的解释性规定。以明文列举的方式对于“可能逃跑、自杀”的具体情形作出说明。
	第九十四条　被调查人具有下列情形之一的，可以认定为监察法第二十二条第一款第三项所规定的可能串供或	**实施条例**第九十四条是关于监察法第二十二条第一款第三项中“可能串供或者伪造、隐匿、毁灭证据”情形的解释性规定。以明文列举的方式对“可能串供或者伪造、隐匿、毁灭证据”的具体情形作出说明。

续表

监察法	实施条例	适用精解
	者伪造、隐匿、毁灭证据： （一）曾经或者企图串供，伪造、隐匿、毁灭、转移证据的； （二）曾经或者企图威逼、恐吓、利诱、收买证人，干扰证人作证的； （三）有同案人或者与被调查人存在密切关联违法犯罪的涉案人员在逃，重要证据尚未收集完成的； （四）其他可能串供或者伪造、隐匿、毁灭证据的情形。	
	第九十五条 被调查人具有下列情形之一的，可以认定为监察法第二十二条第一款第四项所规定的可能有其他妨碍调查行为： （一）可能继续实施违法犯罪行为的； （二）有危害国家安全、公共安全等现实危险的； （三）可能对举报人、控告人、被害人、证人、鉴定人等相关人员实施打击报复的； （四）无正当理由拒不到案，严重影响调查的； （五）其他可能妨碍调查的行为。	**实施条例**第九十五条是关于监察法第二十二条第一款第四项中“可能有其他妨碍调查行为”情形解释的规定。以明文列举的方式对于“可能有其他妨碍调查行为”的具体情形作出说明。
	第九十六条 对下	**实施条例**第九十六条是关于监察机关不能

续表

监察法	实施条例	适用精解
	列人员不得采取留置措施： （一）患有严重疾病、生活不能自理的； （二）怀孕或者正在哺乳自己婴儿的妇女； （三）系生活不能自理的人的唯一扶养人。 上述情形消除后，根据调查需要可以对相关人员采取留置措施。	采取留置措施的人员的规定。本条通过列举的形式说明对于“患有严重疾病、生活不能自理”“怀孕、正在哺乳期的妇女”“是生活不能自理的人的唯一扶养人”的被调查人不得采取留置措施。
	第九十七条　采取留置措施时，调查人员不得少于二人，应当向被留置人员宣布《留置决定书》，告知被留置人员权利义务，要求其在《留置决定书》上签名、捺指印。被留置人员拒绝签名、捺指印的，调查人员应当在文书上记明。 **第九十八条**　采取留置措施后，应当在二十四小时以内通知被留置人员所在单位和家属。当面通知的，由有关人员在《留置通知书》上签名。无法当面通知的，可以先以电话等方式通知，并通过邮寄、转交等方式送达《留置通知书》，要求有关人员在《留置通知书》上签名。 因可能毁灭、伪造	**实施条例**第九十七条、第九十八条、第九十九条是关于采取留置措施的程序性规定。其中，第九十七条和第九十八条分别对于采取留置措施时和采取留置措施后的告知义务以及相关程序作出细化规定。

续表

监察法	实施条例	适用精解
	证据，干扰证人作证或者串供等有碍调查情形而不宜通知的，应当按规定报批，记录在案。有碍调查的情形消失后，应当立即通知被留置人员所在单位和家属。	
	第九十九条 县级以上监察机关需要提请公安机关协助采取留置措施的，应当按规定报批，请同级公安机关依法予以协助。提请协助时，应当出具《提请协助采取留置措施函》，列明提请协助的具体事项和建议，协助采取措施的时间、地点等内容，附《留置决定书》复印件。 因保密需要，不适合在采取留置措施前向公安机关告知留置对象姓名的，可以作出说明，进行保密处理。 需要提请异地公安机关协助采取留置措施的，应当按规定报批，向协作地同级监察机关出具协作函件和相关文书，由协作地监察机关提请当地公安机关依法予以协助。	**实施条例**第九十九条是关于监察机关采取留置措施时对协助机关的规定。
	第一百条 留置过程中，应当保障被留置人员的合法权益，尊重其人格和民族习俗，保障饮食、休息和安全，提供医疗服务。	**实施条例**第一百条是关于留置过程中对被留置人员的合法权益进行保障的细化规定。本条体现了实施条例中对公民人格权的保护与重视。

续表

监察法	实施条例	适用精解
	第一百零一条　留置时间不得超过三个月，自向被留置人员宣布之日起算。具有下列情形之一的，经审批可以延长一次，延长时间不得超过三个月： （一）案情重大，严重危害国家利益或者公共利益的； （二）案情复杂，涉案人员多、金额巨大，涉及范围广的； （三）重要证据尚未收集完成，或者重要涉案人员尚未到案，导致违法犯罪的主要事实仍须继续调查的； （四）其他需要延长留置时间的情形。 省级以下监察机关采取留置措施的，延长留置时间应当报上一级监察机关批准。 延长留置时间的，应当在留置期满前向被留置人员宣布延长留置时间的决定，要求其在《延长留置时间决定书》上签名、捺指印。被留置人员拒绝签名、捺指印的，调查人员应当在文书上记明。 延长留置时间的，应当通知被留置人员家属。	**实施条例**第一百零一条是关于留置时间的规定。本条细化了留置的最长时间期限，以明文列举的方式对可以通过审批延长留置时间的特殊情形进行规定，并详细说明了延长留置时间的报批机关、报批程序及告知义务等问题。
	第一百零二条　对被留置人员不需要继续	**实施条例**第一百零二条是关于解除留置措施的规定。此条详细说明了解除留置措施的程

续表

监察法	实施条例	适用精解
	采取留置措施的，应当按规定报批，及时解除留置。 调查人员应当向被留置人员宣布解除留置措施的决定，由其在《解除留置决定书》上签名、捺指印。被留置人员拒绝签名、捺指印的，调查人员应当在文书上记明。 解除留置措施的，应当及时通知被留置人员所在单位或者家属。调查人员应当与交接人办理交接手续，并由其在《解除留置通知书》上签名。无法通知或者有关人员拒绝签名的，调查人员应当在文书上记明。 案件依法移送人民检察院审查起诉的，留置措施自犯罪嫌疑人被执行拘留时自动解除，不再办理解除法律手续。	序性规定、告知义务以及在出现案件依法移送人民检察院审查起诉的特殊情况时，不再办理解除法律手续的规定。
	第一百零三条 留置场所应当建立健全保密、消防、医疗、餐饮及安保等安全工作责任制，制定紧急突发事件处置预案，采取安全防范措施。 留置期间发生被留置人员死亡、伤残、脱逃等办案安全事故、事件的，应当及时做好处	**实施条例**第一百零三条是关于留置场所的规定。此条规定了留置场所的安全措施以及在留置场所内发生了紧急、特殊的情况时，如被留置人员死亡、伤残、脱逃等办案安全事故、事件的处置措施和上报义务。 **【相关规定】** 1.《中华人民共和国公职人员政务处分法》（2020年6月20日）第四十二条、第六十三条； 2.《中华人民共和国监察法》（2018年3月20日）第四十一条、第四十四条；

续表

监察法	实施条例	适用精解
	置工作。相关情况应当立即报告监察机关主要负责人，并在二十四小时以内逐级上报至国家监察委员会。	3.《中华人民共和国公务员法》（2018 年 12 月 29 日）第五十七条。
第二十三条 监察机关调查涉嫌贪污贿赂、失职渎职等严重职务违法或者职务犯罪，根据工作需要，可以依照规定查询、冻结涉案单位和个人的存款、汇款、债券、股票、基金份额等财产。有关单位和个人应当配合。 冻结的财产经查明与案件无关的，应当在查明后三日内解除冻结，予以退还。	第七节 查询、冻结	**监察法**第二十三条是关于监察机关有权运用查询、冻结措施调查案件的规定。本条规定的主要目的是收集、保全财产性证据，防止证据流失或者被隐匿，确保在后续工作中对违法犯罪所得予以没收、追缴、返还、责令退赔。本条分为两款，第一款规定的是查询、冻结要件；第二款规定的是解除冻结。 **实施条例**第四章第七节是在监察法第二十三条的基础上细化了监察查询、冻结措施。
	第一百零四条 监察机关调查严重职务违法或者职务犯罪，根据工作需要，按规定报批后，可以依法查询、冻结涉案单位和个人的存款、汇款、债券、股票、基金份额等财产。 **第一百零五条** 查询、冻结财产时，调查人员不得少于二人。调查人员应当出具《协助查询财产通知书》或者《协助冻结财产通知书》，送交银行或者其他金融机构、邮政部门等单位执行。有关单位和个人应当予以配合，并严格保密。 查询财产应当在《协助查询财产通知书》中填写查询账号、查询内容等信息。没有具体账号的，应当填写	**实施条例**第一百零四条至第一百一十一条是关于监察机关运用查询、冻结措施调查案件的细化规定。在监察法第二十三条的基础上对查询、冻结财产等措施作出细化规定。其中，第一百零四条是关于监察机关对涉嫌严重职务违法或犯罪的被调查人，可以依法查询、冻结其涉案财产的规定。 **实施条例**第一百零五条是关于监察机关在采取查询、冻结财产措施时的程序性规则及告知义务的规定。本条详细规定了采取查询、冻结措施时调查人员的人数、采取调查措施的程序，并对查询财产和冻结财产两种不同措施进行了区分。

续表

监察法	实施条例	适用精解
	足以确定账户或者权利人的自然人姓名、身份证件号码或者企业法人名称、统一社会信用代码等信息。 冻结财产应当在《协助冻结财产通知书》中填写冻结账户名称、冻结账号、冻结数额、冻结期限起止时间等信息。冻结数额应当具体、明确，暂时无法确定具体数额的，应当在《协助冻结财产通知书》上明确写明“只收不付”。冻结证券和交易结算资金时，应当明确冻结的范围是否及于孳息。 冻结财产，应当为被调查人及其所扶养的亲属保留必需的生活费用。	
	第一百零六条　调查人员可以根据需要对查询结果进行打印、抄录、复制、拍照，要求相关单位在有关材料上加盖证明印章。对查询结果有疑问的，可以要求相关单位进行书面解释并加盖印章。	**实施条例**第一百零六条是关于监察机关的调查人员对查询结果的权限的规定。
	第一百零七条　监察机关对查询信息应当加强管理，规范信息交接、调阅、使用程序和手续，防止滥用和泄露。	**实施条例**第一百零七条是关于监察机关对查询信息保护措施的规定，体现了监察法及监察机关对个人隐私权的重视与保护。

续表

监察法	实施条例	适用精解
	调查人员不得查询与案件调查工作无关的信息。	
	第一百零八条　冻结财产的期限不得超过六个月。冻结期限到期未办理续冻手续的，冻结自动解除。 有特殊原因需要延长冻结期限的，应当在到期前按原程序报批，办理续冻手续。每次续冻期限不得超过六个月。	**实施条例**第一百零八条是关于冻结期限的规定。本条详细解释了冻结的最长期限，以及出现特殊情况时需要延长冻结期限的程序性处理措施。
	第一百零九条　已被冻结的财产可以轮候冻结，不得重复冻结。轮候冻结的，监察机关应当要求有关银行或者其他金融机构等单位在解除冻结或者作出处理前予以通知。 监察机关接受司法机关、其他监察机关等国家机关移送的涉案财物后，该国家机关采取的冻结期限届满，监察机关续行冻结的顺位与该国家机关冻结的顺位相同。	**实施条例**第一百零九条是关于监察机关冻结财产的次数和顺序以及不同机关冻结财产的顺位等程序性问题的规定。
	第一百一十条　冻结财产应当通知权利人或者其法定代理人、委托代理人，要求其在《冻结财产告知书》上签名。冻结股票、债券、基金份额等财产，应当告知权利人或者其法定代理人、委托代理	**实施条例**第一百一十条是关于监察机关采取冻结措施的告知义务以及冻结特殊形式财产的规定。

续表

监察法	实施条例	适用精解
	人有权申请出售。 对于被冻结的股票、债券、基金份额等财产，权利人或者其法定代理人、委托代理人申请出售，不损害国家利益、被害人利益，不影响调查正常进行的，经审批可以在案件办结前由相关机构依法出售或者变现。对于被冻结的汇票、本票、支票即将到期的，经审批可以在案件办结前由相关机构依法出售或者变现。出售上述财产的，应当出具《许可出售冻结财产通知书》。 出售或者变现所得价款应当继续冻结在其对应的银行账户中；没有对应的银行账户的，应当存入监察机关指定的专用账户保管，并将存款凭证送监察机关登记。监察机关应当及时向权利人或者其法定代理人、委托代理人出具《出售冻结财产通知书》，并要求其签名。拒绝签名的，调查人员应当在文书上记明。	
	第一百一十一条 对于冻结的财产，应当及时核查。经查明与案件无关的，经审批，应当在查明后三日以内将《解除冻结财产通知书》	**实施条例**第一百一十一条是关于监察机关核查冻结财产的程序性规定。本条详细解释了冻结财产的告知义务、冻结财产进行出售或变现的程序以及出售或变现后所得价款的保存形式和程序性规定。

续表

监察法	实施条例	适用精解
	送交有关单位执行。解除情况应当告知被冻结财产的权利人或者其法定代理人、委托代理人。	**【相关规定】** 1.《中华人民共和国公职人员政务处分法》（2020年6月20日）第四十二条、第六十三条； 2.《中华人民共和国监察法》（2018年3月20日）第四十一条； 3.《中华人民共和国公务员法》（2018年12月29日）第五十七条。
第二十四条 监察机关可以对涉嫌职务犯罪的被调查人以及可能隐藏被调查人或者犯罪证据的人的身体、物品、住处和其他有关地方进行搜查。在搜查时，应当出示搜查证，并有被搜查人或者其家属等见证人在场。 搜查女性身体，应当由女性工作人员进行。 监察机关进行搜查时，可以根据工作需要提请公安机关配合。公安机关应当依法予以协助。	第八节　搜　查	**监察法**第二十四条是关于监察机关运用搜查措施调查案件的规定。明确了监察机关在调查职务犯罪案件时的搜查对象、范围、程序。搜查的对象包括涉嫌职务犯罪的被调查人及可能隐藏被调查人或者犯罪证据的人；搜查的范围包括上述搜查对象的身体、物品、住处和其他有关地方。旨在通过本条的规定确保监察机关进行的搜查严格依法进行，防止搜查权滥用，更好地惩治腐败。 **实施条例**第四章第八节是关于监察法第二十四条规定的调查时运用搜查措施的细化规定。本节对监察机关运用搜查措施调查案件的基本要求进行了具体规定，主要包括搜查的对象、范围、人员要求、搜查过程记录等。既保障监察机关充分有效地行使搜查权，又通过科学的制度建构，防止搜查权的滥用，保障案件调查的顺利进行。
	第一百一十二条 监察机关调查职务犯罪案件，为了收集犯罪证据、查获被调查人，按规定报批后，可以依法对被调查人以及可能隐藏被调查人或者犯罪证据的人的身体、物品、住处、工作地点和其他有关地方进行搜查。	**实施条例**第一百一十二条是关于搜查对象、范围的规定。监察机关在调查职务犯罪进行搜查时必须符合本条的规定，不能任意扩大搜查的对象和范围，要做到依法搜查，既要尽可能全面地收集犯罪证据，查获涉嫌职务犯罪的被调查人，又不能滥用职权。 **【相关规定】** 1.《中华人民共和国监察法》（2018年3月20日）第二十四条； 2.《中国共产党纪律检查机关监督执纪工作规则》（2019年1月1日施行）第四十条。

续表

监察法	实施条例	适用精解
	第一百一十三条 搜查应当在调查人员主持下进行，调查人员不得少于二人。搜查女性的身体，由女性工作人员进行。 搜查时，应当有被搜查人或者其家属、其所在单位工作人员或者其他见证人在场。监察人员不得作为见证人。调查人员应当向被搜查人或者其家属、见证人出示《搜查证》，要求其签名。被搜查人或者其家属不在场，或者拒绝签名的，调查人员应当在文书上记明。	**实施条例**第一百一十三条是关于负责搜查的调查人员、在场人员、见证人员及相关要求的规定。 **【相关规定】** 1.《中华人民共和国监察法》（2018 年 3 月 20 日）第二十四条、第四十一条； 2.《中国共产党纪律检查机关监督执纪工作规则》（2019 年 1 月 1 日施行）第四十二条； 3.《中华人民共和国刑事诉讼法》（2018 年 10 月 26 日）第一百三十八条、第一百三十九条； 4.《公安机关办理刑事案件程序规定》（2020 年 7 月 20 日）第二百二十五条。
	第一百一十四条 搜查时，应当要求在场人员予以配合，不得进行阻碍。对以暴力、威胁等方法阻碍搜查的，应当依法制止。对阻碍搜查构成违法犯罪的，依法追究法律责任。	**实施条例**第一百一十四条是关于在场人员应予配合的规定。协助和配合监察机关的搜查是在场人员应尽的法定义务，否则其要承担相应的法律责任。 **【相关规定】** 1.《中华人民共和国监察法》（2018 年 3 月 20 日）第六十三条； 2.《人民检察院刑事诉讼规则》（2019 年 12 月 30 日）第二百零七条。
	第一百一十五条 县级以上监察机关需要提请公安机关依法协助采取搜查措施的，应当按规定报批，请同级公安机关予以协助。提请协助时，应当出具《提请协助采取搜查措施函》，列明提请协助的具体事项和建议，搜查时间、地点、目的等内	**实施条例**第一百一十五条是关于公安机关协助的规定。 **【相关规定】** 1.《中华人民共和国监察法》（2018 年 3 月 20 日）第二十四条； 2.《公安机关办理刑事案件程序规定》（2020 年 7 月 20 日）第二十九条、第二百二十二条。

续表

监察法	实施条例	适用精解
	容，附《搜查证》复印件。 需要提请异地公安机关协助采取搜查措施的，应当按规定报批，向协作地同级监察机关出具协作函件和相关文书，由协作地监察机关提请当地公安机关予以协助。	
	第一百一十六条 对搜查取证工作，应当全程同步录音录像。 对搜查情况应当制作《搜查笔录》，由调查人员和被搜查人或者其家属、见证人签名。被搜查人或者其家属不在场，或者拒绝签名的，调查人员应当在笔录中记明。 对于查获的重要物证、书证、视听资料、电子数据及其放置、存储位置应当拍照，并在《搜查笔录》中作出文字说明。	**实施条例**第一百一十六条是关于搜查过程记录的规定。记录的目的主要有两个：一是有助于促进搜查过程的规范性，防止搜查人员进行违法搜查、损坏搜查物品等；二是有助于搜查物品的保管，做到有据可查。 **【相关规定】** 1.《中华人民共和国监察法》（2018 年 3 月 20 日）第四十一条； 2.《中国共产党纪律检查机关监督执纪工作规则》（2019 年 1 月 1 日施行）第四十八条； 3.《中华人民共和国刑事诉讼法》（2018 年 10 月 26 日）第一百四十条。
	第一百一十七条 搜查时，应当避免未成年人或者其他不适宜在搜查现场的人在场。 搜查人员应当服从指挥、文明执法，不得擅自变更搜查对象和扩大搜查范围。搜查的具体时间、方法，在实施前应当严格保密。	**实施条例**第一百一十七条是关于文明搜查、依法搜查及保密的规定。 **【相关规定】** 《中华人民共和国未成年人保护法》（2020 年 10 月 17 日）第四条。

续表

<table>
<tr><th>监察法</th><th>实施条例</th><th>适用精解</th></tr>
<tr><td></td><td>第一百一十八条 在搜查过程中查封、扣押财物和文件的，按照查封、扣押的有关规定办理。</td><td>实施条例第一百一十八条是关于搜查时查封、扣押财物和文件的处理规定。相关处理应该符合查封、扣押的有关规定，如监察法、实施条例等规范中有关查封、扣押的规定等。</td></tr>
<tr><td rowspan="3">第二十五条 监察机关在调查过程中，可以调取、查封、扣押用以证明被调查人涉嫌违法犯罪的财物、文件和电子数据等信息。采取调取、查封、扣押措施，应当收集原物原件，会同持有人或者保管人、见证人，当面逐一拍照、登记、编号，开列清单，由在场人员当场核对、签名，并将清单副本交财物、文件的持有人或者保管人。
对调取、查封、扣押的财物、文件，监察机关应当设立专用账户、专门场所，确定专门人员妥善保管，严格履行交接、调取手续，定期对账核实，不得毁损或者用于其他目的。对价值不明物品应当及时鉴定，专门封存保管。
查封、扣押的</td><td>第九节 调 取</td><td>监察法第二十五条是关于监察机关运用调取、查封、扣押措施调查案件的规定，明确规定了调取、查封、扣押的范围、程序和保管及解除查封、扣押的要求等基本内容。旨在确保监察机关正确行使调取、查封、扣押的监察权限，保护公民合法权益。
实施条例第四章第九节是关于监察法第二十五条规定的调查时运用调取措施的细化规定。本节对监察机关运用调取措施调查案件的基本要求进行了具体规定，主要包括调取的报批、范围、人员要求以及某些特定证据材料的调取应遵循的规则等。既保障监察机关充分有效地行使调取权，又通过科学的制度建构防止调取权的滥用，保障案件调查的顺利进行。</td></tr>
<tr><td>第一百一十九条 监察机关按规定报批后，可以依法向有关单位和个人调取用以证明案件事实的证据材料。</td><td>实施条例第一百一十九条是关于调取报批和调取范围的规定。调取的范围为用以证明案件事实的证据材料，不得任意扩大调取的范围。
【相关规定】
1.《中华人民共和国监察法》（2018年3月20日）第十八条；
2.《中华人民共和国公职人员政务处分法》（2020年6月20日）第四十二条；
3.《中国共产党纪律检查机关监督执纪工作规则》（2019年1月1日施行）第四十条；
4.《中华人民共和国刑事诉讼法》（2018年10月26日）第五十四条。</td></tr>
<tr><td>第一百二十条 调取证据材料时，调查人员不得少于二人。调查人员应当依法出具《调取证据通知书》，必要时附《调取证据清单》。</td><td>实施条例第一百二十条是关于调查人员、调取文书以及有关单位和个人配合、保密的规定。保密对于职务犯罪调查工作的开展极为重要，否则被调查人有可能进行串供或销毁证据等非法活动，有关单位及个人不仅要配合监察机关调取证据材料，而且负有严格保密的义务。</td></tr>
</table>

续表

监察法	实施条例	适用精解
财物、文件经查明与案件无关的，应当在查明后三日内解除查封、扣押，予以退还。	有关单位和个人配合监察机关调取证据，应当严格保密。	【相关规定】 1.《中华人民共和国监察法》（2018 年 3 月 20 日）第四十一条； 2.《中国共产党纪律检查机关监督执纪工作规则》（2019 年 1 月 1 日施行）第四十二条； 3.《公安机关办理刑事案件程序规定》（2020 年 7 月 20 日）第六十一条、第六十二条。
	第一百二十一条 调取物证应当调取原物。原物不便搬运、保存，或者依法应当返还，或者因保密工作需要不能调取原物的，可以将原物封存，并拍照、录像。对原物拍照或者录像时，应当足以反映原物的外形、内容。 调取书证、视听资料应当调取原件。取得原件确有困难或者因保密工作需要不能调取原件的，可以调取副本或者复制件。 调取物证的照片、录像和书证、视听资料的副本、复制件的，应当书面记明不能调取原物、原件的原因，原物、原件存放地点，制作过程，是否与原物、原件相符，并由调查人员和物证、书证、视听资料原持有人签名或者盖章。持有人无法签名、盖章或者拒绝签名、盖章的，应当在笔录中记明，由见证人签名。	**实施条例**第一百二十一条是关于调取物证、书证和视听资料的规定。从证据效力的层面来讲，原物的证明效力要强于照片、录像、副本或复制件，因此在调取证据材料时要尽可能调取原物，只有确实不能或不宜调取原物的，才可以采取照片、录像或调取副本或复制件。 【相关规定】 1.《中国共产党纪律检查机关监督执纪工作规则》（2019 年 1 月 1 日施行）第四十六条； 2.《人民检察院刑事诉讼规则》（2019 年 12 月 30 日）第二百零九条。

续表

监察法	实施条例	适用精解
	第一百二十二条 调取外文材料作为证据使用的，应当交由具有资质的机构和人员出具中文译本。中文译本应当加盖翻译机构公章。	**实施条例**第一百二十二条是关于调取外文资料的规定。 **【相关规定】** 《最高人民法院关于适用〈中华人民共和国刑事诉讼法〉的解释》（2021年1月26日）第七十八条。
	第一百二十三条 收集、提取电子数据，能够扣押原始存储介质的，应当予以扣押、封存并在笔录中记录封存状态。无法扣押原始存储介质的，可以提取电子数据，但应当在笔录中记明不能扣押的原因、原始存储介质的存放地点或者电子数据的来源等情况。 由于客观原因无法或者不宜采取前款规定方式收集、提取电子数据的，可以采取打印、拍照或者录像等方式固定相关证据，并在笔录中说明原因。 收集、提取的电子数据，足以保证完整性，无删除、修改、增加等情形的，可以作为证据使用。 收集、提取电子数据，应当制作笔录，记录案由、对象、内容，收集、提取电子数据的时间、地点、方法、过程，并附电子数据清单，注明类别、文件格式、完整性校验值等，由调	**实施条例**第一百二十三条是关于收集、提取电子数据的规定。随着电子产品的逐渐增多，电子数据已经成为一种非常常见且非常重要的证据类型，由于电子数据具有易复制、删改等特性，因此对于电子数据的调取有特殊的要求，应该尽可能保证其完整性和原始性。 **【相关规定】** 1.《最高人民法院关于适用〈中华人民共和国刑事诉讼法〉的解释》（2021年1月26日）第一百一十条、第一百一十一条、第一百一十八条； 2.《公安机关办理刑事案件程序规定（2020年7月20日修正）第六十五条、第六十六条； 3.《最高人民法院、最高人民检察院、公安部关于办理刑事案件收集提取和审查判断电子数据若干问题的规定》（2016年9月9日）第五条、第九条、第十条。

续表

监察法	实施条例	适用精解
	查人员、电子数据持有人（提供人）签名或者盖章；电子数据持有人（提供人）无法签名或者拒绝签名的，应当在笔录中记明，由见证人签名或者盖章。有条件的，应当对相关活动进行录像。	
	第一百二十四条 调取的物证、书证、视听资料等原件，经查明与案件无关的，经审批，应当在查明后三日以内退还，并办理交接手续。	**实施条例**第一百二十四条是关于调取的与案件无关物品返还的规定。
	第十节　查封、扣押	**实施条例**第四章第十节是关于**监察法**第二十五条规定的调查时运用查封、扣押等措施的细化规定。本节对监察机关运用查封、扣押措施调查案件的基本要求进行了具体规定，主要包括查封、扣押的报批、范围、人员要求及某些特殊物品的查封、扣押应遵循的规则等。既保障监察机关充分有效地行使搜查权，又通过科学的制度建构防止搜查权的滥用，保障案件调查的顺利进行。
	第一百二十五条 监察机关按规定报批后，可以依法查封、扣押用以证明被调查人涉嫌违法犯罪以及情节轻重的财物、文件、电子数据等证据材料。 对于被调查人到案时随身携带的物品，以及被调查人或者其他相关人员主动上交的财物和文件，依法需要扣押	**实施条例**第一百二十五条是关于查封、扣押的报批、范围等内容的规定。对于被调查人到案时随身携带的物品，以及被调查人或者其他相关人员主动上交的财物和文件，可以依法扣押。 **【相关规定】** 1.《中华人民共和国监察法》（2018 年 3 月 20 日）第二十五条； 2.《中国共产党纪律检查机关监督执纪工作规则》（2019 年 1 月 1 日施行）第四十条、第四十七条； 3.《中华人民共和国刑事诉讼法》（2018

续表

监察法	实施条例	适用精解
	的，依照前款规定办理。对于被调查人随身携带的与案件无关的个人用品，应当逐件登记，随案移交或者退还。	年10月26日）第一百四十一条、第一百四十二条、第一百四十五条； 4.《公安机关办理刑事案件程序规定》（2020年7月20日）第二百二十七条。
	第一百二十六条 查封、扣押时，应当出具《查封/扣押通知书》，调查人员不得少于二人。持有人拒绝交出应当查封、扣押的财物和文件的，可以依法强制查封、扣押。 调查人员对于查封、扣押的财物和文件，应当会同在场见证人和被查封、扣押财物持有人进行清点核对，开列《查封/扣押财物、文件清单》，由调查人员、见证人和持有人签名或者盖章。持有人不在场或者拒绝签名、盖章的，调查人员应当在清单上记明。 查封、扣押财物，应当为被调查人及其所扶养的亲属保留必需的生活费用和物品。	**实施条例**第一百二十六条是关于查封、扣押对调查人员、文书及程序要求的规定。通过上述具体规定，既可以保障查封、扣押的顺利进行，也可以有效保障被调查人及其亲属的合法权益。 **【相关规定】** 1.《中华人民共和国监察法》（2018年3月20日）第四十一条； 2.《中国共产党纪律检查机关监督执纪工作规则》（2019年1月1日施行）第四十二条、第四十七条、第四十八条； 3.《公安机关办理刑事案件程序规定》（2020年7月20日）第二百二十九条、第二百三十条； 4.《人民检察院刑事诉讼涉案财物管理规定》（2015年3月6日）第四条； 5.《公安机关涉案财物管理若干规定》（2015年7月22日）第六条。
	第一百二十七条 查封、扣押不动产和置于该不动产上不宜移动的设施、家具和其他相关财物，以及车辆、船舶、航空器和大型机械、设备等财物，必要时可以依法扣押其权利证书，经拍照或者录像	**实施条例**第一百二十七条是关于查封、扣押不动产和置于该不动产上不宜移动的设施、家具和其他相关财物，以及车辆、船舶、航空器和大型机械、设备等财物的规定。相对于一般物品，上述物品在交易、使用等方面具有特殊性，因此在进行查封、扣押时也有特殊的要求。 **【相关规定】** 1.《最高人民法院关于适用〈中华人民共

续表

监察法	实施条例	适用精解
	后原地封存。调查人员应当在查封清单上记明相关财物的所在地址和特征，已经拍照或者录像及其权利证书被扣押的情况，由调查人员、见证人和持有人签名或者盖章。持有人不在场或者拒绝签名、盖章的，调查人员应当在清单上记明。 查封、扣押前款规定财物的，必要时可以将被查封财物交给持有人或者其近亲属保管。调查人员应当告知保管人妥善保管，不得对被查封财物进行转移、变卖、毁损、抵押、赠予等处理。 调查人员应当将《查封/扣押通知书》送达不动产、生产设备或者车辆、船舶、航空器等财物的登记、管理部门，告知其在查封期间禁止办理抵押、转让、出售等权属关系变更、转移登记手续。相关情况应当在查封清单上记明。被查封、扣押的财物已经办理抵押登记的，监察机关在执行没收、追缴、责令退赔等决定时应当及时通知抵押权人。	和国刑事诉讼法〉的解释》（2021 年 1 月 26 日）第三百三十七条； 2.《人民检察院刑事诉讼涉案财物管理规定》（2015 年 3 月 6 日）第十二条； 3.《公安机关涉案财物管理若干规定》（2015 年 7 月 22 日）第十七条。

续表

监察法	实施条例	适用精解
	第一百二十八条 查封、扣押下列物品，应当依法进行相应的处理： （一）查封、扣押外币、金银珠宝、文物、名贵字画以及其他不易辨别真伪的贵重物品，具备当场密封条件的，应当当场密封，由二名以上调查人员在密封材料上签名并记明密封时间。不具备当场密封条件的，应当在笔录中记明，以拍照、录像等方法加以保全后进行封存。查封、扣押的贵重物品需要鉴定的，应当及时鉴定。 （二）查封、扣押存折、银行卡、有价证券等支付凭证和具有一定特征能够证明案情的现金，应当记明特征、编号、种类、面值、张数、金额等，当场密封，由二名以上调查人员在密封材料上签名并记明密封时间。 （三）查封、扣押易损毁、灭失、变质等不宜长期保存的物品以及有消费期限的卡、券，应当在笔录中记明，以拍照、录像等方法加以保全后进行封存，或者经审批委托有关机构变卖、拍卖。变	**实施条例**第一百二十八条是关于查封、扣押某些特殊物品的处理规定。相对于一般物品，上述物品在价值认定、保全等方面具有特殊性，因此在进行查封、扣押时也有特殊的要求。 **【相关规定】** 1.《最高人民法院关于适用〈中华人民共和国刑事诉讼法〉的解释》（2021 年 1 月 26 日）第四百三十七条； 2.《公安机关办理刑事案件程序规定》（2020 年 7 月 20 日）第二百三十条、第二百三十六条； 3.《公安机关涉案财物管理若干规定》（2015 年 7 月 22 日）第十一条； 4.《人民检察院刑事诉讼涉案财物管理规定》（2015 年 3 月 6 日）第十二条。

续表

监察法	实施条例	适用精解
	卖、拍卖的价款存入专用账户保管，待调查终结后一并处理。 （四）对于可以作为证据使用的录音录像、电子数据存储介质，应当记明案由、对象、内容，录制、复制的时间、地点、规格、类别、应用长度、文件格式及长度等，制作清单。具备查封、扣押条件的电子设备、存储介质应当密封保存。必要时，可以请有关机关协助。 （五）对被调查人使用违法犯罪所得与合法收入共同购置的不可分割的财产，可以先行查封、扣押。对无法分割退还的财产，涉及违法的，可以在结案后委托有关单位拍卖、变卖，退还不属于违法所得的部分及孳息；涉及职务犯罪的，依法移送司法机关处置。 （六）查封、扣押危险品、违禁品，应当及时送交有关部门，或者根据工作需要严格封存保管。	
	第一百二十九条 对于需要启封的财物和文件，应当由二名以上调查人员共同办理。重新密封时，由二名以上	**实施条例**第一百二十九条是关于启封和重新密封的规定。 **【相关规定】** 1.《中国共产党纪律检查机关监督执纪工作规则》（2019 年 1 月 1 日施行）第四十二条；

续表

监察法	实施条例	适用精解
	调查人员在密封材料上签名、记明时间。	2.《人民检察院刑事诉讼涉案财物管理规定》（2015年3月6日）第十五条。
	第一百三十条 查封、扣押涉案财物，应当按规定将涉案财物详细信息、《查封/扣押财物、文件清单》录入并上传监察机关涉案财物信息管理系统。 对于涉案款项，应当在采取措施后十五日以内存入监察机关指定的专用账户。对于涉案物品，应当在采取措施后三十日以内移交涉案财物保管部门保管。因特殊原因不能按时存入专用账户或者移交保管的，应当按规定报批，将保管情况录入涉案财物信息管理系统，在原因消除后及时存入或者移交。	**实施条例**第一百三十条是关于查封、扣押物品登记和保管的规定。基本要求是应该上传监察机关涉案财物信息管理系统、存入监察机关指定的专用账户或移交涉案财物保管部门保管，目的是保证被查封、扣押涉案财物在监察机关或涉案财物保管部门的控制之下，防止相关涉案财物灭失或被非法使用进而给案件调查或处理带来不利。 **【相关规定】** 《公安机关涉案财物管理若干规定》（2015年7月22日）第九条、第十条、第十二条至第十四条。
	第一百三十一条 对于已移交涉案财物保管部门保管的涉案财物，根据调查工作需要，经审批可以临时调用，并应当确保完好。调用结束后，应当及时归还。调用和归还时，调查人员、保管人员应当当面清点查验。保管部门应当对调用和归还情况进行登记，全程录像并上传涉案财物信息管理系统。	**实施条例**第一百三十一条是关于查封、扣押物品临时调用和归还的规定。 **【相关规定】** 1.《公安机关涉案财物管理若干规定》（2015年7月22日）第八条、第十二条、第十五条、第十六条； 2.《人民检察院刑事诉讼涉案财物管理规定》（2015年3月6日）第二十一条。

续表

监察法	实施条例	适用精解
	第一百三十二条　对于被扣押的股票、债券、基金份额等财产，以及即将到期的汇票、本票、支票，依法需要出售或者变现的，按照本条例关于出售冻结财产的规定办理。	**实施条例**第一百三十二条是关于有关被扣押有价票证出售或变现的规定。 **【相关规定】** 《公安机关涉案财物管理若干规定》（2015年7月22日）第二十一条。
	第一百三十三条　监察机关接受司法机关、其他监察机关等国家机关移送的涉案财物后，该国家机关采取的查封、扣押期限届满，监察机关续行查封、扣押的顺位与该国家机关查封、扣押的顺位相同。	**实施条例**第一百三十三条是关于续行查封、扣押顺位的规定。
	第一百三十四条　对查封、扣押的财物和文件，应当及时进行核查。经查明与案件无关的，经审批，应当在查明后三日以内解除查封、扣押，予以退还。解除查封、扣押的，应当向有关单位、原持有人或者近亲属送达《解除查封/扣押通知书》，附《解除查封/扣押财物、文件清单》，要求其签名或者盖章。	**实施条例**第一百三十四条是关于查封、扣押解除的规定。 **【相关规定】** 1.《公安机关涉案财物管理若干规定》（2015年7月22日）第六条； 2.《人民检察院刑事诉讼涉案财物管理规定》（2015年3月6日）第四条。
	第一百三十五条　在立案调查之前，对监察对象及相关人员主动上交的涉案财物，经审批可以接收。 接收时，应当由二名以上调查人员，会同	

续表

监察法	实施条例	适用精解
	持有人和见证人进行清点核对，当场填写《主动上交财物登记表》。调查人员、持有人和见证人应当在登记表上签名或者盖章。 对于主动上交的财物，应当根据立案及调查情况及时决定是否依法查封、扣押。	**实施条例**第一百三十五条是关于立案调查前对有关人员主动上交物品的处理规定。 **【相关规定】** 《中国共产党纪律检查机关监督执纪工作规则》(2019 年 1 月 1 日施行) 第三十四条、第四十七条。
第二十六条 监察机关在调查过程中，可以直接或者指派、聘请具有专门知识、资格的人员在调查人员主持下进行勘验检查。勘验检查情况应当制作笔录，由参加勘验检查的人员和见证人签名或者盖章。	第十一节 勘验检查	**监察法**第二十六条是关于监察机关运用勘验检查措施调查案件的规定。明确规定了监察机关的工作人员或其指派、聘请的专业人员实施勘验检查的程序和要求。旨在通过本条的规定确保监察机关在调查案件时的勘验检查过程客观、公正、合法，保证结论的准确性。 **实施条例**第四章第十一节是关于监察法第二十六条规定的调查时运用勘验检查措施的细化规定。本节对监察机关运用勘验检查措施调查案件的基本要求进行了具体规定，主要包括勘验检查的报批、范围、人员要求及采取某些特定的勘验检查手段如人身检查、调查实验、辨认应遵循的规则等。既保障监察机关充分有效地行使勘验检查权，又通过科学的制度建构防止勘验检查权的滥用，保障案件调查的顺利进行。
	第一百三十六条 监察机关按规定报批后，可以依法对与违法犯罪有关的场所、物品、人身、尸体、电子数据等进行勘验检查。	**实施条例**第一百三十六条是关于勘验检查的报批和运用范围的规定。勘验检查的运用不应扩展到与违法犯罪无关的场所、人身、物品等，应该保障该措施的合理运用。 **【相关规定】** 1.《中华人民共和国监察法》(2018 年 3 月 20 日) 第二十六条； 2.《中国共产党纪律检查机关监督执纪工作规则》(2019 年 1 月 1 日施行) 第四十条； 3.《中华人民共和国刑事诉讼法》(2018 年 10 月 26 日) 第一百二十八条； 4.《人民检察院刑事诉讼规则》(2019 年 12 月 30 日) 第三百三十五条。

续表

监察法	实施条例	适用精解
	第一百三十七条 依法需要勘验检查的，应当制作《勘验检查证》；需要委托勘验检查的，应当出具《委托勘验检查书》，送具有专门知识、勘验检查资格的单位（人员）办理。	**实施条例**第一百三十七条是关于勘验检查时应该制作、出具法律文书的规定。 **【相关规定】** 1.《中华人民共和国监察法》（2018年3月20日）第二十六条； 2.《中华人民共和国刑事诉讼法》（2018年10月26日）第一百三十条； 3.《公安机关刑事案件现场勘验检查规则》（2015年10月22日）第六条、第十三条。
	第一百三十八条 勘验检查应当由二名以上调查人员主持，邀请与案件无关的见证人在场。勘验检查情况应当制作笔录，并由参加勘验检查人员和见证人签名。 勘验检查现场、拆封电子数据存储介质应当全程同步录音录像。对现场情况应当拍摄现场照片、制作现场图，并由勘验检查人员签名。	**实施条例**第一百三十八条是关于勘验检查的主持人、见证人及对勘验检查现场记录等内容的规定。 **【相关规定】** 1.《中华人民共和国监察法》（2018年3月20日）第四十一条； 2.《中华人民共和国刑事诉讼法》（2018年10月26日）第一百三十三条； 3.《最高人民法院关于适用〈中华人民共和国刑事诉讼法〉的解释》（2021年1月26日）第八十六条、第一百零二条、第一百零三条； 4.《人民检察院刑事诉讼规则》（2019年12月30日）第四百一十三条； 5.《公安机关办理刑事案件程序规定》（2020年7月20日）第一百九十四条； 6.《公安机关刑事案件现场勘验检查规则》（2015年10月22日）第二十四条、第三十一条； 7.《公安机关办理刑事案件电子数据取证规则》（2019年2月1日）第十条。
	第一百三十九条 为了确定被调查人或者相关人员的某些特征、伤害情况或者生理状态，可以依法对其人身进行检查。必要时可以聘请法医或者医师进行人身检查。检查女性身体，应当由女性工作人	**实施条例**第一百三十九条是关于对人身检查基本要求的规定。对于人身的检查有时有特殊性，因此某些情况下对于检查人也有特殊的要求，比如可能需要法医、医师或女性人员进行。对人身检查采取的方法、保密和记录等也有相关的要求。 **【相关规定】** 1.《中华人民共和国监察法》（2018年3月20日）第二十六条、第四十一条；

续表

监察法	实施条例	适用精解
	员或者医师进行。被调查人拒绝检查的，可以依法强制检查。 人身检查不得采用损害被检查人生命、健康或者贬低其名誉、人格的方法。对人身检查过程中知悉的个人隐私，应当严格保密。 对人身检查的情况应当制作笔录，由参加检查的调查人员、检查人员、被检查人员和见证人签名。被检查人员拒绝签名的，调查人员应当在笔录中记明。	2.《中华人民共和国刑事诉讼法》（2018年10月26日）第一百三十二条、第一百三十三条； 3.《人民检察院刑事诉讼规则》（2019年12月30日）第一百九十九条、第三百三十五条、第三百三十六条； 4.《公安机关办理刑事案件程序规定》（2020年7月20日）第二百一十七条； 5.《公安机关刑事案件现场勘验检查规则》（2015年10月22日）第三十三条、第三十四条。
	第一百四十条 为查明案情，在必要的时候，经审批可以依法进行调查实验。调查实验，可以聘请有关专业人员参加，也可以要求被调查人、被害人、证人参加。 进行调查实验，应当全程同步录音录像，制作调查实验笔录，由参加实验的人签名。进行调查实验，禁止一切足以造成危险、侮辱人格的行为。	**实施条例**第一百四十条是关于调查实验的审批、参加人员、记录和禁止事项的规定。调查实验是指在案件调查中，调查人员为了确定对案件调查有重要意义的某一事实或现象是否存在，或在某种条件下能否发生、怎样发生，参考发案时的种种条件，将该事实或现象重新加以再现的一种调查措施。调查实验的采用要遵循为查明案情而有必要时才可进行的原则，不应该过度扩大调查实验的适用范围。 **【相关规定】** 1.《中华人民共和国刑事诉讼法》（2018年10月26日）第一百三十五条； 2.《最高人民法院关于适用〈中华人民共和国刑事诉讼法〉的解释》（2021年1月26日）第一百零六条、第一百零七条； 3.《人民检察院刑事诉讼规则》（2019年12月30日）第二百零一条； 4.《公安机关办理刑事案件程序规定》（2020年7月20日）第二百二十一条； 5.《公安机关刑事案件现场勘验检查规则》（2015年10月22日）第六十九条至第七十二条。

续表

监察法	实施条例	适用精解
	第一百四十一条 调查人员在必要时，可以依法让被害人、证人和被调查人对与违法犯罪有关的物品、文件、尸体或者场所进行辨认；也可以让被害人、证人对被调查人进行辨认，或者让被调查人对涉案人员进行辨认。 辨认工作应当由二名以上调查人员主持进行。在辨认前，应当向辨认人详细询问辨认对象的具体特征，避免辨认人见到辨认对象，并告知辨认人作虚假辨认应当承担的法律责任。几名辨认人对同一辨认对象进行辨认时，应当由辨认人个别进行。辨认应当形成笔录，并由调查人员、辨认人签名。	**实施条例**第一百四十一条是关于辨认的范围、基本要求和制作辨认笔录的规定。辨认是指调查人员在调查案件的过程中，为了查明案件的有关事实，组织被害人、被调查人或者证人对与违法犯罪有关的物品、文件、尸体、场所或者人员进行辨别、作出判断的活动。辨认是案件办理中常见的调查措施之一，为了防止辨认错误或虚假辨认，该条作出了一些具体的要求。 **【相关规定】** 1.《最高人民法院关于适用〈中华人民共和国刑事诉讼法〉的解释》（2021 年 1 月 26 日）第一百零四条、第一百零五条； 2.《人民检察院刑事诉讼规则》（2019 年 12 月 30 日）第二百二十三条至第二百二十五条； 3.《公安机关办理刑事案件程序规定》（2020 年 7 月 20 日）第二百五十八条、第二百五十九条。
	第一百四十二条 辨认人员时，被辨认的人数不得少于七人，照片不得少于十张。 辨认人不愿公开进行辨认时，应当在不暴露辨认人的情况下进行辨认，并为其保守秘密。	**实施条例**第一百四十二条是关于辨认对象为人员时的具体要求以及保密的规定。对人员的辨认在辨认中具有一定的特殊性，该条规定了一些特殊的要求，目的是既要保障被辨认人的合法权益，也要保障不会给辨认人带来打击报复等权益侵害。 **【相关规定】** 1.《人民检察院刑事诉讼规则》（2019 年 12 月 30 日）第二百二十六条； 2.《公安机关办理刑事案件程序规定》（2020 年 7 月 20 日）第二百六十条、第二百六十一条。

续表

监察法	实施条例	适用精解
	第一百四十三条 组织辨认物品时一般应当辨认实物。被辨认的物品系名贵字画等贵重物品或者存在不便搬运等情况的，可以对实物照片进行辨认。辨认人进行辨认时，应当在辨认出的实物照片与附纸骑缝上捺指印予以确认，在附纸上写明该实物涉案情况并签名、捺指印。 辨认物品时，同类物品不得少于五件，照片不得少于五张。 对于难以找到相似物品的特定物，可以将该物品照片交由辨认人进行确认后，在照片与附纸骑缝上捺指印，在附纸上写明该物品涉案情况并签名、捺指印。在辨认人确认前，应当向其详细询问物品的具体特征，并对确认过程和结果形成笔录。	**实施条例**第一百四十三条是关于辨认对象为物品时的具体要求以及制作辨认笔录的规定。 **【相关规定】** 1.《人民检察院刑事诉讼规则》（2019 年 12 月 30 日）第二百二十六条； 2.《公安机关办理刑事案件程序规定》（2020 年 7 月 20 日）第二百六十条。
	第一百四十四条 辨认笔录具有下列情形之一的，不得作为认定案件的依据： （一）辨认开始前使辨认人见到辨认对象的； （二）辨认活动没有个别进行的； （三）辨认对象没有混杂在具有类似特征	**实施条例**第一百四十四条是关于排除辨认笔录作为认定案件依据的规定。 **【相关规定】** 《最高人民法院关于适用〈中华人民共和国刑事诉讼法〉的解释》（2021 年 1 月 26 日）第一百零四条、第一百零五条。

续表

监察法	实施条例	适用精解
	的其他对象中，或者供辨认的对象数量不符合规定的，但特定辨认对象除外； （四）辨认中给辨认人明显暗示或者明显有指认嫌疑的； （五）辨认不是在调查人员主持下进行的； （六）违反有关规定，不能确定辨认笔录真实性的其他情形。 辨认笔录存在其他瑕疵的，应当结合全案证据审查其真实性和关联性，作出综合判断。	
第二十七条 监察机关在调查过程中，对于案件中的专门性问题，可以指派、聘请有专门知识的人进行鉴定。鉴定人进行鉴定后，应当出具鉴定意见，并且签名。	第十二节　鉴　定	**监察法**第二十七条是关于监察机关运用鉴定措施对案件中的专门性问题进行调查的规定，明确规定了监察机关指派、聘请有专门知识的人对专门性问题进行鉴定的程序。旨在通过本条的规定确保监察机关在调查案件时对案件中的专门性问题作出科学的判断，准确地查明案情。 **实施条例**第四章第十二节是关于监察法第二十七条规定的运用鉴定措施对案件中的专门性问题进行调查的细化规定。本节对监察机关运用鉴定措施调查案件的基本要求进行了具体规定，主要包括鉴定的报批、委托、适用范围、鉴定意见的效力及补充鉴定等。既要保障监察机关充分有效地行使鉴定权，又要通过科学的制度建构防止鉴定权的滥用，保障案件调查的顺利进行。
	第一百四十五条 监察机关为解决案件中的专门性问题，按规定报批后，可以依法进行鉴定。	**实施条例**第一百四十五条是关于运用鉴定措施的报批、委托等内容的规定。鉴定是指监察机关指派或聘请具有专门知识的人就案件中某些专门性问题进行科学鉴别和判断并作出鉴定意见的活动。本条所述的“专门性问题”主

续表

监察法	实施条例	适用精解
	鉴定时应当出具《委托鉴定书》，由二名以上调查人员送交具有鉴定资格的鉴定机构、鉴定人进行鉴定。	要是指监察机关在调查过程中遇到的必须运用专门的知识和经验作出科学判断的问题。鉴定对于调查机关及时收集证据，准确揭示物证、书证在案件中的证明作用，鉴别案内其他证据的真伪，查明案件真相，查获被调查人具有重要的作用。 **【相关规定】** 1.《中华人民共和国监察法》（2018年3月20日）第二十五条、第二十七条； 2.《中国共产党纪律检查机关监督执纪工作规则》（2019年1月1日施行）第三十四条、第四十条、第四十七条； 3.《中华人民共和国刑事诉讼法》（2018年10月26日）第一百四十六条； 4.《人民检察院刑事诉讼规则》（2019年12月30日）第三百三十二条； 5.《公安机关办理行政案件程序规定》（2020年8月6日）第八十七条。
	第一百四十六条 监察机关可以依法开展下列鉴定： （一）对笔迹、印刷文件、污损文件、制成时间不明的文件和以其他形式表现的文件等进行鉴定； （二）对案件中涉及的财务会计资料及相关财物进行会计鉴定； （三）对被调查人、证人的行为能力进行精神病鉴定； （四）对人体造成的损害或者死因进行人身伤亡医学鉴定； （五）对录音录像资料进行鉴定； （六）对因电子信	**实施条例**第一百四十六条是关于鉴定适用范围的规定。实践中，鉴定的适用范围非常广泛，凡是与案件有关的，能够证明被调查人有无违法犯罪的各种物品、痕迹、人身、尸体等都可以进行鉴定。 **【相关规定】** 1.《物证类司法鉴定执业分类规定》（2020年6月23日）第四条至第十五条； 2.《公安机关办理行政案件程序规定》（2020年8月6日）第八十九条、第九十二条； 3.《中华人民共和国刑法》（2020年12月26日）第十八条； 4.《中华人民共和国刑事诉讼法》（2018年10月26日）第一百四十九条； 5.《中华人民共和国精神卫生法》（2018年4月27日）第三十四条。

续表

监察法	实施条例	适用精解
	息技术应用而出现的材料及其派生物进行电子证据鉴定； （七）其他可以依法进行的专业鉴定。	
	第一百四十七条 监察机关应当为鉴定提供必要条件，向鉴定人送交有关检材和对比样本等原始材料，介绍与鉴定有关的情况。调查人员应当明确提出要求鉴定事项，但不得暗示或者强迫鉴定人作出某种鉴定意见。 监察机关应当做好检材的保管和送检工作，记明检材送检环节的责任人，确保检材在流转环节的同一性和不被污染。	**实施条例**第一百四十七条是关于监察机关应该为鉴定提供条件的规定。 **【相关规定】** 1.《人民检察院刑事诉讼规则》（2019年12月30日）第二百一十九条； 2.《公安机关办理行政案件程序规定》（2020年8月6日）第八十八条； 3.《公安机关办理刑事案件程序规定》（2020年7月20日）第二百五十条； 4.《最高人民法院关于适用〈中华人民共和国刑事诉讼法〉的解释》（2021年1月26日）第九十七条。
	第一百四十八条 鉴定人应当在出具的鉴定意见上签名，并附鉴定机构和鉴定人的资质证明或者其他证明文件。多个鉴定人的鉴定意见不一致的，应当在鉴定意见上记明分歧的内容和理由，并且分别签名。 监察机关对于法庭审理中依法决定鉴定人出庭作证的，应当予以协调。 鉴定人故意作虚假鉴定的，应当依法追究法律责任。	**实施条例**第一百四十八条是关于鉴定人对鉴定意见所负责任的规定。 **【相关规定】** 1.《中华人民共和国刑事诉讼法》（2018年10月26日）第一百四十七条； 2.《最高人民法院关于适用〈中华人民共和国刑事诉讼法〉的解释》（2021年1月26日）第九十七条至第九十九条； 3.《公安机关办理行政案件程序规定》（2020年8月6日）第九十六条。

续表

监察法	实施条例	适用精解
	第一百四十九条 调查人员应当对鉴定意见进行审查。对经审查作为证据使用的鉴定意见，应当告知被调查人及相关单位、人员，送达《鉴定意见告知书》。 被调查人或者相关单位、人员提出补充鉴定或者重新鉴定申请，经审查符合法定要求的，应当按规定报批，进行补充鉴定或者重新鉴定。 对鉴定意见告知情况可以制作笔录，载明告知内容和被告知人的意见等。	**实施条例**第一百四十九条是关于监察机关审查鉴定意见以及补充鉴定、重新鉴定的申请和报批等内容的规定。 **【相关规定】** 1.《中华人民共和国刑事诉讼法》（2018年10月26日）第一百四十八条、第一百九十二条； 2.《人民检察院刑事诉讼规则》（2019年12月30日）第二百二十一条、第三百三十四条、第四百零四条。
	第一百五十条 经审查具有下列情形之一的，应当补充鉴定： （一）鉴定内容有明显遗漏的； （二）发现新的有鉴定意义的证物的； （三）对鉴定证物有新的鉴定要求的； （四）鉴定意见不完整，委托事项无法确定的； （五）其他需要补充鉴定的情形。	**实施条例**第一百五十条是关于应当补充鉴定的规定。 **【相关规定】** 1.《人民检察院刑事诉讼规则》（2019年12月30日）第三百三十四条； 2.《公安机关办理刑事案件程序规定》（2020年7月20日）第二百五十四条。
	第一百五十一条 经审查具有下列情形之一的，应当重新鉴定： （一）鉴定程序违法或者违反相关专业技术要求的；	**实施条例**第一百五十一条是关于应当重新鉴定的规定。 **【相关规定】** 1.《中华人民共和国刑事诉讼法》（2018年10月26日）第一百九十七条、第二百零四条；

续表

监察法	实施条例	适用精解
	（二）鉴定机构、鉴定人不具备鉴定资质和条件的； （三）鉴定人故意作出虚假鉴定或者违反回避规定的； （四）鉴定意见依据明显不足的； （五）检材虚假或者被损坏的； （六）其他应当重新鉴定的情形。 决定重新鉴定的，应当另行确定鉴定机构和鉴定人。	2.《最高人民法院关于适用〈中华人民共和国刑事诉讼法〉的解释》（2021年1月26日）第二百二十八条、第二百七十三条； 3.《公安机关办理刑事案件程序规定》（2020年7月20日）第二百五十五条； 4.《人民检察院刑事诉讼规则》（2019年12月30日）第二百二十条、第二百二十一条、第三百三十四条。
	第一百五十二条　因无鉴定机构，或者根据法律法规等规定，监察机关可以指派、聘请具有专门知识的人就案件的专门性问题出具报告。	**实施条例**第一百五十二条是关于非鉴定出具报告的规定。 **【相关规定】** 1.《最高人民法院关于适用〈中华人民共和国刑事诉讼法〉的解释》（2021年1月26日）第一百条、第一百零一条、第二百五十条； 2.《最高人民检察院关于指派、聘请有专门知识的人参与办案若干问题的规定（试行）》（2018年4月3日）第二条、第三条。
第二十八条　监察机关调查涉嫌重大贪污贿赂等职务犯罪，根据需要，经过严格的批准手续，可以采取技术调查措施，按照规定交有关机关执行。 批准决定应当明确采取技术调查措施的种类和适用对象，自签发之日起三个月以内有效；	第十三节　技术调查	**监察法**第二十八条是关于监察机关运用技术调查措施调查案件的规定，明确规定了监察机关采取技术调查措施的案件范围、程序、执行主体，同时规定了技术调查批准决定的内容、延长及解除的程序、要求等。本条的规定有利于更有力地打击重大贪污贿赂等职务犯罪，也有利于保护被调查人的合法权利。 **实施条例**第四章第十三节是关于监察法第二十八条规定的运用技术调查措施调查案件的细化规定。本节对监察机关运用技术调查措施调查案件的基本要求进行了具体规定，主要包括技术调查的报批、适用范围、期限、所获取材料的使用等。既要保障监察机关充分有效地行使技术调查权，又要通过科学的制度建构防

续表

监察法	实施条例	适用精解
对于复杂、疑难案件，期限届满仍有必要继续采取技术调查措施的，经过批准，有效期可以延长，每次不得超过三个月。对于不需要继续采取技术调查措施的，应当及时解除。		止技术调查权的滥用，保障案件调查的顺利进行。
	第一百五十三条 监察机关根据调查涉嫌重大贪污贿赂等职务犯罪需要，依照规定的权限和程序报经批准，可以依法采取技术调查措施，按照规定交公安机关或者国家有关执法机关依法执行。 前款所称重大贪污贿赂等职务犯罪，是指具有下列情形之一： （一）案情重大复杂，涉及国家利益或者重大公共利益的； （二）被调查人可能被判处十年以上有期徒刑、无期徒刑或者死刑的； （三）案件在全国或者本省、自治区、直辖市范围内有较大影响的。	**实施条例**第一百五十三条是关于技术调查措施的适用范围、报批和执行机关的规定。由于技术调查措施具有高度的秘密性、技术性，可能会对公民权益造成较大影响，因此应该严格控制其适用范围，仅限于调查涉嫌重大贪污贿赂等职务犯罪需要，而且需要履行严格的适用程序，一般在使用常规的调查手段无法达到调查目的时才可使用技术调查措施，不得滥用。采取技术调查措施的，要按照规定交公安机关或者国家有关执法机关依法执行。 **【相关规定】** 1.《中华人民共和国监察法》（2018 年 3 月 20 日）第二十八条； 2.《中国共产党纪律检查机关监督执纪工作规则》（2019 年 1 月 1 日施行）第三十四条、第四十条； 3.《中华人民共和国刑事诉讼法》（2018 年 10 月 26 日）第一百五十条。
	第一百五十四条 依法采取技术调查措施的，监察机关应当出具《采取技术调查措施委托函》《采取技术调查措施决定书》和《采取技术调查措施适用对象情况表》，送交有关机关执行。其中，设区的市级以下监察机关委托有关执行机关采取技术调查措施，还应当提供《立案决定书》。	**实施条例**第一百五十四条是关于采取技术调查措施应出具法律文书的规定。 **【相关规定】** 1.《公安机关办理刑事案件程序规定》（2020 年 7 月 20 日）第二百六十四条、第二百六十五条。

续表

监察法	实施条例	适用精解
	第一百五十五条 技术调查措施的期限按照监察法的规定执行，期限届满前未办理延期手续的，到期自动解除。 对于不需要继续采取技术调查措施的，监察机关应当按规定及时报批，将《解除技术调查措施决定书》送交有关机关执行。 需要依法变更技术调查措施种类或者增加适用对象的，监察机关应当重新办理报批和委托手续，依法送交有关机关执行。	**实施条例**第一百五十五条是关于技术调查措施的期限、解除程序及依法变更的规定。 **【相关规定】** 1.《中华人民共和国监察法》（2018年3月20日）第二十八条； 2.《中华人民共和国刑事诉讼法》（2018年10月26日）第一百五十一条、第一百五十二条； 3.《公安机关办理刑事案件程序规定》（2020年7月20日）第二百六十六条、第二百六十七条。
	第一百五十六条 对于采取技术调查措施收集的信息和材料，依法需要作为刑事诉讼证据使用的，监察机关应当按规定报批，出具《调取技术调查证据材料通知书》向有关执行机关调取。 对于采取技术调查措施收集的物证、书证及其他证据材料，监察机关应当制作书面说明，写明获取证据的时间、地点、数量、特征以及采取技术调查措施的批准机关、种类等。调查人员应当在书面说明上签名。 对于采取技术调查措施获取的证据材料，	**实施条例**第一百五十六条是关于采取技术调查措施获取的材料作为证据如何使用的规定。采取技术调查措施收集的信息和材料在作为证据采用时应该履行报批、说明等手续，保证相关信息和材料的证明效力不受影响。 **【相关规定】** 1.《最高人民法院关于适用〈中华人民共和国刑事诉讼法〉的解释》（2021年1月26日）第一百一十二条、第一百一十六条至第一百二十二条； 2.《人民检察院刑事诉讼规则》（2019年12月30日）第二百三十条； 3.《公安机关办理刑事案件程序规定》（2020年7月20日）第二百六十八条。

续表

监察法	实施条例	适用精解
	如果使用该证据材料可能危及有关人员的人身安全，或者可能产生其他严重后果的，应当采取不暴露有关人员身份、技术方法等保护措施。必要时，可以建议由审判人员在庭外进行核实。	
	第一百五十七条 调查人员对采取技术调查措施过程中知悉的国家秘密、商业秘密、个人隐私，应当严格保密。 采取技术调查措施获取的证据、线索及其他有关材料，只能用于对违法犯罪的调查、起诉和审判，不得用于其他用途。 对采取技术调查措施获取的与案件无关的材料，应当经审批及时销毁。对销毁情况应当制作记录，由调查人员签名。	**实施条例**第一百五十七条是关于规范使用采取技术调查措施获取的材料的规定。其中最重要的是调查人员要负起保密义务，防止相关资料的不正当超范围使用。 **【相关规定】** 1.《中华人民共和国刑事诉讼法》（2018年10月26日）第一百五十二条； 2.《人民检察院刑事诉讼规则》（2019年12月30日）第二百三十一条； 3.《公安机关办理刑事案件程序规定》（2020年7月20日）第二百六十九条、第二百七十条。
第二十九条 依法应当留置的被调查人如果在逃，监察机关可以决定在本行政区域内通缉，由公安机关发布通缉令，追捕归案。通缉范围超出本行政区域的，应当报请有权决定的上级监察机关决定。	第十四节 通 缉	**监察法**第二十九条是关于监察机关运用通缉措施追捕潜逃的被调查人的规定，明确规定了监察机关可以决定通缉的对象、通缉令和通缉的执行等。通缉有利于尽快抓获在逃被调查人，保障案件调查顺利进行。 **实施条例**第四章第十四节是关于监察法第二十九条规定的运用通缉措施追捕潜逃的被调查人的细化规定。本节对监察机关运用通缉措施调查案件的基本要求进行了具体规定，主要包括通缉适用的人员、通缉决定、报批、执行、撤销等。既要保障监察机关充分有效地行使通缉权，又要通过科学的制度建构防止通缉权的滥用，保障案件调查的顺利进行。

续表

监察法	实施条例	适用精解
	第一百五十八条　县级以上监察机关对在逃的应当被留置人员，依法决定在本行政区域内通缉的，应当按规定报批，送交同级公安机关执行。送交执行时，应当出具《通缉决定书》，附《留置决定书》等法律文书和被通缉人员信息，以及承办单位、承办人员等有关情况。 通缉范围超出本行政区域的，应当报有决定权的上级监察机关出具《通缉决定书》，并附《留置决定书》及相关材料，送交同级公安机关执行。	**实施条例**第一百五十八条是关于通缉适用的人员、通缉决定、报批、执行和法律文书等内容的规定。通缉是监察机关对应当留置而在逃的被调查人通报缉拿归案的活动，是各地监察机关、公安机关通力合作、协同作战，及时制止和打击职务违法犯罪的一种重要手段，同时也是监察机关、公安机关动员和依靠人民群众积极同职务违法犯罪作斗争的一项有力措施。 **【相关规定】** 1.《中华人民共和国监察法》（2018 年 3 月 20 日）第二十九条； 2.《中华人民共和国刑事诉讼法》（2018 年 10 月 26 日）第一百五十五条； 3.《人民检察院刑事诉讼规则》（2019 年 12 月 30 日）第五百一十四条； 4.《公安机关办理刑事案件程序规定》（2020 年 7 月 20 日）第二百七十四条至第二百七十七条、第二百八十条、第二百八十一条。
	第一百五十九条　国家监察委员会依法需要提请公安部对在逃人员发布公安部通缉令的，应当先提请公安部采取网上追逃措施。如情况紧急，可以向公安部同时出具《通缉决定书》和《提请采取网上追逃措施函》。 省级以下监察机关报请国家监察委员会提请公安部发布公安部通缉令的，应当先提请本地公安机关采取网上追逃措施。	**实施条例**第一百五十九条是关于提请发布公安部通缉令前应先提请公安部采取网上追逃措施的规定。
	第一百六十条　监察机关接到公安机关抓	**实施条例**第一百六十条是关于通缉人员被抓获后的处理程序规定。

续表

监察法	实施条例	适用精解
	获被通缉人员的通知后，应当立即核实被抓获人员身份，并在接到通知后二十四小时以内派员办理交接手续。边远或者交通不便地区，至迟不得超过三日。 公安机关在移交前，将被抓获人员送往当地监察机关留置场所临时看管的，当地监察机关应当接收，并保障临时看管期间的安全，对工作信息严格保密。 监察机关需要提请公安机关协助将被抓获人员带回的，应当按规定报批，请本地同级公安机关依法予以协助。提请协助时，应当出具《提请协助采取留置措施函》，附《留置决定书》复印件及相关材料。	**【相关规定】** 《公安机关办理刑事案件程序规定》（2020年7月20日）第二百七十七条。
	第一百六十一条 监察机关对于被通缉人员已经归案、死亡，或者依法撤销留置决定以及发现有其他不需要继续采取通缉措施情形的，应当经审批出具《撤销通缉通知书》，送交协助采取原措施的公安机关执行。	**实施条例**第一百六十一条是关于撤销通缉措施的规定。 **【相关规定】** 《公安机关办理刑事案件程序规定》（2020年7月20日）第二百八十一条。
第三十条 监察机关为防止被调查人及相关人员逃匿境外，经省级以上监察机关批准，	第十五节 限制出境	**监察法**第三十条是关于监察机关运用限制出境措施调查案件的规定，明确规定了限制出境措施的适用对象、审批程序、执行主体和解除等。本条的规定有利于确保调查工作的顺利进行，防止因被调查人及相关人员逃匿境外导

续表

监察法	实施条例	适用精解
可以对被调查人及相关人员采取限制出境措施，由公安机关依法执行。对于不需要继续采取限制出境措施的，应当及时解除。		致调查工作停滞、惩治腐败目的无法有效实现。 **实施条例**第四章第十五节是关于监察法第三十条规定的运用限制出境措施调查案件的细化规定。本节对监察机关运用限制出境措施调查案件的基本要求进行了具体规定，主要包括限制出境的适用人员、报批、执行及解除等。既要保障监察机关充分有效地行使限制出境权，又要通过科学的制度建构防止限制出境权的滥用，保障案件调查的顺利进行。
	第一百六十二条　监察机关为防止被调查人及相关人员逃匿境外，按规定报批后，可以依法决定采取限制出境措施，交由移民管理机构依法执行。	**实施条例**第一百六十二条是关于限制出境措施的适用人员、报批及执行等内容的规定。实践中，并不是对所有的涉嫌职务违法犯罪的被调查人都采取限制出境措施，应该根据必要性，对有可能逃匿境外的被调查人及相关人员限制出境。 **【相关规定】** 1.《中华人民共和国监察法》（2018 年 3 月 20 日）第三十条； 2.《中国共产党纪律检查机关监督执纪工作规则》（2019 年 1 月 1 日施行）第三十四条。
	第一百六十三条　监察机关采取限制出境措施应当出具有关函件，与《采取限制出境措施决定书》一并送交移民管理机构执行。其中，采取边控措施的，应当附《边控对象通知书》；采取法定不批准出境措施的，应当附《法定不准出境人员报备表》。	**实施条例**第一百六十三条是关于适用限制出境措施应出具的法律文书的规定。 **【相关规定】** 1.《中华人民共和国出境入境管理法》（2012 年 6 月 30 日）第十二条； 2.《出境入境边防检查条例》（1995 年 7 月 20 日）第八条； 3.《中国公民往来台湾地区管理办法》（2015 年 6 月 14 日）第十二条； 4.《中国公民因私事往来香港地区或者澳门地区的暂行管理办法》（1986 年 12 月 25 日）第十三条。
	第一百六十四条　限制出境措施有效期不超过三个月，到期自动解除。 到期后仍有必要继	**实施条例**第一百六十四条是关于限制出境措施的有效期限及延长的规定。

续表

监察法	实施条例	适用精解
	续采取措施的，应当按原程序报批。承办部门应当出具有关函件，在到期前与《延长限制出境措施期限决定书》一并送交移民管理机构执行。延长期限每次不得超过三个月。	
	第一百六十五条 监察机关接到口岸移民管理机构查获被决定采取留置措施的边控对象的通知后，应当于二十四小时以内到达口岸办理移交手续。无法及时到达的，应当委托当地监察机关及时前往口岸办理移交手续。当地监察机关应当予以协助。	**实施条例**第一百六十五条是关于边控对象被查获后移交的规定。 **【相关规定】** 《中华人民共和国出境入境管理法》（2012年6月30日）第六条、第十一条、第六十条、第六十五条。
	第一百六十六条 对于不需要继续采取限制出境措施的，应当按规定报批，及时予以解除。承办部门应当出具有关函件，与《解除限制出境措施决定书》一并送交移民管理机构执行。	**实施条例**第一百六十六条是关于解除限制出境措施的规定。 **【相关规定】** 1.《人民检察院刑事诉讼规则》（2019年12月30日）第二百三十五条； 2.《公安机关办理刑事案件程序规定》（2020年7月20日）第二百七十八条。
	第一百六十七条 县级以上监察机关在重要紧急情况下，经审批可以依法直接向口岸所在地口岸移民管理机构提请办理临时限制出境措施。	**实施条例**第一百六十七条是关于采取临时限制出境措施基本要求的规定。 **【相关规定】** 1.《最高人民法院关于适用〈中华人民共和国刑事诉讼法〉的解释》（2021年1月26日）第四百八十七条； 2.《公安机关办理刑事案件程序规定》（2020年7月20日）第二百七十八条。

续表

监察法	实施条例	适用精解
第三十一条 涉嫌职务犯罪的被调查人主动认罪认罚，有下列情形之一的，监察机关经领导人员集体研究，并报上一级监察机关批准，可以在移送人民检察院时提出从宽处罚的建议： （一）自动投案，真诚悔罪悔过的； （二）积极配合调查工作，如实供述监察机关还未掌握的违法犯罪行为的； （三）积极退赃，减少损失的； （四）具有重大立功表现或者案件涉及国家重大利益等情形的。		**监察法**第三十一条是关于监察机关有权对涉嫌职务犯罪的被调查人提出从宽处罚建议的规定，明确规定了监察机关对涉嫌职务犯罪的被调查人提出从宽处罚建议的适用情形、程序等。被调查人主动认罪认罚，在主观上表现为能够认识到自己的行为违反了法律的规定，愿意接受法律的制裁，并对自己的所作所为感到后悔，体现了被调查人改恶从善的意愿；在客观上表现为被调查人自动投案、真诚悔罪悔过，积极配合调查工作、如实供述监察机关还未掌握的违法犯罪行为，积极退赃、减少损失。本条的规定旨在确保监察机关依法对涉嫌职务犯罪的被调查人提出从宽处罚建议，鼓励被调查人积极配合监察机关的调查工作，争取宽大处理，提高反腐败工作的效率。 **实施条例**第五章第七节中的第二百一十三条至第二百一十七条、第二百一十九条是关于监察法第三十一条规定的对涉嫌职务犯罪的被调查人提出从宽处罚建议的细化规定，理解监察法第三十一条可以参照上述法条的具体规定。
第三十二条 职务违法犯罪的涉案人员揭发有关被调查人职务违法犯罪行为，查证属实的，或者提供重要线索，有助于调查其他案件的，监察机关经领导人员集体研究，并报上一级监察机关批准，可以在移送人民检察院时提出从宽处罚的建议。		**监察法**第三十二条是关于监察机关有权对职务违法犯罪的涉案人员提出从宽处罚建议的规定，明确规定了监察机关对职务违法犯罪的涉案人员提出从宽处罚建议的适用情形、程序等。本条的规定旨在确保监察机关依法对职务违法犯罪的涉案人员提出从宽处罚建议，鼓励被调查人积极配合监察机关的调查工作，争取宽大处理，节省监察机关的人力物力，提高反腐败工作的效率。 **实施条例**第五章第七节中的第二百一十三条、第二百一十八条、第二百一十九条是关于监察法第三十二条规定的对职务违法犯罪的涉案人员提出从宽处罚建议的细化规定，理解监察法第三十二条可以参照上述法条的具体规定。

续表

监察法	实施条例	适用精解
第三十三条 监察机关依照本法规定收集的物证、书证、证人证言、被调查人供述和辩解、视听资料、电子数据等证据材料，在刑事诉讼中可以作为证据使用。 监察机关在收集、固定、审查、运用证据时，应当与刑事审判关于证据的要求和标准相一致。 以非法方法收集的证据应当依法予以排除，不得作为案件处置的依据。		**监察法**第三十三条是关于监察机关所收集的证据的法律效力、取证的要求和标准以及非法证据排除规则的规定，明确了监察机关收集的证据材料在刑事诉讼中具有相应的法律效力，规范了监察机关收集、固定、审查、运用证据的要求和标准，排除了非法证据作为案件处置的依据。本条的规定旨在确保监察机关获取的证据在刑事诉讼中的效力和依法运用。 **实施条例**第四章第二节是关于监察机关收集的证据类型、案件事实认定的基本要求、证据的审查认定、职务违法犯罪案件事实认定的证明标准、非法收集证据的排除、非法方法收集证据的调查核实、证据保管和对其他国家机关收集证据的审查、使用的规定。理解监察法第三十三条可以参照实施条例第四章第二节的具体规定。
第三十四条 人民法院、人民检察院、公安机关、审计机关等国家机关在工作中发现公职人员涉嫌贪污贿赂、失职渎职等职务违法或者职务犯罪的问题线索，应当移送监察机关，由监察机关依法调查处置。 被调查人既涉嫌严重职务违法或者职务犯罪，又涉嫌其他违法犯罪的，一般应当由监察机关为主调查，其他机关予以协助。		**监察法**第三十四条是关于职务违法犯罪问题线索移送和管辖的规定，明确规定了有关机关在发现公职人员职务违法或职务犯罪的问题线索时负有向监察机关移送线索的职责，同时明确了案件的管辖权问题。本条的规定旨在确保发挥相关机关反腐败的协同配合作用，确保监察机关和其他有关机关各司其职、各尽其责，避免争执或推诿。 **实施条例**第三章第二节中的第五十一条、第五十二条是关于由监察机关为主调查的处理程序及监察机关有权管辖部分侵犯公民权利、损害司法公正犯罪的规定，理解监察法第三十四条可以参照上述法条的具体规定。

续表

监察法	实施条例	适用精解
第五章　监察程序	**第五章　监察程序**	**监察法**第五章和**实施条例**第五章均是关于监察程序的规定。在明确监察的一般规则、监察机关及其职责、监察范围和管辖、监察权限等内容之后，实施条例以第五章专章形式具体规范了监察程序。监察程序一章对监察机关及其工作人员行使监察权力和进行监察活动的行为予以规范，其对监察职责履行的公正与有序具有保障功能，对监察权力及其行为具有规范约束功能，对监察对象的合法权利具有保护功能。①
	第一节　线索处置	**实施条例**第五章第一节规定了问题线索的处置程序，这是监察程序的第一个阶段。
第三十五条 监察机关对于报案或者举报，应当接受并按照有关规定处理。对于不属于本机关管辖的，应当移送主管机关处理。	**第一百六十九条** 监察机关对于报案或者举报应当依法接受。属于本级监察机关管辖的，依法予以受理；属于其他监察机关管辖的，应当在五个工作日以内予以转送。 监察机关可以向下级监察机关发函交办检举控告，并进行督办，下级监察机关应当按期回复办理结果。	**监察法**第三十五条赋予监察机关接受报案或者举报之义务，以避免监察机关之间相互推诿。接受之后，如果属于本机关管辖的，依法依规处理；如果不属于本机关管辖的，则监察机关应履行移送义务，即移送主管机关处理，从而保证"应查尽查"，避免遗漏。 **实施条例**第一百六十九条在监察法第三十五条的基础上，规定了监察机关对于报案或者举报的受理及对于属于其他监察机关管辖案件的转送期限。另外，明确上级监察机关对下级监察机关的督办权和下级监察机关对上级监察机关的按期回复义务，以保证督办效果。 **【相关规定】** 《纪检监察机关处理检举控告工作规则》（2020年1月21日）第四条。
	第一百七十条 对于涉嫌职务违法或者职务犯罪的公职人员主动投案的，应当依法接待和办理。	**实施条例**第一百七十条是关于公职人员主动投案的接待和办理规定。 **【相关规定】** 1.《中国共产党纪律检查机关监督执纪工作规则》（2019年1月1日施行）第三条； 2.《中国共产党纪律处分条例》（2018年8月18日）第十七条。

① 马怀德：《监察法学》，人民出版社2019年版，第220~221页。

续表

监察法	实施条例	适用精解
第三十六条 监察机关应当严格按照程序开展工作，建立问题线索处置、调查、审理各部门相互协调、相互制约的工作机制。 监察机关应当加强对调查、处置工作全过程的监督管理，设立相应的工作部门履行线索管理、监督检查、督促办理、统计分析等管理协调职能。	**第一百六十八条** 监察机关应当对问题线索归口受理、集中管理、分类处置、定期清理。	**监察法**第三十六条是关于监察机关严格按照程序开展监察工作的工作机制的规定，包括线索处置、调查，同时强调监察机关的全过程监督管理职责，就监察机关的内部监督而言，应从权力分工的角度入手，“完善内部控制机制，强化监察调查公信力”①。 **监察法**第三十七条明确了对于问题线索的处置程序及汇总统计、通报、检查要求。 **实施条例**第一百六十八条强调问题线索处置的十六字方针，即归口受理、集中管理、分类处置、定期清理，涵盖了从线索进入到处置完毕的全过程。 **【相关规定】** 《中国共产党纪律检查机关监督执纪工作规则》（2019 年 1 月 1 日施行）第二十条。
第三十七条 监察机关对监察对象的问题线索，应当按照有关规定提出处置意见，履行审批手续，进行分类办理。线索处置情况应当定期汇总、通报，定期检查、抽查。	**第一百七十一条** 监察机关对于执法机关、司法机关等其他机关移送的问题线索，应当及时审核，并按照下列方式办理： （一）本单位有管辖权的，及时研究提出处置意见； （二）本单位没有管辖权但其他监察机关有管辖权的，在五个工作日以内转送有管辖权的监察机关； （三）本单位对部分问题线索有管辖权的，对有管辖权的部分提出处置意见，并及时将其他问题线索转送有管辖权的机关；	**实施条例**第一百七十一条针对其他机关移送的问题线索处置程序进行了规范，对全权管辖、其他监察机关管辖、部分管辖、监察机关无管辖权的情况分别作出规定。 **【相关规定】** 《中国共产党巡视工作条例》（2017 年 7 月 1 日）第二十条。

① 张俊：《论我国监察调查权程序性控制模式之完善》，载《湖湘论坛》2020 年第 3 期。

续表

监察法	实施条例	适用精解
	（四）监察机关没有管辖权的，及时退回移送机关。	
	第一百七十二条 信访举报部门归口受理本机关管辖监察对象涉嫌职务违法和职务犯罪问题的检举控告，统一接收有关监察机关以及其他单位移送的相关检举控告，移交本机关监督检查部门或者相关部门，并将移交情况通报案件监督管理部门。 案件监督管理部门统一接收巡视巡察机构和审计机关、执法机关、司法机关等其他机关移送的职务违法和职务犯罪问题线索，按程序移交本机关监督检查部门或者相关部门办理。 监督检查部门、调查部门在工作中发现的相关问题线索，属于本部门受理范围的，应当报送案件监督管理部门备案；属于本机关其他部门受理范围的，经审批后移交案件监督管理部门分办。	**实施条例**第一百七十二条明确规定监察机关内设信访举报部门归口受理检举控告；内设案件监督管理部门统一接收其他机关移送的问题线索，监督检查部门、调查部门在监督调查中发现的问题线索，也应当报案件监督管理部门备案或由案件监督管理部门分办。 **【相关规定】** 1.《纪检监察机关处理检举控告工作规则》（2020 年 1 月 21 日）第八条至第十条； 2.《中国共产党纪律检查机关监督执纪工作规则》（2019 年 1 月 1 日施行）第二十条。

续表

监察法	实施条例	适用精解
	第一百七十三条 案件监督管理部门应当对问题线索实行集中管理、动态更新，定期汇总、核对问题线索及处置情况，向监察机关主要负责人报告，并向相关部门通报。 问题线索承办部门应当指定专人负责管理线索，逐件编号登记、建立管理台账。线索管理处置各环节应当由经手人员签名，全程登记备查，及时与案件监督管理部门核对。	**实施条例**第一百七十三条明确规定问题线索由案件监督管理部门集中管理，并要求专人管理，建立台账。 **【相关规定】** 《中国共产党纪律检查机关监督执纪工作规则》（2019 年 1 月 1 日施行）第十一条、第十二条、第二十二条至第二十五条。
	第一百七十四条 监督检查部门应当结合问题线索所涉及地区、部门、单位总体情况进行综合分析，提出处置意见并制定处置方案，经审批按照谈话、函询、初步核实、暂存待查、予以了结等方式进行处置，或者按照职责移送调查部门处置。 函询应当以监察机关办公厅（室）名义发函给被反映人，并抄送其所在单位和派驻监察机构主要负责人。被函询人应当在收到函件后十五个工作日以内写出说明材料，由其所在单位主要负责人签署意见后发函回复。被函询	**实施条例**第一百七十四条明确规定监察机关内设监督检查部门对问题线索提出处置意见，处置方式包括谈话、函询、初步核实、暂存待查、予以了结，部分线索根据职责分工移送监察机关内设调查部门处置。本条还规定了函询的程序和方式。 **【相关规定】** 《中国共产党纪律检查机关监督执纪工作规则》（2019 年 1 月 1 日施行）第二十一条、第二十七条、第二十九条至第三十一条。

续表

监察法	实施条例	适用精解
	人为所在单位主要负责人的，或者被函询人所作说明涉及所在单位主要负责人的，应当直接发函回复监察机关。 被函询人已经退休的，按照第二款规定程序办理。 监察机关根据工作需要，经审批可以对谈话、函询情况进行核实。	
	第一百七十五条 检举控告人使用本人真实姓名或者本单位名称，有电话等具体联系方式的，属于实名检举控告。监察机关对实名检举控告应当优先办理、优先处置，依法给予答复。虽有署名但不是检举控告人真实姓名（单位名称）或者无法验证的检举控告，按照匿名检举控告处理。 信访举报部门对属于本机关受理的实名检举控告，应当在收到检举控告之日起十五个工作日以内按规定告知实名检举控告人受理情况，并做好记录。 调查人员应当将实名检举控告的处理结果在办结之日起十五个工作日以内向检举控告人反馈，并记录反馈情况。	**实施条例**第一百七十五条规定优先办理、优先处置实名举报，并明确了信访举报部门的告知责任和调查人员的反馈责任。 **【相关规定】** 《中国共产党纪律检查机关监督执纪工作规则》（2019年1月1日施行）第十五条、第二十一条。

续表

<table>
<tr><th>监察法</th><th>实施条例</th><th>适用精解</th></tr>
<tr><td></td><td>对检举控告人提出异议的应当如实记录，并向其进行说明；对提供新证据材料的，应当依法核查处理。</td><td></td></tr>
<tr><td rowspan="2">第三十八条 需要采取初步核实方式处置问题线索的，监察机关应当依法履行审批程序，成立核查组。初步核实工作结束后，核查组应当撰写初步核实情况报告，提出处理建议。承办部门应当提出分类处理意见。初步核实情况报告和分类处理意见报监察机关主要负责人审批。</td><td>第二节　初步核实</td><td>监察法第三十八条规定了初步核实方式处置问题线索的程序。
实施条例第五章第二节专门对初步核实进行规范。初步核实系立案前的查证环节，直接关系到是否启动立案程序以及问题线索的后续走向，具有承上启下的作用。</td></tr>
<tr><td>第一百七十六条 监察机关对具有可查性的职务违法和职务犯罪问题线索，应当按规定报批后，依法开展初步核实工作。
第一百七十七条 采取初步核实方式处置问题线索，应当确定初步核实对象，制定工作方案，明确需要核实的问题和采取的措施，成立核查组。
在初步核实中应当注重收集客观性证据，确保真实性和准确性。
第一百七十八条 在初步核实中发现或者受理被核查人新的具有可查性的问题线索的，应当经审批纳入原初核方案开展核查。
第一百七十九条 核查组在初步核实工作结束后应当撰写初步核</td><td>实施条例第一百七十六条强调初步核实的程序要件是报批。也就是说，未经报批，是不得进入初步核实阶段的。
【相关规定】
《中国共产党章程》（2017 年 10 月 24 日）第四十六条第四款。
实施条例第一百七十七条确立了初步核实的工作流程：（1）确定核实对象；（2）制定工作方案（其中包括核实问题及具体措施）；（3）成立核查组。另外，对于证据的收集，强调客观性，即无论是有利于核实对象，还是不利于核实对象的证据，只要是客观真实的，都要收集，而不能进行有选择性、有倾向性的证据收集。
【相关规定】
《中国共产党纪律检查机关监督执纪工作规则》（2019 年 1 月 1 日施行）第三十四条。
实施条例第一百七十八条构建了初步核实的合并处理机制，即初核对象有新线索时，应当与旧线索合并初核，以提高核查效率和核查质量。
【相关规定】
《中国共产党纪律检查机关案件检查工作条例》（1994 年 3 月 25 日）第三十六条。
实施条例第一百七十九条规范初步核实最终结果即情况报告的法定内容：被核查人基本情况、主要问题、办理依据、核实结果、存在</td></tr>
</table>

续表

监察法	实施条例	适用精解
	实情况报告，列明被核查人基本情况、反映的主要问题、办理依据、初步核实结果、存在疑点、处理建议，由全体人员签名。 承办部门应当综合分析初步核实情况，按照拟立案调查、予以了结、谈话提醒、暂存待查，或者移送有关部门、机关处理等方式提出处置建议，按照批准初步核实的程序报批。	疑点和处理建议，其形式要件是全体人员签名确认，其作用在于为后续的立案、移送等处理提供依据。 **【相关规定】** 《中国共产党纪律检查机关监督执纪工作规则》（2019 年 1 月 1 日施行）第三十五条。
第三十九条 经过初步核实，对监察对象涉嫌职务违法犯罪，需要追究法律责任的，监察机关应当按照规定的权限和程序办理立案手续。 监察机关主要负责人依法批准立案后，应当主持召开专题会议，研究确定调查方案，决定需要采取的调查措施。 立案调查决定应当向被调查人宣布，并通报相关组织。涉嫌严重职务违法或者职务犯罪的，应当通知被调查人家属，并向社会公开发布。	第三节　立　案	**监察法**第三十九条针对立案予以规范。经初步核实，需要追究法律责任的，监察机关应当依法启动立案程序：（1）主要负责人批准；（2）召开专题会议（确定调查方案，决定调查措施），为下一步调查奠定基础；（3）向被调查人宣布；（4）通报相关组织，如被调查人所在单位；（5）通知被调查人家属；（6）向社会公开发布。其中第五点和第六点适用于涉嫌严重职务违法或者职务犯罪行为。 **实施条例**第五章第三节专门规范立案环节的程序和要求。
	第一百八十条 监察机关经过初步核实，对于已经掌握监察对象涉嫌职务违法或者职务犯罪的部分事实和证据，认为需要追究其法律责任的，应当按规定报批后，依法立案调查。	**实施条例**第一百八十条明确立案的要件，即初步核实后已掌握相关证据且足以达到追究法律责任的程度。在此情况下，经批准，予以立案调查。此处的“法律责任”可以单指按照《中华人民共和国公职人员政务处分法》追究其责任，也可以包括刑事责任。 **【相关规定】** 1.《中国共产党章程》（2017 年 10 月 24 日）第四十六条； 2.《中国共产党问责条例》（2019 年 9 月 1 日施行）第九条； 3.《中国共产党纪律处分条例》（2018 年 8 月 18 日）第五条；

续表

监察法	实施条例	适用精解
		4.《中国共产党纪律检查机关案件检查工作条例》（1994年3月25日）第十六条至第二十二条。
	第一百八十一条 监察机关立案调查职务违法或者职务犯罪案件，需要对涉嫌行贿犯罪、介绍贿赂犯罪或者共同职务犯罪的涉案人员立案调查的，应当一并办理立案手续。需要交由下级监察机关立案的，经审批交由下级监察机关办理立案手续。 对单位涉嫌受贿、行贿等职务犯罪，需要追究法律责任的，依法对该单位办理立案调查手续。对事故（事件）中存在职务违法或者职务犯罪问题，需要追究法律责任，但相关责任人员尚不明确的，可以以事立案。对单位立案或者以事立案后，经调查确定相关责任人员的，按照管理权限报批确定被调查人。 监察机关根据人民法院生效刑事判决、裁定和人民检察院不起诉决定认定的事实，需要对监察对象给予政务处分的，可以由相关监督检查部门依据司法机关的生效判决、裁定、决定及其认定的事实、性质和情节，提出给予政	**实施条例**第一百八十一条涉及“受贿行贿一起查”的规定。相关的行贿人、介绍贿赂人、共同职务犯罪人等，可以随着对被核实对象的立案而一并立案，从而保证打击和惩处的全面性，有利于对被核实对象的全方位核查。另外，监察机关的立案根据对象的不同，可以分为对人立案、对单位立案和以事立案。当然，核实后，对单位立案和以事立案，可以依法转为对人立案。本条还规定监察机关依据检察院、法院相关决定直接给予政务处分的，由监督检查部门负责，无需再经过立案程序，直接移送审理；但依据行政机关相关决定给予政务处分的，应当办理立案手续。 **【相关规定】** 1.《中华人民共和国公职人员政务处分法》（2020年6月20日）第四十九条； 2.《最高人民法院关于适用〈中华人民共和国刑事诉讼法〉的解释》（2021年1月26日）第三百三十六条、第三百四十条。

续表

监察法	实施条例	适用精解
	务处分的意见，按程序移送审理。对依法被追究行政法律责任的监察对象，需要给予政务处分的，应当依法办理立案手续。	
	第一百八十二条 对案情简单、经过初步核实已查清主要职务违法事实，应当追究监察对象法律责任，不再需要开展调查的，立案和移送审理可以一并报批，履行立案程序后再移送审理。	**实施条例**第一百八十二条规定了简易程序，即对案情简单的案件，可以省略调查程序，将立案手续和移送审理手续同时报批，但仍必须履行立案程序，从而提高工作效率。 **【相关规定】** 《中国共产党纪律检查机关监督执纪工作规则》（2019年1月1日施行）第九条。
	第一百八十三条 上级监察机关需要指定下级监察机关立案调查的，应当按规定报批，向被指定管辖的监察机关出具《指定管辖决定书》，由其办理立案手续。	**实施条例**第一百八十三条规定了指定管辖中的立案程序，下级检察机关可以根据上级监察机关的《指定管辖决定书》直接办理立案手续。 **【相关规定】** 《中国共产党纪律检查机关监督执纪工作规则》（2019年1月1日施行）第九条。
	第一百八十四条 批准立案后，应当由二名以上调查人员出示证件，向被调查人宣布立案决定。宣布立案决定后，应当及时向被调查人所在单位等相关组织送达《立案通知书》，并向被调查人所在单位主要负责人通报。 对涉嫌严重职务违法或者职务犯罪的公职人员立案调查并采取留置措施的，应当按规定通知被调查人家属，并向社会公开发布。	**实施条例**第一百八十四条规范了立案的宣布和送达。宣布的对象是被调查人，宣布人是两名以上调查人员；送达的对象除被调查人外，还有被调查人所在单位等组织，并通报其单位主要负责人。送达的目的在于争取其所在单位的配合，以促进后续工作的有序开展。对于采取留置措施的，因为限制了被调查人的人身自由，所以还需要通知其家属，以保护其家属的知情权。 **【相关规定】** 1.《中国共产党党务公开条例（试行）》（2017年12月20日施行）第十二条； 2.《中国共产党党内监督条例》（2016年10月27日）第三十三条。

续表

监察法	实施条例	适用精解
	第四节　调　查	**实施条例**第五章第四节专门规范调查环节。调查是监察机关查办案件的重要手段和重要环节。
第四十条　监察机关对职务违法和职务犯罪案件，应当进行调查，收集被调查人有无违法犯罪以及情节轻重的证据，查明违法犯罪事实，形成相互印证、完整稳定的证据链。 严禁以威胁、引诱、欺骗及其他非法方式收集证据，严禁侮辱、打骂、虐待、体罚或者变相体罚被调查人和涉案人员。		**监察法**第四十条对证据的收集予以规范，一是强调证据收集的全面性、客观性、关联性，二是严禁以非法方式收集证据。全面性意味着无论是有利于被调查人还是不利于被调查人的证据，都应当收集；客观性要求证据是客观存在的、真实的；关联性体现在证据之间的联系性和相互印证作用。 而非法证据排除原则有利于保障被调查人权益，更有利于保证有罪判决的准确性，防止和减少冤假错案的出现。① 以威胁、引诱、欺骗及其他非法方式收集的证据为非法证据，不能作为定案证据使用。同时，严禁侮辱、打骂、虐待、体罚或者变相体罚被调查人和涉案人员，以保障其合法权益。可以说，“非法证据排除规则对于监察程序秉承法治理念、弥合监察取证规范不足、促进程序协调衔接有着强烈的价值预期”②。
	第一百八十五条　监察机关对已经立案的职务违法或者职务犯罪案件应当依法进行调查，收集证据查明违法犯罪事实。 调查职务违法或者职务犯罪案件，对被调查人没有采取留置措施的，应当在立案后一年以内作出处理决定；对被调查人解除留置措施的，应当在解除留置措	**实施条例**第一百八十五条首先阐释了调查的目的是收集证据，查明事实。其次，明确了从立案起至作出处理决定止的时限：对被调查人没有留置的，调查时限为立案后一年内；对被调查人解除留置措施的，调查时限为解除留置后一年内。特殊情况下，经上一级监察机关批准，可以延长调查时限，但最多延长六个月。最后，被调查人在监察机关立案调查以后逃匿的，调查期限自被调查人到案之日起重新计算，以保证监察机关有充分且必要的调查时限。 **【相关规定】** 《中国共产党纪律检查机关监督执纪工作

① 陈光中：《刑事诉讼法》，北京大学出版社、高等教育出版社2005年版，第213页。

② 李海峰：《非法证据排除规则在监察程序中的价值预期与合理运用》，载《法治研究》2020年第6期。

续表

监察法	实施条例	适用精解
	施后一年以内作出处理决定。案情重大复杂的案件，经上一级监察机关批准，可以适当延长，但延长期限不得超过六个月。 被调查人在监察机关立案调查以后逃匿的，调查期限自被调查人到案之日起重新计算。	规则》（2019年1月1日施行）第十条、第三十七条和第三十八条。
第四十一条 调查人员采取讯问、询问、留置、搜查、调取、查封、扣押、勘验检查等调查措施，均应当依照规定出示证件，出具书面通知，由二人以上进行，形成笔录、报告等书面材料，并由相关人员签名、盖章。 调查人员进行讯问以及搜查、查封、扣押等重要取证工作，应当对全过程进行录音录像，留存备查。		**监察法**第四十一条首先列举了调查措施的类型，其中留置是对人身自由的限制，属于较重的调查措施。其次，规定了采取调查措施的程序：出示证件，出具书面通知，二人以上进行，制作笔录和报告并签名盖章。最后，鉴于取证工作的重要性，要求对其全过程进行不间断地录音录像，不得选择性录制，不得剪辑或者删改，并在一定期限内留存备查，以保证上述工作的合法合规。
第四十二条 调查人员应当严格执行调查方案，不得随意扩大调查范围、变更调查对象和事项。 对调查过程中的重要事项，应当集体研究后按程序请示报告。	**第一百八十六条** 案件立案后，监察机关主要负责人应当依照法定程序批准确定调查方案。 监察机关应当组成调查组依法开展调查。调查工作应当严格按照批准的方案执行，不得随意扩大调查范围、变	**监察法**第四十二条强调了调查工作的两项规则：一是必须严格按照调查方案执行，不得随意扩大调查范围、变更调查对象和事项，确有必要的，可以在履行相关手续后对调查方案予以调整；二是必须严格执行请示报告制度，这是严明调查工作纪律、提高调查水准的重要制度。尤其是对于重要事项，应当集体研究，充分发挥集体的力量和智慧，然后再依程序进行请示和报告。 **实施条例**第一百八十六条在贯彻监察法第

续表

监察法	实施条例	适用精解
	更调查对象和事项，对重要事项应当及时请示报告。调查人员在调查工作期间，未经批准不得单独接触任何涉案人员及其特定关系人，不得擅自采取调查措施。	四十二条规定的基础上，明确调查方案应当由监察机关主要负责人批准。本条禁止调查人员与任何涉案人员及其特定关系人的单独接触，严禁擅自采取调查措施，以防止以权谋私、影响调查效果。
	第一百八十七条 调查组应当将调查认定的涉嫌违法犯罪事实形成书面材料，交给被调查人核对，听取其意见。被调查人应当在书面材料上签署意见。对被调查人签署不同意见或者拒不签署意见的，调查组应当作出说明或者注明情况。对被调查人提出申辩的事实、理由和证据应当进行核实，成立的予以采纳。 调查组对于立案调查的涉嫌行贿犯罪、介绍贿赂犯罪或者共同职务犯罪的涉案人员，在查明其涉嫌犯罪问题后，依照前款规定办理。 对于按照本条例规定，对立案和移送审理一并报批的案件，应当在报批前履行本条第一款规定的程序。	**实施条例**第一百八十七条规定调查组应当撰写涉嫌违法犯罪事实材料，被调查人在该材料上签署意见。本条赋予被调查人及其他涉案人员以知情权和陈述申辩权，其有权了解调查组根据调查认定的涉嫌违法犯罪事实形成的书面材料内容，并对此予以核对、陈述申辩。而且如果经核实其申辩成立的话，将被采纳，以将陈述申辩权的保障落到实处。另外，未经调查程序即立案和移送审理一并报批的案件，也适用上述规定。
	第一百八十八条 调查组在调查工作结束后应当集体讨论，形成调查报告。调查报告应当列明被调查人基本情况、问题线索来源及调	**实施条例**第一百八十八条规定了调查的最终结果即调查报告的法定内容：被调查人基本情况、问题线索来源及调查依据、调查过程，涉嫌的主要职务违法或者职务犯罪事实，被调查人的态度和认识，处置建议及法律依据，并且在形式上要求集体讨论和调查组组长及相关

续表

监察法	实施条例	适用精解
	查依据、调查过程，涉嫌的主要职务违法或者职务犯罪事实，被调查人的态度和认识，处置建议及法律依据，并由调查组组长以及有关人员签名。 对调查过程中发现的重要问题和形成的意见建议，应当形成专题报告。	人员签名。此外，该条还对“一案两报告”作出规定。 **【相关规定】** 1.《中国共产党纪律检查机关监督执纪工作规则》(2019 年 1 月 1 日施行) 第三十九条、第四十三条、第四十四条、第五十一条、第五十二条； 2.《中国共产党问责条例》(2019 年 9 月 1 日施行) 第十条、第十一条。
	第一百八十九条 调查组对被调查人涉嫌职务犯罪拟依法移送人民检察院审查起诉的，应当起草《起诉建议书》。《起诉建议书》应当载明被调查人基本情况，调查简况，认罪认罚情况，采取留置措施的时间，涉嫌职务犯罪事实以及证据，对被调查人从重、从轻、减轻或者免除处罚等情节，提出对被调查人移送起诉的理由和法律依据，采取强制措施的建议，并注明移送案卷数及涉案财物等内容。 调查组应当形成被调查人到案经过及量刑情节方面的材料，包括案件来源、到案经过，自动投案、如实供述、立功等量刑情节，认罪悔罪态度、退赃、避免和减少损害结果发生等方面的情况说明及相关	**实施条例**第一百八十九条规定了《起诉建议书》的法定内容，并且其适用的情形是拟依法移送人民检察院审查起诉的案件。另外，在此应形成卷宗材料，包括案件来源、相关法律文书等，以便后续审查起诉工作的顺利开展。

续表

监察法	实施条例	适用精解
	材料。被检举揭发的问题已被立案、查破，被检举揭发人已被采取调查措施或者刑事强制措施、起诉或者审判的，还应当附有关法律文书。	
	第一百九十条 经调查认为被调查人构成职务违法或者职务犯罪的，应当区分不同情况提出相应处理意见，经审批将调查报告、职务违法或者职务犯罪事实材料、涉案财物报告、涉案人员处理意见等材料，连同全部证据和文书手续移送审理。 对涉嫌职务犯罪的案件材料应当按照刑事诉讼要求单独立卷，与《起诉建议书》、涉案财物报告、同步录音录像资料及其自查报告等材料一并移送审理。 调查全过程形成的材料应当案结卷成、事毕归档。	**实施条例**第一百九十条规定了调查工作的收尾内容，包括提出相应处理意见、材料整理及移送审理。涉嫌职务犯罪，根据刑事诉讼法的要求应当单独立卷，并全部移送审理。 **【相关规定】** 《中国共产党纪律检查机关监督执纪工作规则》（2019年1月1日施行）第五十二条。
	第五节 审 理	**实施条例**第五章第五节专门规范审理环节。
	第一百九十一条 案件审理部门收到移送审理的案件后，应当审核材料是否齐全、手续是否完备。对被调查人涉嫌职务犯罪的，还应当审核相关案卷材料是否符合职务犯罪案件立	**实施条例**第一百九十一条要求案件审理部门对移送案件进行形式要件的审查，对于不符合移送条件的，经审批可以暂缓受理或者不予受理，并要求调查部门予以补充完善材料。 **【相关规定】** 《中国共产党纪律检查机关监督执纪工作规则》（2019年1月1日施行）第十一条。

续表

监察法	实施条例	适用精解
	卷要求，是否在调查报告中单独表述已查明的涉嫌犯罪问题，是否形成《起诉建议书》。 经审核符合移送条件的，应当予以受理；不符合移送条件的，经审批可以暂缓受理或者不予受理，并要求调查部门补充完善材料。	
	第一百九十二条　案件审理部门受理案件后，应当成立由二人以上组成的审理组，全面审理案卷材料。 案件审理部门对于受理的案件，应当以监察法、政务处分法、刑法、《中华人民共和国刑事诉讼法》等法律法规为准绳，对案件事实证据、性质认定、程序手续、涉案财物等进行全面审理。 案件审理部门应当强化监督制约职能，对案件严格审核把关，坚持实事求是、独立审理，依法提出审理意见。坚持调查与审理相分离的原则，案件调查人员不得参与审理。	**实施条例**第一百九十二条明确审理组由二人组成，并且进行的是全面审理，既审违法行为，又审犯罪行为；其法律依据既包括《中华人民共和国监察法》《中华人民共和国公职人员政务处分法》，又包括《中华人民共和国刑法》《中华人民共和国刑事诉讼法》；既进行法律审，又进行事实审。并强调调查与审理相分离的原则，调查人员不得成为审理人员，以保证审理的客观公正，避免“先入为主”。 **【相关规定】** 《中国共产党纪律检查机关监督执纪工作规则》(2019 年 1 月 1 日施行) 第五十三条至第五十五条。
	第一百九十三条　审理工作应当坚持民主集中制原则，经集体审议形成审理意见。	**实施条例**第一百九十三条强调审理的民主集中制原则，集体审议，集体决策，集体形成审理意见。 **【相关规定】** 《中国共产党纪律检查机关监督执纪工作规则》(2019 年 1 月 1 日施行) 第十条。

续表

监察法	实施条例	适用精解
	第一百九十四条 审理工作应当在受理之日起一个月以内完成，重大复杂案件经批准可以适当延长。	**实施条例**第一百九十四条明确审理时限为受理之日起一个月内，涉及重大复杂案件的，经批准可以适当延长。 **【相关规定】** 《中国共产党纪律检查机关案件检查工作条例》（1994 年 3 月 25 日）第四十二条。
	第一百九十五条 案件审理部门根据案件审理情况，经审批可以与被调查人谈话，告知其在审理阶段的权利义务，核对涉嫌违法犯罪事实，听取其辩解意见，了解有关情况。与被调查人谈话时，案件审理人员不得少于二人。 具有下列情形之一的，一般应当与被调查人谈话： （一）对被调查人采取留置措施，拟移送起诉的； （二）可能存在以非法方法收集证据情形的； （三）被调查人对涉嫌违法犯罪事实材料签署不同意见或者拒不签署意见的； （四）被调查人要求向案件审理人员当面陈述的； （五）其他有必要与被调查人进行谈话的情形。	**实施条例**第一百九十五条就审理形式之一——谈话进行了规范。首先，谈话需要审批才可以进行；其次，参与谈话的是案件审理人员，且不得少于两人；最后，谈话的目的在于告知权利义务，核对涉嫌违法犯罪事实，听取陈述申辩。该条款还规定了应当谈话的五种法定情形，如被调查人要求向案件审理人员当面陈述等。通常来说，应当谈话的情形往往属于较为重要的事宜。 **【相关规定】** 《中国共产党纪律检查机关监督执纪工作规则》（2019 年 1 月 1 日施行）第五十五条。

续表

监察法	实施条例	适用精解
	第一百九十六条 经审理认为主要违法犯罪事实不清、证据不足的，应当经审批将案件退回承办部门重新调查。 有下列情形之一，需要补充完善证据的，经审批可以退回补充调查： （一）部分事实不清、证据不足的； （二）遗漏违法犯罪事实的； （三）其他需要进一步查清案件事实的情形。 案件审理部门将案件退回重新调查或者补充调查的，应当出具审核意见，写明调查事项、理由、调查方向、需要补充收集的证据及其证明作用等，连同案卷材料一并送交承办部门。 承办部门补充调查结束后，应当经审批将补证情况报告及相关证据材料，连同案卷材料一并移送案件审理部门；对确实无法查明的事项或者无法补充的证据，应当作出书面说明。重新调查终结后，应当重新形成调查报告，依法移送审理。	**实施条例**第一百九十六条明确审理后需要退回的情形有两种：一是针对事实不清、证据不足的，应当予以退回、重新调查；二是针对需要补充完善证据的，可以予以退回、补充调查。当然，上述两种结果均需要审理部门具体的审核意见，以便后续操作。关于期限问题，本条明确重新调查完毕移送审理的，审理期限重新计算；补充调查期间不计入审理期限。 **【相关规定】** 1.《中国共产党纪律检查机关案件检查工作条例》（1994年3月25日）第四十三条； 2.《中国共产党纪律检查机关监督执纪工作规则》（2019年1月1日施行）第五十五条。

续表

监察法	实施条例	适用精解
	重新调查完毕移送审理的，审理期限重新计算。补充调查期间不计入审理期限。	
	第一百九十七条 审理工作结束后应当形成审理报告，载明被调查人基本情况、调查简况、涉嫌违法或者犯罪事实、被调查人态度和认识、涉案财物处置、承办部门意见、审理意见等内容，提请监察机关集体审议。 对被调查人涉嫌职务犯罪需要追究刑事责任的，应当形成《起诉意见书》，作为审理报告附件。《起诉意见书》应当忠实于事实真象，载明被调查人基本情况，调查简况，采取留置措施的时间，依法查明的犯罪事实和证据，从重、从轻、减轻或者免除处罚等情节，涉案财物情况，涉嫌罪名和法律依据，采取强制措施的建议，以及其他需要说明的情况。 案件审理部门经审理认为现有证据不足以证明被调查人存在违法犯罪行为，且通过退回补充调查仍无法达到证明标准的，应当提出撤销案件的建议。	**实施条例**第一百九十七条规定了审理报告的法定内容，如被调查人基本情况等，且在程序上要求对审理报告进行集体审议。对于需要追究刑事责任的，应当形成《起诉意见书》作为审理报告的附件；对于退回补充调查后仍不足以证明被调查人存在违法犯罪行为的，应当建议撤销案件。 **【相关规定】** 1.《中国共产党党内监督条例》（2016 年 10 月 27 日）第三十二条； 2.《中国共产党纪律检查机关监督执纪工作规则》（2019 年 1 月 1 日施行）第五十五条、第六十五条。

续表

监察法	实施条例	适用精解
	第一百九十八条 上级监察机关办理下级监察机关管辖案件的，可以经审理后按程序直接进行处置，也可以经审理形成处置意见后，交由下级监察机关办理。	**实施条例**第一百九十八条涉及上下级监察机关之间的关于提级管辖案件的处置问题，上级监察机关可以直接处置或者交由下级监察机关按其意见进行处置。 **【相关规定】** 《党组讨论和决定党员处分事项工作程序规定（试行）》（2019年1月1日施行）第四条至第六条。
	第一百九十九条 被指定管辖的监察机关在调查结束后应当将案件移送审理，提请监察机关集体审议。 上级监察机关将其所管辖的案件指定管辖的，被指定管辖的下级监察机关应当按照前款规定办理后，将案件报上级监察机关依法作出政务处分决定。上级监察机关在作出决定前，应当进行审理。 上级监察机关将下级监察机关管辖的案件指定其他下级监察机关管辖的，被指定管辖的监察机关应当按照第一款规定办理后，将案件送交有管理权限的监察机关依法作出政务处分决定。有管理权限的监察机关应当进行审理，审理意见与被指定管辖的监察机关意见不一致的，双方应当进行沟通；经沟通不能取得一致意见的，报请有权决定的上级监察机关决定。	**实施条例**第一百九十九条是关于指定管辖后作出处分决定的规定。被指定管辖的案件在调查结束后，应当先进行审理，再报上级监察机关依法作出政务处分决定。如果指定管辖机关与原享有管辖权的监察机关的审理意见不一致的，则报请有权决定的上级监察机关作出最终决定。 **【相关规定】** 《中华人民共和国公职人员政务处分法》（2020年6月20日）第五十一条。

续表

监察法	实施条例	适用精解
	经协商，有管理权限的监察机关在被指定管辖的监察机关审理阶段可以提前阅卷，沟通了解情况。 对于前款规定的重大、复杂案件，被指定管辖的监察机关经集体审议后将处理意见报有权决定的上级监察机关审核同意的，有管理权限的监察机关可以经集体审议后依法处置。	
第四十三条 监察机关采取留置措施，应当由监察机关领导人员集体研究决定。设区的市级以下监察机关采取留置措施，应当报上一级监察机关批准。省级监察机关采取留置措施，应当报国家监察委员会备案。 留置时间不得超过三个月。在特殊情况下，可以延长一次，延长时间不得超过三个月。省级以下监察机关采取留置措施的，延长留置时间应当报上一级监察机关批准。监察机关发现采取留置措施不当的，应当及时解除。		**监察法**第四十三条对留置措施进行了规范。留置是监察机关经依法审批，将被调查人和相关人员留置在特定场所进一步调查的措施。因其限制人身自由，故监察法予以严格规范，设置了集体研究决定、批准及备案环节，以防止滥用。留置的法定期限为三个月以下，特殊情况下可以依法延长不超过三个月，即留置最长不得超过六个月。本条还规定了解除要件，即采取留置措施不当。此外，公安机关有义务配合和协助监察机关采取留置措施，以保证留置措施的顺利进行。

续表

监察法	实施条例	适用精解
监察机关采取留置措施，可以根据工作需要提请公安机关配合。公安机关应当依法予以协助。		
第四十四条 对被调查人采取留置措施后，应当在二十四小时以内，通知被留置人员所在单位和家属，但有可能毁灭、伪造证据，干扰证人作证或者串供等有碍调查情形的除外。有碍调查的情形消失后，应当立即通知被留置人员所在单位和家属。 监察机关应当保障被留置人员的饮食、休息和安全，提供医疗服务。讯问被留置人员应当合理安排讯问时间和时长，讯问笔录由被讯问人阅看后签名。 被留置人员涉嫌犯罪移送司法机关后，被依法判处管制、拘役和有期徒刑的，留置一日折抵管制二日，折抵拘役、有期徒刑一日。		**监察法**第四十四条进一步明确了留置措施的后续事宜。首先，二十四小时内通知被留置人的单位和家属，但有可能妨碍调查情形的除外。其次，被留置人的合法权益应当得到保障，合理安排讯问时间。最后，留置期限应当折抵刑期，折抵方式与一般刑事领域的折抵规定一致，即留置一日折抵管制二日，折抵拘役、有期徒刑一日。

续表

监察法	实施条例	适用精解
	第六节 处 置	**实施条例**第五章第六节专门规范处置环节。
第四十五条 监察机关根据监督、调查结果，依法作出如下处置： （一）对有职务违法行为但情节较轻的公职人员，按照管理权限，直接或者委托有关机关、人员，进行谈话提醒、批评教育、责令检查，或者予以诫勉； （二）对违法的公职人员依照法定程序作出警告、记过、记大过、降级、撤职、开除等政务处分决定； （三）对不履行或者不正确履行职责负有责任的领导人员，按照管理权限对其直接作出问责决定，或者向有权作出问责决定的机关提出问责建议； （四）对涉嫌职务犯罪的，监察机关经调查认为犯罪事实清楚，证据确实、充分的，制作起诉意见书，连同案卷材料、证据一并移送人民检察院依法审查、提起	**第二百条** 监察机关根据监督、调查结果，依据监察法、政务处分法等规定进行处置。 **第二百零一条** 监察机关对于公职人员有职务违法行为但情节较轻的，可以依法进行谈话提醒、批评教育、责令检查，或者予以诫勉。上述方式可以单独使用，也可以依据规定合并使用。 谈话提醒、批评教育应当由监察机关相关负责人或者承办部门负责人进行，可以由被谈话提醒、批评教育人所在单位有关负责人陪同；经批准也可以委托其所在单位主要负责人进行。对谈话提醒、批	**监察法**第四十五条规范了六种监察机关的处置方式：（1）违法行为较轻的，予以谈话提醒、批评教育、责令监察、诫勉，其中诫勉相比其他三种更为严重，有6个月的影响期；（2）针对违法行为，予以政务处分；（3）对不依法履行职责的领导人员，予以问责；（4）涉嫌犯罪的，移送检察院；（5）向监察对象所在单位提出监察建议；（6）不存在违法犯罪行为的，撤销案件并通知被调查人所在单位。 **实施条例**第二百条明确了监察机关处置的法律依据，如《中华人民共和国监察法》《中华人民共和国公职人员政务处分法》等。此外，《中华人民共和国公务员法》《中华人民共和国刑法》《中华人民共和国刑事诉讼法》等也应是监察机关处置的法律依据。 **【相关规定】** 《中华人民共和国监察法》（2018年3月20日）第十一条、第十三条、第三十六条、第四十五条。 **实施条例**第二百零一条对应**监察法**第四十五条第一款第一项，针对较轻的违法行为的处置方式进行了规范，具体包括谈话提醒等四种处置方式，表现形式均为书面或者制作记录，而且上述四种方式既可单独使用，亦可合并使用。 **【相关规定】** 《中华人民共和国公务员法》（2018年12月29日）第五十七条。

续表

监察法	实施条例	适用精解
公诉； （五）对监察对象所在单位廉政建设和履行职责存在的问题等提出监察建议。 监察机关经调查，对没有证据证明被调查人存在违法犯罪行为的，应当撤销案件，并通知被调查人所在单位。	评教育情况应当制作记录。 被责令检查的公职人员应当作出书面检查并进行整改。整改情况在一定范围内通报。 诫勉由监察机关以谈话或者书面方式进行。以谈话方式进行的，应当制作记录。	
	第二百零二条　对违法的公职人员依法需要给予政务处分的，应当根据情节轻重作出警告、记过、记大过、降级、撤职、开除的政务处分决定，制作政务处分决定书。	**实施条例**第二百零二条对应**监察法**第四十五条第一款第二项，针对违法行为的处置方式进行了规范，即根据情节轻重给予相应的政务处分。其中，警告适用于情节较轻但应给予政务处分的违法行为；开除则是最为严厉的政务处分，适用于情节较重的违法行为。 **【相关规定】** 1.《中华人民共和国公职人员政务处分法》（2020 年 6 月 20 日）第三条至第二十七条、第四十二条至第四十五条； 2.《中国共产党纪律处分条例》（2018 年 8 月 18 日）第八条至第二十六条。
	第二百零三条　监察机关应当将政务处分决定书在作出后一个月以内送达被处分人和被处分人所在机关、单位，并依法履行宣布、书面告知程序。 政务处分决定自作出之日起生效。有关机关、单位、组织应当依法及时执行处分决定，并将执行情况向监察机关报告。处分决定应当在作出之日起一个月以内执行完毕，特殊情况下经监察机关批准可以	**实施条例**第二百零三条在实施条例第二百零二条的基础上，明确政务处分的送达时限为决定书作出后一个月内，被送达人为被处分人及其单位。政务处分自作出之日起生效，且应在作出后一个月内应当执行完毕，特例除外。这体现了程序正当和高效原则。 **【相关规定】** 1.《中华人民共和国公职人员政务处分法》（2020 年 6 月 20 日）第十五条、第四十六条、第五十四条； 2.《中国共产党纪律检查机关监督执纪工作规则》（2019 年 1 月 1 日施行）第五十六条。

续表

监察法	实施条例	适用精解
	适当延长办理期限，最迟不得超过六个月。	
	第二百零四条 监察机关对不履行或者不正确履行职责造成严重后果或者恶劣影响的领导人员，可以按照管理权限采取通报、诫勉、政务处分等方式进行问责；提出组织处理的建议。	**实施条例**第二百零四条对应**监察法**第四十五条第一款第三项，对不作为、乱作为造成严重后果或者恶劣影响的领导人员予以问责，问责形式包括通报、诫勉、政务处分等。 **【相关规定】** 《中国共产党问责条例》（2019年1月1日施行）第四条至第八条、第十二条至第十六条。
	第二百零五条 监察机关依法向监察对象所在单位提出监察建议的，应当经审批制作监察建议书。 监察建议书一般应当包括下列内容： （一）监督调查情况； （二）调查中发现的主要问题及其产生的原因； （三）整改建议、要求和期限； （四）向监察机关反馈整改情况的要求。	**实施条例**第二百零五条对**监察法**第四十五条第一款第五项提出的监察建议予以规范，明确了审批的程序要求和监察建议书的法定内容。监察建议不同于一般的工作建议，其包括整改要求及反馈要求，所以相关单位收到监察建议后，应当按照监察建议的要求积极整改并且进行反馈。 **【相关规定】** 1.《纪检监察机关处理检举控告工作规则》（2020年1月21日）第三十四条； 2.《中国共产党纪律检查机关监督执纪工作规则》（2019年1月1日施行）第十九条。
	第二百零六条 监察机关经调查，对没有证据证明或者现有证据不足以证明被调查人存在违法犯罪行为的，应当依法撤销案件。省级以下监察机关撤销案件后，应当在七个工作日以内向上一级监察机关报送备案报告。上一级监察机关监督检查部门	**实施条例**第二百零六条是关于撤销监察案件的规定。对于没有证据或者证据不足以证明被调查人存在违法犯罪行为的，理应撤销案件，并且要履行备案手续。承办上级指定或者交办案件的省级以下监察机关，没有直接撤销案件的权限，需提交《撤销案件意见书》报上级监察机关审查。 **【相关规定】** 《中华人民共和国公职人员政务处分法》（2020年6月20日）第四十四条。

续表

监察法	实施条例	适用精解
	负责备案工作。 省级以下监察机关拟撤销上级监察机关指定管辖或者交办案件的，应当将《撤销案件意见书》连同案卷材料，在法定调查期限到期七个工作日前报指定管辖或者交办案件的监察机关审查。对于重大、复杂案件，在法定调查期限到期十个工作日前报指定管辖或者交办案件的监察机关审查。 指定管辖或者交办案件的监察机关由监督检查部门负责审查工作。指定管辖或者交办案件的监察机关同意撤销案件的，下级监察机关应当作出撤销案件决定，制作《撤销案件决定书》；指定管辖或者交办案件的监察机关不同意撤销案件的，下级监察机关应当执行该决定。 监察机关对于撤销案件的决定应当向被调查人宣布，由其在《撤销案件决定书》上签名、捺指印，立即解除留置措施，并通知其所在机关、单位。 撤销案件后又发现重要事实或者有充分证据，认为被调查人有违法犯罪事实需要追究法律责任的，应当重新立案调查。	

续表

监察法	实施条例	适用精解
第四十六条 监察机关经调查，对违法取得的财物，依法予以没收、追缴或者责令退赔；对涉嫌犯罪取得的财物，应当随案移送人民检察院。	**第二百零七条** 对于涉嫌行贿等犯罪的非监察对象，案件调查终结后依法移送起诉。综合考虑行为性质、手段、后果、时间节点、认罪悔罪态度等具体情况，对于情节较轻，经审批不予移送起诉的，应当采取批评教育、责令具结悔过等方式处置；应当给予行政处罚的，依法移送有关行政执法部门。 对于有行贿行为的涉案单位和人员，按规定记入相关信息记录，可以作为信用评价的依据。 对于涉案单位和人员通过行贿等非法手段取得的财物及孳息，应当依法予以没收、追缴或者责令退赔。对于违法取得的其他不正当利益，依照法律法规及有关规定予以纠正处理。	**监察法**第四十六条规定了对于违法犯罪所得的财物的处理方式：没收、追缴、责令退赔；涉嫌犯罪的，随案移送人民检察院。 **实施条例**第二百零七条涉及涉嫌行贿等犯罪的非监察对象的处置。有三种处置方式：一是移送起诉；二是情节较轻，经审批不予移送的，予以批评教育等；三是应予行政处罚的，移送相关执法部门。此外，还有后续处理：一是按规定记入相关信息记录，可以作为信用评价依据；二是没收、追缴、责令退赔违法所得及孳息等。 **【相关规定】** 《中华人民共和国刑法》（2020 年 12 月 26 日）第三十七条。
	第二百零八条 对查封、扣押、冻结的涉嫌职务犯罪所得财物及孳息应当妥善保管，并制作《移送司法机关涉案财物清单》随案移送人民检察院。对作为证据使用的实物应当随案移送；对不宜移送的，应当将清单、照片和其他证明文件随案移送。	**实施条例**第二百零八条涉及犯罪所得及孳息的处置，强调对于已采取强制措施的犯罪所得及孳息妥善保管之义务，并同时移送《移送司法机关涉案财物清单》或者相关证明文件。移送前，价值不明的，应当先进行价格认定或者相应技术、质量检测。此外，不属于犯罪所得但系违法所得的财物及孳息的，依法没收、追缴或者责令退赔；不属于违法所得及孳息的，应及时返还，以保护相关人的合法财产权。

续表

监察法	实施条例	适用精解
	对于移送人民检察院的涉案财物，价值不明的，应当在移送起诉前委托进行价格认定。在价格认定过程中，需要对涉案财物先行作出真伪鉴定或者出具技术、质量检测报告的，应当委托有关鉴定机构或者检测机构进行真伪鉴定或者技术、质量检测。 对不属于犯罪所得但属于违法取得的财物及孳息，应当依法予以没收、追缴或者责令退赔，并出具有关法律文书。 对经认定不属于违法所得的财物及孳息，应当及时予以返还，并办理签收手续。	**【相关规定】** 《中国共产党纪律检查机关监督执纪工作规则》（2019 年 1 月 1 日施行）第五十八条。
	第二百零九条　监察机关经调查，对违法取得的财物及孳息决定追缴或者责令退赔的，可以依法要求公安、自然资源、住房城乡建设、市场监管、金融监管等部门以及银行等机构、单位予以协助。 追缴涉案财物以追缴原物为原则，原物已经转化为其他财物的，应当追缴转化后的财物；有证据证明依法应当追缴、没收的涉案财物无法找到、被他人善意取得、价值灭失减损	**实施条例**第二百零九条涉及违法所得处置中的协助和追缴问题。首先，明确公安等部门、银行等单位对此有协助义务；其次，明确追缴的原则为原物追缴，无法实现的，可以追缴等值财产；再次，明确追缴或责令退赔的完成时限通常为处置决定作出之日起一个月内；最后，明确被退回的非犯罪所得，由监察机关依法处理。 **【相关规定】** 1.《国家监察委员会办公厅、公安部办公厅关于规范公安机关协助监察机关在涉案财物处理中办理机动车登记工作的通知》（2020 年 6 月 24 日）第一条至第十一条； 2.《国家监察委员会办公厅、自然资源部办公厅关于不动产登记机构协助监察机关在涉案财物处理中办理不动产登记工作的通知》（2019 年 12 月 17 日）第一条至第十条。

续表

监察法	实施条例	适用精解
	或者与其他合法财产混合且不可分割的，可以依法追缴、没收其他等值财产。 追缴或者责令退赔应当自处置决定作出之日起一个月以内执行完毕。因被调查人的原因逾期执行的除外。 人民检察院、人民法院依法将不认定为犯罪所得的相关涉案财物退回监察机关的，监察机关应当依法处理。	
	第七节 移送审查起诉	**实施条例**第五章第七节专门规范移送审查起诉环节。
第四十七条 对监察机关移送的案件，人民检察院依照《中华人民共和国刑事诉讼法》对被调查人采取强制措施。 人民检察院经审查，认为犯罪事实已经查清，证据确实、充分，依法应当追究刑事责任的，应当作出起诉决定。 人民检察院经审查，认为需要补充核实的，应当退回监察机关补充调查，必要时可以自行补充侦查。对于补充调查的案件，应当在一个月内补	**第二百一十二条** 监察机关决定对涉嫌职务犯罪的被调查人移送起诉的，应当出具《起诉意见书》，连同案卷材料、证据等，一并移送同级人民检察院。 监察机关案件审理部门负责与人民检察院审查起诉的衔接工作，调查、案件监督管理等部门应当予以协助。	**监察法**第四十七条规定了人民检察院对于监察机关移送案件的处理方式。首先，对被调查人采取刑事强制措施；其次，对于事实清楚、证据充分、应当追究刑事责任的，予以起诉；最后，对于需要补充核实的，应当退回监察机关补充调查，期限为一个月内，且以两次为限；必要时可以由人民检察院自行补充侦查。此外，人民检察院也可以依法作出不起诉决定，监察机关对此可向上一级人民检察院提请复议。 **实施条例**第二百一十二条强调监察机关将案件移送检察院时的衔接与协助义务，以保证移送以及后续追责的顺利进行。考虑到层级问题以及案件的严重程度问题，规定国家监察委员会派驻或者派出的监察机构、监察专员调查的职务犯罪案件对应的接收主体为省级人民检察院。 **【相关规定】** 《中华人民共和国刑事诉讼法》（2018 年 10 月 26 日）第一百六十九条至第一百七十六条。

续表

监察法	实施条例	适用精解
充调查完毕。补充调查以二次为限。 人民检察院对于有《中华人民共和国刑事诉讼法》规定的不起诉的情形的，经上一级人民检察院批准，依法作出不起诉的决定。监察机关认为不起诉的决定有错误的，可以向上一级人民检察院提请复议。	国家监察委员会派驻或者派出的监察机构、监察专员调查的职务犯罪案件，应当依法移送省级人民检察院审查起诉。	
	第二百一十三条　涉嫌职务犯罪的被调查人和涉案人员符合监察法第三十一条、第三十二条规定情形的，结合其案发前的一贯表现、违法犯罪行为的情节、后果和影响等因素，监察机关经综合研判和集体审议，报上一级监察机关批准，可以在移送人民检察院时依法提出从轻、减轻或者免除处罚等从宽处罚建议。报请批准时，应当一并提供主要证据材料、忏悔反思材料。 上级监察机关相关监督检查部门负责审查工作，重点审核拟认定的从宽处罚情形、提出的从宽处罚建议，经审批在十五个工作日以内作出批复。	**实施条例**第二百一十三条规定了监察机关的从宽处罚建议。具体要求如下：第一，结合违法犯罪行为的情节等因素综合研判；第二，集体审议；第三，报上一级监察机关批准。对此，上一级监察机关在 15 个工作日内作出批复。 **【相关规定】** 《中华人民共和国监察法》（2018 年 3 月 20 日）第三十一条和第三十二条。
	第二百一十四条　涉嫌职务犯罪的被调查人有下列情形之一，如实交代自己主要犯罪事实的，可以认定为监察法第三十一条第一项规定的自动投案，真诚悔罪悔过：	**实施条例**第二百一十四条从正反两个方面规定了自动投案、真诚悔罪悔过的法定情形。在实践中，应把本条第二款规定的不能认定为自动投案、真诚悔罪悔过的情形和正当的辩解、无法记清等情形区分开来。 **【相关规定】** 1.《中华人民共和国监察法》（2018 年 3 月 20 日）第三十一条；

续表

监察法	实施条例	适用精解
	（一）职务犯罪问题未被监察机关掌握，向监察机关投案的； （二）在监察机关谈话、函询过程中，如实交代监察机关未掌握的涉嫌职务犯罪问题的； （三）在初步核实阶段，尚未受到监察机关谈话时投案的； （四）职务犯罪问题虽被监察机关立案，但尚未受到讯问或者采取留置措施，向监察机关投案的； （五）因伤病等客观原因无法前往投案，先委托他人代为表达投案意愿，或者以书信、网络、电话、传真等方式表达投案意愿，后到监察机关接受处理的； （六）涉嫌职务犯罪潜逃后又投案，包括在被通缉、抓捕过程中投案的； （七）经查实确已准备去投案，或者正在投案途中被有关机关抓获的； （八）经他人规劝或者在他人陪同下投案的； （九）虽未向监察机关投案，但向其所在党组织、单位或者有关负责人员投案，向有关巡视巡察机构投案，以	2.《中华人民共和国刑法》（2020年12月26日）第六十七条。

续表

监察法	实施条例	适用精解
	及向公安机关、人民检察院、人民法院投案的； （十）具有其他应当视为自动投案的情形的。 被调查人自动投案后不能如实交代自己的主要犯罪事实，或者自动投案并如实供述自己的罪行后又翻供的，不能适用前款规定。	
	第二百一十五条 涉嫌职务犯罪的被调查人有下列情形之一的，可以认定为监察法第三十一条第二项规定的积极配合调查工作，如实供述监察机关还未掌握的违法犯罪行为： （一）监察机关所掌握线索针对的犯罪事实不成立，在此范围外被调查人主动交代其他罪行的； （二）主动交代监察机关尚未掌握的犯罪事实，与监察机关已掌握的犯罪事实属不同种罪行的； （三）主动交代监察机关尚未掌握的犯罪事实，与监察机关已掌握的犯罪事实属同种罪行的； （四）监察机关掌握的证据不充分，被调查人如实交代有助于收集定案证据的。	**实施条例**第二百一十五条是关于可以认定为积极配合调查工作，如实供述监察机关还未掌握的违法犯罪行为的规定。 **【相关规定】** 1.《中华人民共和国监察法》（2018年3月20日）第三十一条； 2.《中华人民共和国刑事诉讼法》（2018年10月26日）第一百八十二条。

续表

监察法	实施条例	适用精解
	前款所称同种罪行和不同种罪行，一般以罪名区分。被调查人如实供述其他罪行的罪名与监察机关已掌握犯罪的罪名不同，但属选择性罪名或者在法律、事实上密切关联的，应当认定为同种罪行。	
	第二百一十六条 涉嫌职务犯罪的被调查人有下列情形之一的，可以认定为监察法第三十一条第三项规定的积极退赃，减少损失： （一）全额退赃的； （二）退赃能力不足，但被调查人及其亲友在监察机关追缴赃款赃物过程中积极配合，且大部分已追缴到位的； （三）犯罪后主动采取措施避免损失发生，或者积极采取有效措施减少、挽回大部分损失的。	**实施条例**第二百一十六条是关于可以认定为积极退赃，减少损失的规定。“积极退赃，减少损失”是指被调查人主动上交违法犯罪所得赃款赃物，减少国家、集体和公民可能受到的损失。 **【相关规定】** 1.《中华人民共和国监察法》（2018 年 3 月 20 日）第三十一条； 2.《中华人民共和国刑法》（2020 年 12 月 26 日）第三百八十三条。
	第二百一十七条 涉嫌职务犯罪的被调查人有下列情形之一的，可以认定为监察法第三十一条第四项规定的具有重大立功表现： （一）检举揭发他人重大犯罪行为且经查证属实的； （二）提供其他重大案件的重要线索且经查证属实的；	**实施条例**第二百一十七条以列举的形式规定了可以认定为重大立功表现的情形。 **【相关规定】** 1.《中华人民共和国监察法》（2018 年 3 月 20 日）第三十一条； 2.《中华人民共和国刑法》（2020 年 12 月 26 日）第六十八条、第七十八条； 3.《中华人民共和国刑事诉讼法》（2018 年 10 月 26 日）第一百八十二条。

续表

监察法	实施条例	适用精解
	（三）阻止他人重大犯罪活动的； （四）协助抓捕其他重大职务犯罪案件被调查人、重大犯罪嫌疑人（包括同案犯）的； （五）为国家挽回重大损失等对国家和社会有其他重大贡献的。 前款所称重大犯罪一般是指依法可能被判处无期徒刑以上刑罚的犯罪行为；重大案件一般是指在本省、自治区、直辖市或者全国范围内有较大影响的案件；查证属实一般是指有关案件已被监察机关或者司法机关立案调查、侦查，被调查人、犯罪嫌疑人被监察机关采取留置措施或者被司法机关采取强制措施，或者被告人被人民法院作出有罪判决，并结合案件事实、证据进行判断。 监察法第三十一条第四项规定的案件涉及国家重大利益，是指案件涉及国家主权和领土完整、国家安全、外交、社会稳定、经济发展等情形。	
	第二百一十八条 涉嫌行贿等犯罪的涉案人员有下列情形之一的，可以认定为监察法	**实施条例**第二百一十八条是关于揭发他人职务违法犯罪行为或者提供重要线索的规定。这样既有利于揭发人的从宽处罚，又能够打击其他职务违法犯罪行为。而从宽处罚的内容又

续表

监察法	实施条例	适用精解
	第三十二条规定的揭发有关被调查人职务违法犯罪行为，查证属实或者提供重要线索，有助于调查其他案件： （一）揭发所涉案件以外的被调查人职务犯罪行为，经查证属实的； （二）提供的重要线索指向具体的职务犯罪事实，对调查其他案件起到实质性推动作用的； （三）提供的重要线索有助于加快其他案件办理进度，或者对其他案件固定关键证据、挽回损失、追逃追赃等起到积极作用的。	与随后的**实施条例**第二百一十九条相连。 **【相关规定】** 1.《中华人民共和国监察法》（2018 年 3 月 20 日）第三十二条； 2.《中华人民共和国刑法》（2020 年 12 月 26 日）第六十八条。
	第二百一十九条 从宽处罚建议一般应当在移送起诉时作为《起诉意见书》内容一并提出，特殊情况下也可以在案件移送后、人民检察院提起公诉前，单独形成从宽处罚建议书移送人民检察院。对于从宽处罚建议所依据的证据材料，应当一并移送人民检察院。 监察机关对于被调查人在调查阶段认罪认罚，但不符合监察法规定的提出从宽处罚建议条件，在移送起诉时没有提出从宽处罚建议的，	**实施条例**第二百一十九条在**实施条例**第二百一十三条的基础上，进一步细化从宽处罚建议。该建议既可以作为《起诉意见书》的一部分，亦可以单独以从宽处罚建议书的形式存在。并且对于不符合从宽处罚建议条件的被调查人认罪认罚情况，应在《起诉意见书》中说明，以供审判机关量刑时考虑。 **【相关规定】** 《中华人民共和国刑事诉讼法》（2018 年 10 月 26 日）第一百七十三条和第一百七十四条。

续表

监察法	实施条例	适用精解
	应当在《起诉意见书》中写明其自愿认罪认罚的情况。	
	第二百二十条 监察机关一般应当在正式移送起诉十日前，向拟移送的人民检察院采取书面通知等方式预告移送事宜。对于已采取留置措施的案件，发现被调查人因身体等原因存在不适宜羁押等可能影响刑事强制措施执行情形的，应当通报人民检察院。对于未采取留置措施的案件，可以根据案件具体情况，向人民检察院提出对被调查人采取刑事强制措施的建议。	**实施条例**第二百二十条设置了预告移送制度。监察机关正式移送起诉十日前，以书面通知等方式将移送事宜预告给相关的人民检察院，尤其是涉及强制措施问题，向其通报或者发出建议，为正式的移送做好相应准备。 **【相关规定】** 1.《中华人民共和国刑事诉讼法》（2018年10月26日）第一百七十条； 2.《人民检察院刑事诉讼规则》（2019年12月30日）第一百四十六条。
	第二百二十一条 监察机关办理的职务犯罪案件移送起诉，需要指定起诉、审判管辖的，应当与同级人民检察院协商有关程序事宜。需要由同级人民检察院的上级人民检察院指定管辖的，应当商请同级人民检察院办理指定管辖事宜。 监察机关一般应当在移送起诉二十日前，将商请指定管辖函送交同级人民检察院。商请指定管辖函应当附案件基本情况，对于被调查人已被其他机关立案侦	**实施条例**第二百二十一条设置了监察机关与检察机关的指定管辖协商制度。协商时限为移送起诉20日前，协商形式为指定管辖函。 **【相关规定】** 《人民检察院刑事诉讼规则》（2019年12月30日）第二十二条和第三百二十九条。

续表

监察法	实施条例	适用精解
	查的犯罪认为需要并案审查起诉的，一并进行说明。 派驻或者派出的监察机构、监察专员调查的职务犯罪案件需要指定起诉、审判管辖的，应当报派出机关办理指定管辖手续。	
	第二百二十二条 上级监察机关指定下级监察机关进行调查，移送起诉时需要人民检察院依法指定管辖的，应当在移送起诉前由上级监察机关与同级人民检察院协商有关程序事宜。	**实施条例**第二百二十二条在实施条例第二百二十一条的基础上，针对特例予以规范，即上级监察机关指定下级监察机关调查完毕、移送起诉且需要检察院依法指定管辖的，应当先行由上级监察机关与同级检察院协商有关程序事宜，以保证相应工作的顺畅进行。 **【相关规定】** 《人民检察院刑事诉讼规则》（2019 年 12 月 30 日）第三百二十九条。
	第二百二十三条 监察机关对已经移送起诉的职务犯罪案件，发现遗漏被调查人罪行需要补充移送起诉的，应当经审批出具《补充起诉意见书》，连同相关案卷材料、证据等一并移送同级人民检察院。 对于经人民检察院指定管辖的案件需要补充移送起诉的，可以直接移送原受理移送起诉的人民检察院；需要追加犯罪嫌疑人、被告人的，应当再次商请人民检察院办理指定管辖手续。	**实施条例**第二百二十三条是关于漏罪处理的规定。对于已经移送起诉的职务犯罪案件，发现遗漏罪行需要补充移送起诉的，经审批，将《补充起诉意见书》移送同级人民检察院，以保证惩处的完整性。 **【相关规定】** 《人民检察院刑事诉讼规则》（2019 年 12 月 30 日）第三百五十六条和第四百二十三条。

续表

监察法	实施条例	适用精解
	第二百二十四条 对于涉嫌行贿犯罪、介绍贿赂犯罪或者共同职务犯罪等关联案件的涉案人员，移送起诉时一般应当随主案确定管辖。 主案与关联案件由不同监察机关立案调查的，调查关联案件的监察机关在移送起诉前，应当报告或者通报调查主案的监察机关，由其统一协调案件管辖事宜。因特殊原因，关联案件不宜随主案确定管辖的，调查主案的监察机关应当及时通报和协调有关事项。	**实施条例**第二百二十四条是关于关联案件的移送规定。其原则是关联案件的移送随同主案来确定管辖，即从案随主案；特殊情况下关联案件不宜随主案确定管辖的，由调查主案的监察机关及时通报和协调处理。 **【相关规定】** 《中华人民共和国刑事诉讼法》（2018 年 10 月 26 日）第五十六条、第五十八条和第六十条。
	第二百二十五条 监察机关对于人民检察院在审查起诉中书面提出的下列要求应当予以配合： （一）认为可能存在以非法方法收集证据情形，要求监察机关对证据收集的合法性作出说明或者提供相关证明材料的； （二）排除非法证据后，要求监察机关另行指派调查人员重新取证的； （三）对物证、书证、视听资料、电子数据及勘验检查、辨认、调查实验等笔录存在疑	**实施条例**第二百二十五条强调监察机关对人民检察院审查起诉工作的配合义务，如关于证据收集的合法性说明，重新取证，获取或制作证据的说明，专门问题的鉴定、复验、复查，补充提供证据，等等。 **【相关规定】** 《人民检察院刑事诉讼规则》（2019 年 12 月 30 日）第七十三条、第七十四条、第二百六十三条。

续表

监察法	实施条例	适用精解
	问，要求调查人员提供获取、制作的有关情况的； （四）要求监察机关对案件中某些专门性问题进行鉴定，或者对勘验检查进行复验、复查的； （五）认为主要犯罪事实已经查清，仍有部分证据需要补充完善，要求监察机关补充提供证据的； （六）人民检察院依法提出的其他工作要求。	
	第二百二十六条　监察机关对于人民检察院依法退回补充调查的案件，应当向主要负责人报告，并积极开展补充调查工作。	**实施条例**第二百二十六条是关于补充调查的规定。监察机关对于被退回补充调查的案件，一要履行向主要负责人的报告程序，二要积极开展相应工作，而不能怠于行使职责。 **【相关规定】** 1.《中华人民共和国刑事诉讼法》（2018年10月26日）第一百七十条； 2.《人民检察院刑事诉讼规则》（2019年12月30日）第二百五十六条和第三百四十三条。
	第二百二十七条　对人民检察院退回补充调查的案件，经审批分别作出下列处理： （一）认定犯罪事实的证据不够充分的，应当在补充证据后，制作补充调查报告书，连同相关材料一并移送人民检察院审查，对无法补充完善的证据，应当作出书面情况说明，并加盖监察机关或者承办	**实施条例**第二百二十七条涉及退回补充调查的后续处理。具体来说，有四种处理方式：一是补充调查后形成补充调查报告书并移送人民检察院，对无法补充完善的证据，予以书面说明；二是补充调查后发现新的同案犯或者增加、变更犯罪事实且需要追究刑事责任的，则重新提出意见并移送人民检察院；三是认为不需要追究刑事责任的，重新提出处理意见，通知人民检察院并说明理由；四是认为移送起诉的事实清楚、证据充分，则说明理由，移送人民检察院。总之，对于人民检察院退回补充调查的案件，监察机关要积极作为，并且作为的结果需要经过审批予以固定。

续表

监察法	实施条例	适用精解
	部门公章； （二）在补充调查中发现新的同案犯或者增加、变更犯罪事实，需要追究刑事责任的，应当重新提出处理意见，移送人民检察院审查； （三）犯罪事实的认定出现重大变化，认为不应当追究被调查人刑事责任的，应当重新提出处理意见，将处理结果书面通知人民检察院并说明理由； （四）认为移送起诉的犯罪事实清楚，证据确实、充分的，应当说明理由，移送人民检察院依法审查。	
	第二百二十八条 人民检察院在审查起诉过程中发现新的职务违法或者职务犯罪问题线索并移送监察机关的，监察机关应当依法处置。	**实施条例**第二百二十八条明确监察机关针对检察院发现的新的职务违法犯罪问题线索的处置义务，这也体现了监察机关与人民检察院之间密切配合的工作关系。 **【相关规定】** 《人民检察院刑事诉讼规则》（2019 年 12 月 30 日）第二百六十六条、第三百四十九条。
	第二百二十九条 在案件审判过程中，人民检察院书面要求监察机关补充提供证据，对证据进行补正、解释，或者协助人民检察院补充侦查的，监察机关应当予以配合。监察机关	**实施条例**第二百二十九条规定了监察机关在审判阶段的配合义务，前提是人民检察院的书面要求，配合的内容是补充提供证据、补正解释证据、协助补充侦查等。此外，人民法院应严守刑事法治理念，实现证据审查的实质化，建立监察人员出庭制度。① 也就是说，应人民法院的要求，就证据收集合法性问题要求调查人员出庭说明情况时，监察机关亦有配合

① 程衍：《中国特色独立监察程序下非法证据排除规则的制度建构》，载《南京大学学报（哲学·人文科学·社会科学）》2019 年第 2 期。

续表

监察法	实施条例	适用精解
	不能提供有关证据材料的，应当书面说明情况。 人民法院在审判过程中就证据收集合法性问题要求有关调查人员出庭说明情况时，监察机关应当依法予以配合。	义务。上述两项配合义务可以说是监察机关前期调查权所对应的义务的表现和延伸。 【相关规定】 《中华人民共和国刑事诉讼法》（2018年10月26日）第五十九条。
	第二百三十条 监察机关认为人民检察院不起诉决定有错误的，应当在收到不起诉决定书后三十日以内，依法向其上一级人民检察院提请复议。监察机关应当将上述情况及时向上一级监察机关书面报告。	**实施条例**第二百三十条赋予监察机关对不起诉决定的复议申请权。人民检察院作出不起诉决定后，监察机关认为有错误的，其在收到不起诉决定书后30日内，有权向上一级检察院提请复议，并向上一级监察机关书面报告，体现了监察机关对于检察院后续处理的监督。 【相关规定】 《中华人民共和国刑事诉讼法》（2018年10月26日）第一百七十七条、第一百七十八条。
	第二百三十一条 对于监察机关移送起诉的案件，人民检察院作出不起诉决定，人民法院作出无罪判决，或者监察机关经人民检察院退回补充调查后不再移送起诉，涉及对被调查人已生效政务处分事实认定的，监察机关应当依法对政务处分决定进行审核。认为原政务处分决定认定事实清楚、适用法律正确的，不再改变；认为原政务处分决定确有错误或者不当的，依法予以撤销或者变更。	**实施条例**第二百三十一条就最终没有被追究刑事责任的被调查人所受到的政务处分赋予监察机关审核的责任，并且监察机关对此有进一步依法确认、撤销或者变更的权限。 【相关规定】 《最高人民法院关于适用〈中华人民共和国刑事诉讼法〉的解释》（2021年1月26日）第二百九十五条。

续表

监察法	实施条例	适用精解
	第二百三十三条 监察机关立案调查拟适用缺席审判程序的贪污贿赂犯罪案件，应当逐级报送国家监察委员会同意。 监察机关承办部门认为在境外的被调查人犯罪事实已经查清，证据确实、充分，依法应当追究刑事责任的，应当依法移送审理。 监察机关应当经集体审议，出具《起诉意见书》，连同案卷材料、证据等，一并移送人民检察院审查起诉。 在审查起诉或者缺席审判过程中，犯罪嫌疑人、被告人向监察机关自动投案或者被抓获的，监察机关应当立即通知人民检察院、人民法院。	**实施条例**第二百三十三条是关于缺席审判的特殊规定。因为缺席审判存在局限性，所以实施条例对此采取了谨慎态度，要求对于监察机关立案调查拟适用缺席审判程序的贪污贿赂犯罪案件，应当逐级报送国家监察委员会同意。针对事实清楚、证据确凿、依法应当追究刑事责任的，移送审理。其间，如果犯罪嫌疑人、被告人向监察机关自动投案或者被抓获的，监察机关应当立即通知人民检察院、人民法院，相应程序则由缺席审判转为普通程序。 **【相关规定】** 1.《中华人民共和国刑事诉讼法》（2018年10月26日）第二百九十一条至第二百九十七条； 2.《中华人民共和国法律援助法》（2021年8月20日）第二十五条； 3.《人民检察院刑事诉讼规则》（2019年12月30日）第五百零五条。
第四十八条 监察机关在调查贪污贿赂、失职渎职等职务犯罪案件过程中，被调查人逃匿或者死亡，有必要继续调查的，经省级以上监察机关批准，应当继续调查并作出结论。被调查人逃匿，在通	**第二百三十二条** 对于贪污贿赂、失职渎职等职务犯罪案件，被调查人逃匿，在通缉一年后不能到案，或者被调查人死亡，依法应当追缴其违法所得及其他涉案财产的，承办部门在调查终结后应当依法移送审理。 监察机关应当经集	**监察法**第四十八条针对职务犯罪案件中被调查人逃匿或者死亡之情形进行规范。被调查人逃匿或者死亡并不意味着调查终止，确有必要继续调查的，经批准后仍然应当继续调查并作出结论。而且还可以依法针对违法所得向人民法院申请没收，以最大限度地挽回损失，并保证“人民群众对党风廉政建设和反腐败斗争的获得感”①。 **实施条例**第二百三十二条在监察法第四十八条的基础上进一步细化被调查人逃匿或者死亡情形下对其财产处理的程序要求。虽然由于

① 参见中共中央纪律检查委员会中华人民共和国国家监察委员会法规室编写：《〈中华人民共和国监察法〉释义》，中国方正出版社2018年版，第217页。

续表

监察法	实施条例	适用精解
缉一年后不能到案，或者死亡的，由监察机关提请人民检察院依照法定程序，向人民法院提出没收违法所得的申请。	体审议，出具《没收违法所得意见书》，连同案卷材料、证据等，一并移送人民检察院依法提出没收违法所得的申请。 监察机关将《没收违法所得意见书》移送人民检察院后，在逃的被调查人自动投案或者被抓获的，监察机关应当及时通知人民检察院。	被调查人逃匿或者死亡而无法对其人身权进行惩处，但针对其违法所得及其他涉案财产应当追缴的，仍需作出相应行动，经集体审议，由监察机关出具《没收违法所得意见书》，并移送检察院，最终由人民法院作出裁判。 **【相关规定】** 《中华人民共和国刑事诉讼法》（2018 年 10 月 26 日）第二百九十八条至第三百零一条。
第四十九条 监察对象对监察机关作出的涉及本人的处理决定不服的，可以在收到处理决定之日起一个月内，向作出决定的监察机关申请复审，复审机关应当在一个月内作出复审决定；监察对象对复审决定仍不服的，可以在收到复审决定之日起一个月内，向上一级监察机关申请复核，复核机关应当在二个月内作出复核决定。复审、复核期间，不停止原处理决定的执行。复核机关经审查，认定处理决定有错误的，原处理机关应当及时予以纠正。	**第二百一十条** 监察对象对监察机关作出的涉及本人的处理决定不服的，可以在收到处理决定之日起一个月以内，向作出决定的监察机关申请复审。复审机关应当依法受理，并在受理后一个月以内作出复审决定。监察对象对复审决定仍不服的，可以在收到复审决定之日起一个月以内，向上一级监察机关申请复核。复核机关应当依法受理，并在受理后二个月以内作出复核决定。 上一级监察机关的复核决定和国家监察委员会的复审、复核决定为最终决定。	**监察法**第四十九条涉及监察对象的救济权。监察对象对于相关处理决定不服的，依法享有复审申请权和复核申请权，但复审和复核期间均不停止原处理决定的执行，这也符合“救济不影响执行”的基本规则。需要注意的是，复审是向作出决定的监察机关提出，复核是向作出再上一级监察机关提出。 **实施条例**第二百一十条明确复审机关和复核机关的受理义务，并规定复审和复核的期限分别为一个月和两个月，且没有延长的情形。同时，强调上一级监察机关的复核决定和国家监察委员会的复审、复核决定为最终决定。 **【相关规定】** 《中国共产党纪律检查机关监督执纪工作规则》（2019 年 1 月 1 日施行）第五十九条。

续表

监察法	实施条例	适用精解
	第二百一十一条 复审、复核机关承办部门应当成立工作组，调阅原案卷宗，必要时可以进行调查取证。承办部门应当集体研究，提出办理意见，经审批作出复审、复核决定。决定应当送达申请人，抄送相关单位，并在一定范围内宣布。 复审、复核期间，不停止原处理决定的执行。复审、复核机关经审查认定处理决定有错误或者不当的，应当依法撤销、变更原处理决定，或者责令原处理机关及时予以纠正。复审、复核机关经审查认定处理决定事实清楚、适用法律正确的，应当予以维持。 坚持复审复核与调查审理分离，原案调查、审理人员不得参与复审复核。	**实施条例**第二百一十一条强调复审和复核工作的组织形式为工作组，坚持集体决策原则，坚持复审复核与调查审理分离原则，原案调查、审理人员应当依法回避，不得参与复审复核，以保证其公正性。复审、复核的结果有两种：一是维持，二是依法撤销、变更原处理决定，或者责令原处理机关及时予以纠正。 **【相关规定】** 《中国共产党纪律检查机关监督执纪工作规则》（2019 年 1 月 1 日施行）第五十九条。
第六章　反腐败国际合作	**第六章　反腐败国际合作**	加强反腐败国际合作，要建立在完善制度、严格执法的基础上。为此，实施条例对监察法原有规定进行了细化，明确了反腐败国际合作的工作职责和领导体制、国（境）内工作、对外合作等事项，以更好地指导实践，更加行之有效地开展反腐败国际合作和追逃追赃等工作，坚决遏制腐败蔓延和腐败分子外逃势头。在此，监察法用了 3 个条文（第五十条至第五十二条）来规定反腐败国际合作；实施条例用了 17 个条文（第二百三十四条至第二百五十条）与之对应加以细化。

续表

监察法	实施条例	适用精解
第五十条 国家监察委员会统筹协调与其他国家、地区、国际组织开展的反腐败国际交流、合作，组织反腐败国际条约实施工作。 **第五十一条** 国家监察委员会组织协调有关方面加强与有关国家、地区、国际组织在反腐败执法、引渡、司法协助、被判刑人的移管、资产追回和信息交流等领域的合作。 **第五十二条** 国家监察委员会加强对反腐败国际追逃追赃和防逃工作的组织协调，督促有关单位做好相关工作： （一）对于重大贪污贿赂、失职渎职等职务犯罪案件，被调查人逃匿到国（境）外，掌握证据比较确凿的，通过开展境外追逃合作，追捕归案； （二）向赃款赃物所在国请求查询、冻结、扣押、没收、追缴、返还涉案资产；	第一节 工作职责和领导体制	**实施条例**第六章第一节共四个条款，规定了监察委员会在反腐败国际合作的工作职责和领导体制。
	第二百三十四条 国家监察委员会统筹协调与其他国家、地区、国际组织开展反腐败国际交流、合作。 国家监察委员会组织《联合国反腐败公约》等反腐败国际条约的实施以及履约审议等工作，承担《联合国反腐败公约》司法协助中央机关有关工作。 国家监察委员会组织协调有关单位建立集中统一、高效顺畅的反腐败国际追逃追赃和防逃协调机制，统筹协调、督促指导各级监察机关反腐败国际追逃追赃等涉外案件办理工作，具体履行下列职责： （一）制定反腐败国际追逃追赃和防逃工作计划，研究工作中的重要问题； （二）组织协调反腐败国际追逃追赃等重大涉外案件办理工作； （三）办理由国家监察委员会管辖的涉外案件； （四）指导地方各级监察机关依法开展涉外案件办理工作；	**监察法**第五十条是关于国家监察委员会统筹协调反腐败国际合作的规定。本条主要包括两个方面的内容：一是统筹协调与其他国家、地区、国际组织开展的反腐败国际交流、合作，二是由国家监察委员会组织反腐败国际条约实施工作。 **监察法**第五十一条是关于国家监察委员会组织协调开展反腐败合作的规定。本条主要包括六个方面内容，即国家监察委员会组织协调有关方面加强与有关国家、地区、国际组织开展反腐败国际合作的六大领域。 **监察法**第五十二条是关于反腐败国际追逃追赃和防逃工作的规定。本条分为三项，第一项规定了追逃，第二项规定了追赃，第三项规定了防逃，共同构成反腐败国际追逃追赃和防逃工作的重要内容。 **实施条例**第二百三十四条是关于国家监察委员会在反腐败国际合作中工作职责的规定。其主要是对监察法第五十条、第五十一条内容的展开，同时也与监察法第五十二条“反腐败国际追逃追赃和防逃工作”相关联。 本条三个条款分别从国家监察委员会统筹协调反腐败国际合作、组织协调开展反腐败合作、组织协调反腐败国际追逃追赃和防逃工作三个方面对监察法这一上位法的规定予以细化，让人可以比较清晰地了解和掌握国家监察委员会在反腐败国际合作中的职能职责。尤其是第三款将国家监察委员会组织协调反腐败国际追逃追赃和防逃工作的八项具体职责进行了一一列举，可以为国家监察委员会的实践操作提供更明确的指导。 **【相关规定】** 《中华人民共和国国际刑事司法协助法》（2018年10月26日）第六条。

续表

监察法	实施条例	适用精解
（三）查询、监控涉嫌职务犯罪的公职人员及其相关人员进出国（境）和跨境资金流动情况，在调查案件过程中设置防逃程序。	（五）汇总和通报全国职务犯罪外逃案件信息和追逃追赃工作信息； （六）建立健全反腐败国际追逃追赃和防逃合作网络； （七）承担监察机关开展国际刑事司法协助的主管机关职责； （八）承担其他与反腐败国际追逃追赃等涉外案件办理工作相关的职责。	
	第二百三十五条 地方各级监察机关在国家监察委员会领导下，统筹协调、督促指导本地区反腐败国际追逃追赃等涉外案件办理工作，具体履行下列职责： （一）落实上级监察机关关于反腐败国际追逃追赃和防逃工作部署，制定工作计划； （二）按照管辖权限或者上级监察机关指定管辖，办理涉外案件； （三）按照上级监察机关要求，协助配合其他监察机关开展涉外案件办理工作； （四）汇总和通报本地区职务犯罪外逃案件信息和追逃追赃工作信息； （五）承担本地区其他与反腐败国际追逃	**实施条例**第二百三十五条是关于地方各级监察机关在国际追逃追赃等涉外案件办理中工作职责的规定。 第一款采用列举的方式详细阐释了地方各级监察机关在国际追逃追赃等涉外案件办理中承担的五项职能。 第二款明确了省级监察委员会应当建立健全本地区反腐败国际追逃追赃和防逃工作的协调机制。 第三款规定国家监察委员会派驻（派出）机构、监察专员参照第一款规定，统筹协调、督促指导所在部门反腐败国际追逃追赃等涉外案件办理工作。

续表

监察法	实施条例	适用精解
	追赃等涉外案件办理工作相关的职责。 省级监察委员会应当会同有关单位，建立健全本地区反腐败国际追逃追赃和防逃协调机制。 国家监察委员会派驻或者派出的监察机构、监察专员统筹协调、督促指导本部门反腐败国际追逃追赃等涉外案件办理工作，参照第一款规定执行。	
	第二百三十六条 国家监察委员会国际合作局归口管理监察机关反腐败国际追逃追赃等涉外案件办理工作。地方各级监察委员会应当明确专责部门，归口管理本地区涉外案件办理工作。 国家监察委员会派驻或者派出的监察机构、监察专员和地方各级监察机关办理涉外案件中有关执法司法国际合作事项，应当逐级报送国家监察委员会审批。由国家监察委员会依法直接或者协调有关单位与有关国家（地区）相关机构沟通，以双方认可的方式实施。	**实施条例**第二百三十六条是关于反腐败国际追逃追赃等涉外案件办理工作归口管理和审批制度的规定。 第一款强调反腐败国际追逃追赃等涉外案件办理工作应归口管理，国家层面由国家监察委员会国际合作局归口管理；地方层面则由地方各级监察委员会明确专责部门进行归口管理。 第二款明确了审批制度，要求无论是国家监察委员会派驻或者派出的监察机构、监察专员，还是地方各级监察机关，在办理涉外案件中有关执法司法国际合作事项，都要逐级报送国家监察委员会审批。国家监察委员出面组织与有关国家（地区）相关机构协调沟通，采用双方都认可的方式来具体实施。

续表

监察法	实施条例	适用精解
	第二百三十七条 监察机关应当建立追逃追赃和防逃工作内部联络机制。承办部门在调查过程中，发现被调查人或者重要涉案人员外逃、违法所得及其他涉案财产被转移到境外的，可以请追逃追赃部门提供工作协助。监察机关将案件移送人民检察院审查起诉后，仍有重要涉案人员外逃或者未追缴的违法所得及其他涉案财产的，应当由追逃追赃部门继续办理，或者由追逃追赃部门指定协调有关单位办理。	**实施条例**第二百三十七条是关于反腐败国际追逃追赃和防逃工作建立内部联络机制的规定，主要是明确监察机关内部围绕这一工作的分工和职责。
	第二节　国（境）内工作	第二节共七个条款，规定了监察机关在国（境）内开展的反腐败国际追逃追赃和防逃的具体工作事项。
	第二百三十八条 监察机关应当将防逃工作纳入日常监督内容，督促相关机关、单位建立健全防逃责任机制。 监察机关在监督、调查工作中，应当根据情况制定对监察对象、重要涉案人员的防逃方案，防范人员外逃和资金外流风险。监察机关应当会同同级组织人事、外事、公安、移民管理等单位健全防逃预警机制，对存在外逃风险的监察对象早发现、早报告、早处置。	**实施条例**第二百三十八条是关于监察机关做好防逃工作的规定。 第一款强调防逃工作属于监察机关日常监督的范畴，相关机关和单位要在监察机关的督促下建立健全防逃责任机制，切实抓好抓实防逃工作。 第二款强调监察机关应该在监督、调查工作中制定具体的防逃方案，并会同有关单位健全防逃预警机制。

续表

监察法	实施条例	适用精解
	第二百三十九条 监察机关应当加强与同级人民银行、公安等单位的沟通协作，推动预防、打击利用离岸公司和地下钱庄等向境外转移违法所得及其他涉案财产，对涉及职务违法和职务犯罪的行为依法进行调查。	**实施条例**第二百三十九条是关于监察机关和其他单位加强沟通协作、遏制利用离岸公司向境外转移违法所得等活动的规定。
	第二百四十条 国家监察委员会派驻或者派出的监察机构、监察专员和地方各级监察委员会发现监察对象出逃、失踪、出走，或者违法所得及其他涉案财产被转移至境外的，应当在二十四小时以内将有关信息逐级报送至国家监察委员会国际合作局，并迅速开展相关工作。	**实施条例**第二百四十条是关于监察机关在监督调查工作中，当有人或物通过出国（境）逃避监管时，应当逐级上报信息的规定。本条明确了有关信息上报的时限是二十四小时。
	第二百四十一条 监察机关追逃追赃部门统一接收巡视巡察机构、审计机关、行政执法部门、司法机关等单位移交的外逃信息。 监察机关对涉嫌职务违法和职务犯罪的外逃人员，应当明确承办部门，建立案件档案。	**实施条例**第二百四十一条是关于监察机关在防逃工作中信息统一管理和档案管理的规定。 第一款强调由监察机关追逃追赃部门统一接收各有关单位移交的外逃信息。 第二款强调对于涉嫌职务违法和职务犯罪的外逃人员，监察机关的承办部门要明确，且应该建立专门的案件档案。
	第二百四十二条 监察机关应当依法全面收集外逃人员涉嫌职务违法和职务犯罪证据。	**实施条例**第二百四十二条是关于监察机关在收集外逃人员涉嫌职务违法和职务犯罪证据时，程序上要做到依法收集、内容上要做到全面收集的规定。

续表

监察法	实施条例	适用精解
	第二百四十三条 开展反腐败国际追逃追赃等涉外案件办理工作，应当把思想教育贯穿始终，落实宽严相济刑事政策，依法适用认罪认罚从宽制度，促使外逃人员回国投案或者配合调查、主动退赃。开展相关工作，应当尊重所在国家（地区）的法律规定。	**实施条例**第二百四十三条是关于监察机关在追逃追赃工作中做好思想教育、落实宽严相济刑事政策的规定。同时，本条还强调了监察机关涉外案件办理应该尊重所在地的法律规定，避免产生纠纷。 **【相关规定】** 1.《中华人民共和国刑法》（2020 年 12 月 26 日）第六十七条第一款； 2.《中国共产党纪律检查机关监督执纪工作规则》（2019 年 1 月 1 日施行）第三条第三项。
	第二百四十四条 外逃人员归案、违法所得及其他涉案财产被追缴后，承办案件的监察机关应当将情况逐级报送国家监察委员会国际合作局。监察机关应当依法对涉案人员和违法所得及其他涉案财产作出处置，或者请有关单位依法处置。对不需要继续采取相关措施的，应当及时解除或者撤销。	**实施条例**第二百四十四条是关于监察机关追缴涉案财产后逐级上报以及涉案财产处置的规定。 **【相关规定】** 1.《中华人民共和国刑事诉讼法》（2018 年 10 月 26 日）第三百零一条； 2.《人民检察院刑事诉讼规则》（2019 年 12 月 30 日）第五百三十二条； 3.《中华人民共和国监察法》（2018 年 3 月 20 日）第五十二条。
	第三节 对外合作	第三节共六个条款，规定了监察机关开展反腐败国际追逃追赃和防逃工作的对外合作事项。
	第二百四十五条 监察机关对依法应当留置或者已经决定留置的外逃人员，需要申请发布国际刑警组织红色通报的，应当逐级报送国家监察委员会审核。国家监察委员会审核后，依法通过公安部向国际	**实施条例**第二百四十五条是关于监察机关申请发布、延期、暂停、撤销红色通报的规定。 第一款强调对于符合条件的外逃人员，监察机关需要申请发布红色通报的，必须逐级上报，经由国家监察委员会审核之后，依法通过公安部向国际刑警组织提出申请。 第二款明确延期、暂停、撤销红色通报的程序和发布程序同样需要逐级报送至国家监委。

续表

监察法	实施条例	适用精解
	刑警组织提出申请。 需要延期、暂停、撤销红色通报的，申请发布红色通报的监察机关应当逐级报送国家监察委员会审核，由国家监察委员会依法通过公安部联系国际刑警组织办理。	
	第二百四十六条 地方各级监察机关通过引渡方式办理相关涉外案件的，应当按照引渡法、相关双边及多边国际条约等规定准备引渡请求书及相关材料，逐级报送国家监察委员会审核。由国家监察委员会依法通过外交等渠道向外国提出引渡请求。	**实施条例**第二百四十六条是关于地方各级监察机关通过引渡方式办理涉外案件的规定。 **【相关规定】** 《中华人民共和国引渡法》（2000 年 12 月 28 日）第二条、第三条、第四条、第四十七条、第四十八条、第四十九条、第五十条、第五十一条。
	第二百四十七条 地方各级监察机关通过刑事司法协助方式办理相关涉外案件的，应当按照国际刑事司法协助法、相关双边及多边国际条约等规定准备刑事司法协助请求书及相关材料，逐级报送国家监察委员会审核。由国家监察委员会依法直接或者通过对外联系机关等渠道，向外国提出刑事司法协助请求。 国家监察委员会收到外国提出的刑事司法协助请求书及所附材料，经审查认为符合有	**实施条例**第二百四十七条是关于监察机关通过刑事司法协助方式办理涉外案件的规定。 第一款强调的是地方各级监察机关通过刑事司法协助方式办理相关涉外案件的程序。 第二款明确的是对于其他国家提出的刑事司法协助请求，各级监察机关在办理过程中应当开展的具体工作。 **【相关规定】** 《中华人民共和国国际刑事司法协助法》（2018 年 10 月 26 日）第二条、第五条、第六条第一款、第九条至第十二条、第二十条、第二十一条、第二十五条至第二十七条、第三十一条至第三十五条、第三十九条至第四十一条、第四十七条至第四十九条、第六十二条至第六十六条。

续表

监察法	实施条例	适用精解
	关规定的，作出决定并交由省级监察机关执行，或者转交其他有关主管机关。省级监察机关应当立即执行，或者交由下级监察机关执行，并将执行结果或者妨碍执行的情形及时报送国家监察委员会。在执行过程中，需要依法采取查询、调取、查封、扣押、冻结等措施或者需要返还涉案财物的，根据我国法律规定和国家监察委员会的执行决定办理有关法律手续。	
	第二百四十八条 地方各级监察机关通过执法合作方式办理相关涉外案件的，应当将合作事项及相关材料逐级报送国家监察委员会审核。由国家监察委员会依法直接或者协调有关单位，向有关国家（地区）相关机构提交并开展合作。	**实施条例**第二百四十八条是关于地方各级监察机关通过执法合作方式办理涉外案件的规定。
	第二百四十九条 地方各级监察机关通过境外追诉方式办理相关涉外案件的，应当提供外逃人员相关违法线索和证据，逐级报送国家监察委员会审核。由国家监察委员会依法直接或者协调有关单位向有关国家（地区）相关机构提交，请其依法对	**实施条例**第二百四十九条是关于地方各级监察机关通过境外追诉方式办理涉外案件的规定。 **【相关规定】** 1.《中华人民共和国刑法》（2020年12月26日）第十条； 2.《中华人民共和国国际刑事司法协助法》（2018年10月26日）第六十二条至第六十六条。

续表

监察法	实施条例	适用精解
	外逃人员调查、起诉和审判，并商有关国家（地区）遣返外逃人员。	
	第二百五十条 监察机关对依法应当追缴的境外违法所得及其他涉案财产，应当责令涉案人员以合法方式退赔。涉案人员拒不退赔的，可以依法通过下列方式追缴： （一）在开展引渡等追逃合作时，随附请求有关国家（地区）移交相关违法所得及其他涉案财产； （二）依法启动违法所得没收程序，由人民法院对相关违法所得及其他涉案财产作出冻结、没收裁定，请有关国家（地区）承认和执行，并予以返还； （三）请有关国家（地区）依法追缴相关违法所得及其他涉案财产，并予以返还； （四）通过其他合法方式追缴。	**实施条例**第二百五十条是关于监察机关反腐败国际追赃的规定。本条采用列举式，列明了监察机关在反腐败国际追赃中可以采取的几种追缴方式。 **【相关规定】** 《中华人民共和国刑事诉讼法》（2018年10月26日）第二百九十八条至第三百零一条。
第七章 对监察机关和监察人员的监督	**第七章 对监察机关和监察人员的监督**	监督无禁区，监督别人的人，更应该受到监督。监察机关权力较大，如何有效防止“灯下黑”，这就需要从完善制度、健全体制、创新机制等多个角度多措并举。实施条例在监察法的基础上，进一步作出了相关规定，有利于对监察机关和监察人员形成有效的多维监督，打造忠诚干净担当的监察队伍。

续表

监察法	实施条例	适用精解
第五十三条第一款　各级监察委员会应当接受本级人民代表大会及其常务委员会的监督。	**第二百五十一条**　监察机关和监察人员必须自觉坚持党的领导，在党组织的管理、监督下开展工作，依法接受本级人民代表大会及其常务委员会的监督，接受民主监督、司法监督、社会监督、舆论监督，加强内部监督制约机制建设，确保权力受到严格的约束和监督。	**监察法**第五十三条是关于监察机关接受人大监督的规定。其中第一款规定了各级监察委员会都要接受本级人民代表大会及其常务委员会的监督。 **实施条例**第二百五十一条是关于监察机关和监察人员自觉坚持党的领导，加强权力约束与监督的规定。其立法依据是监察法第五十三条，明确将“坚持党的领导”写进了条文，而且强调了对监察机关的监督既有外部监督又有内部监督。 **【相关规定】** 1.《中华人民共和国宪法》（2018 年 3 月 11 日）第三条第三款、第六十七条第六项、第一百零四条、第一百二十六条； 2.《中华人民共和国监察法》（2018 年 3 月 20 日）第五十四条、第五十五条； 3.《中华人民共和国监察官法》（2021 年 8 月 20 日）第二条、第十条第一项； 4.《中国共产党纪律检查机关监督执纪工作规则》（2019 年 1 月 1 日施行）第六十条。
第五十三条第二款　各级人民代表大会常务委员会听取和审议本级监察委员会的专项工作报告，组织执法检查。	**第二百五十二条**　各级监察委员会应当按照监察法第五十三条第二款规定，由主任在本级人民代表大会常务委员会全体会议上报告专项工作。 在报告专项工作前，应当与本级人民代表大会有关专门委员会沟通协商，并配合开展调查研究等工作。各级人民代表大会常务委员会审议专项工作报告时，本级监察委员会应当根据要求派出领导成员列席相关会议，听取意见。	**监察法**第五十三条第二款是关于人大常委会对监察机关两种监督方式的规定。第一种是专项工作报告，第二种是执法检查。 **实施条例**第二百五十二条是关于监察机关向同级人大常委会做专项工作报告的规定。 第一款规定各级监察委员会主任应当在本级人大常委会全体会议上报告专项工作。 第二款规定报告专项工作前，监察机关应与人大常委会有关专门委员会沟通协商，配合调查研究。人大常委会审议专项工作报告，监察机关应当根据要求派出领导成员列席会议听取意见。 第三款强调监察机关应该在认真研究的基础上书面报告对人大常委会审议意见的办理情况。这有助于避免人大常委会监督流于形式。 **【相关规定】** 《中华人民共和国各级人民代表大会常务委员会监督法》（2006 年 8 月 27 日）第八条至

续表

监察法	实施条例	适用精解
	各级监察委员会应当认真研究办理本级人民代表大会常务委员会反馈的审议意见，并按照要求书面报告办理情况。 **第二百五十三条** 各级监察委员会应当积极接受、配合本级人民代表大会常务委员会组织的执法检查。对本级人民代表大会常务委员会的执法检查报告，应当认真研究处理，并向其报告处理情况。	第十四条。 **实施条例**第二百五十三条是关于各级监察机关积极接受、配合同级人大常委会执法检查的规定。 **【相关规定】** 《中华人民共和国各级人民代表大会常务委员会监督法》（2006年8月27日）第二十二条、第二十三条、第二十六条、第二十七条。
第五十三条第三款 县级以上各级人民代表大会及其常务委员会举行会议时，人民代表大会代表或者常务委员会组成人员可以依照法律规定的程序，就监察工作中的有关问题提出询问或者质询。	**第二百五十四条** 各级监察委员会在本级人民代表大会常务委员会会议审议与监察工作有关的议案和报告时，应当派相关负责人到会听取意见，回答询问。 监察机关对依法交由监察机关答复的质询案应当按照要求进行答复。口头答复的，由监察机关主要负责人或者委派相关负责人到会答复。书面答复的，由监察机关主要负责人签署。	**监察法**第五十三条第三款是关于人大常委会对监察机关提出询问、质询两种监督方式的规定。 **实施条例**第二百五十四条是关于监察机关接受同级人大常委会询问和质询的规定。 第一款规定各级人大常委会审议与监察工作有关的议案和报告时，监察机关应派人到会听取意见，回答询问。 第二款规定对于人大常委会提出的质询案，监察机关应按照要求予以答复。 **【相关规定】** 1.《中华人民共和国各级人民代表大会常务委员会监督法》（2006年8月27日）第三十四条至第三十八条； 2.《全国人民代表大会议事规则》（2021年3月11日）第四十七条至第五十条； 3.《中华人民共和国地方各级人民代表大会和地方各级人民政府组织法》（2015年8月29日）第二十八条、第四十七条。
第五十四条 监察机关应当依法公开监察工作信息，	**第二百五十五条** 各级监察机关应当通过互联网政务媒体、报刊、	**监察法**第五十四条是关于监察机关依法公开工作信息、接受外部监督的规定。 **实施条例**第二百五十五条是关于监察机关

续表

监察法	实施条例	适用精解
接受民主监督、社会监督、舆论监督。	广播、电视等途径，向社会及时准确公开下列监察工作信息： （一）监察法规； （二）依法应当向社会公开的案件调查信息； （三）检举控告地址、电话、网站等信息； （四）其他依法应当公开的信息。	依法向社会公开监察工作信息的规定。本条用列举的方式对监察法的规定予以细化，更加清晰地说明了应该向社会公开的监察信息的范围，有利于监察工作的法治化、规范化，也更有利于监察工作接受社会监督。 **【相关规定】** 1.《中华人民共和国宪法》（2018 年 3 月 11 日）第四十一条第一款； 2.《中国共产党党务公开条例（试行）》（2017 年 12 月 20 日施行）第十二条； 3.《纪检监察机关处理检举控告工作规则》（2020 年 1 月 21 日）第八条第一款。
	第二百五十六条 各级监察机关可以根据工作需要，按程序选聘特约监察员履行监督、咨询等职责。特约监察员名单应当向社会公布。 监察机关应当为特约监察员依法开展工作提供必要条件和便利。	**实施条例**第二百五十六条是关于监察机关选聘特约监察员的规定。特约监察员主要履行监督、咨询等职责。 第一款规定各级监察机关可以按需选聘特约监察员，名单要向社会公开。 第二款规定监察机关为特约监察员依法开展工作提供相应保障。 **【相关规定】** 1.《中华人民共和国监察官法》（2021 年 8 月 20 日）第四十五条； 2.《国家监察委员会特约监察员工作办法》（2018 年 8 月 24 日）第二条、第四条至第十条、第十二条、第十三条。
第五十五条 监察机关通过设立内部专门的监督机构等方式，加强对监察人员执行职务和遵守法律情况的监督，建设忠诚、干净、担当的监察队伍。	**第二百五十八条** 监察机关应当建立监督检查、调查、案件监督管理、案件审理等部门相互协调制约的工作机制。 监督检查和调查部门实行分工协作、相互制约。监督检查部门主要负责联系地区、部门、单位的日常监督检查和对涉嫌一般违法问题线索处置。调查部门	**监察法**第五十五条是关于监察机关内部监督的规定。 **实施条例**第二百五十八条是关于监察机关建立内部监督管理机制的规定。 第一款规定监察机关应当建立相关内设机构之间相互协调制约的工作机制。 第二款规定监察机关监督检查部门和调查部门在线索处置方面的具体分工。涉嫌一般违法问题的线索，由监督检查部门处置；涉嫌严重违法犯罪的，由调查部门处置。 第三款规定监察机关案件监督管理部门的综合协调职责以及对办案行为进行监督的职责。

续表

监察法	实施条例	适用精解
	主要负责对涉嫌严重职务违法和职务犯罪问题线索进行初步核实和立案调查。 案件监督管理部门负责对监督检查、调查工作全过程进行监督管理，做好线索管理、组织协调、监督检查、督促办理、统计分析等工作。案件监督管理部门发现监察人员在监督检查、调查中有违规办案行为的，及时督促整改；涉嫌违纪违法的，根据管理权限移交相关部门处理。	**【相关规定】** 1.《中华人民共和国监察法》（2018 年 3 月 20 日）第三十六条； 2.《中国共产党纪律检查机关监督执纪工作规则》（2019 年 1 月 1 日施行）第十一条第一款、第十二条、第二十三条； 3.《纪检监察机关处理检举控告工作规则》（2020 年 1 月 21 日）第十九条。
	第二百五十九条 监察机关应当对监察权运行关键环节进行经常性监督检查，适时开展专项督查。案件监督管理、案件审理等部门应当按照各自职责，对问题线索处置、调查措施使用、涉案财物管理等进行监督检查，建立常态化、全覆盖的案件质量评查机制。	**实施条例**第二百五十九条是关于监察机关对监察权运行关键环节进行经常性监督检查和适时开展专项督查的规定，明确指出责任部门是监察机关内设的案件监督管理部门和案件审理部门等。 **【相关规定】** 《中国共产党纪律检查机关监督执纪工作规则》（2019 年 1 月 1 日施行）第七十三条第二款。
	第二百六十条 监察机关应当加强对监察人员执行职务和遵纪守法情况的监督，按照管理权限依法对监察人员涉嫌违法犯罪问题进行调查处置。	**实施条例**第二百六十条是关于监察机关加强对监察人员内部监督的规定。 **【相关规定】** 1.《中华人民共和国监察官法》（2021 年 8 月 20 日）第四十二条、第四十三条、第四十四条、第五十二条至第五十四条； 2.《中华人民共和国公职人员政务处分法》（2020 年 6 月 20 日）第六十三条； 3.《中国共产党纪律检查机关监督执纪工作规则》（2019 年 1 月 1 日施行）第七十一条。

续表

监察法	实施条例	适用精解
	第二百六十一条 监察机关及其监督检查、调查部门负责人应当定期检查调查期间的录音录像、谈话笔录、涉案财物登记资料，加强对调查全过程的监督，发现问题及时纠正并报告。	**实施条例**第二百六十一条是关于监察机关通过定期检查证据及档案材料的方式，加强对调查全过程监督的规定。 **【相关规定】** 《中国共产党纪律检查机关监督执纪工作规则》(2019 年 1 月 1 日施行) 第四十八条、第五十条。
第五十六条 监察人员必须模范遵守宪法和法律，忠于职守、秉公执法，清正廉洁、保守秘密；必须具有良好的政治素质，熟悉监察业务，具备运用法律、法规、政策和调查取证等能力，自觉接受监督。	**第二百五十七条** 监察机关实行严格的人员准入制度，严把政治关、品行关、能力关、作风关、廉洁关。监察人员必须忠诚坚定、担当尽责、遵纪守法、清正廉洁。	**监察法**第五十六条是关于监察人员在守法义务和业务能力等方面要求的规定。 **实施条例**第二百五十七条是关于监察机关严格人员准入制度的规定。同时，也对监察人员应当具备的基本素质作了原则性规定。 **【相关规定】** 1.《中华人民共和国监察官法》(2021 年 8 月 20 日) 第四条、第七条、第十条、第十二条、第十三条、第二十七条、第三十七条； 2.《中华人民共和国公务员法》(2018 年 12 月 29 日) 第七条； 3.《中国共产党纪律检查机关监督执纪工作规则》(2019 年 1 月 1 日施行) 第六十一条至第六十三条。
第五十七条 对于监察人员打听案情、过问案件、说情干预的，办理监察事项的监察人员应当及时报告。有关情况应当登记备案。 发现办理监察事项的监察人员未经批准接触被调查人、涉案人员及其特定关系人，或者存在交往情形的，知情人应当及时报	**第二百六十二条** 对监察人员打听案情、过问案件、说情干预的，办理监察事项的监察人员应当及时向上级负责人报告。有关情况应当登记备案。 发现办理监察事项的监察人员未经批准接触被调查人、涉案人员及其特定关系人，或者存在交往情形的，知情的监察人员应当及时向上级负责人报告。有关情况应当登记备案。	**监察法**第五十七条是关于办理监察事项报告备案的规定。 **实施条例**第二百六十二条是关于插手干预监察事项登记备案的规定。 第一款规定的是对监察人员插手干预案件的处理。 第二款规定的是对监察人员违规接触有关人员的处理。 **【相关规定】** 1.《中华人民共和国监察官法》(2021 年 8 月 20 日) 第四十六条； 2.《中国共产党纪律处分条例》(2018 年 8 月 18 日) 第一百二十七条第一款； 3.《中国共产党纪律检查机关监督执纪工作规则》(2019 年 1 月 1 日施行) 第六十四条。

续表

监察法	实施条例	适用精解
告。有关情况应当登记备案。		
第五十八条 办理监察事项的监察人员有下列情形之一的，应当自行回避，监察对象、检举人及其他有关人员也有权要求其回避： （一）是监察对象或者检举人的近亲属的； （二）担任过本案的证人的； （三）本人或者其近亲属与办理的监察事项有利害关系的； （四）有可能影响监察事项公正处理的其他情形的。	**第二百六十三条** 办理监察事项的监察人员有监察法第五十八条所列情形之一的，应当自行提出回避；没有自行提出回避的，监察机关应当依法决定其回避，监察对象、检举人及其他有关人员也有权要求其回避。 选用借调人员、看护人员、调查场所，应当严格执行回避制度。	**监察法**第五十八条是关于回避制度的规定。 **实施条例**第二百六十三条是关于回避制度的具体规定。 第一款规定办理监察事项的监察人员应按照监察法第五十八条的规定严格执行回避制度。 第二款强调回避制度同样适用于选用借调人员、看护人员、调查场所。 **【相关规定】** 1.《中华人民共和国监察官法》（2021年8月20日）第四十七条； 2.《中华人民共和国公职人员政务处分法》（2020年6月20日）第四十七条； 3.《中华人民共和国公务员法》（2018年12月29日）第七十六条、第七十八条； 4.《公务员回避规定》（2020年12月28日）第十三条、第十四条； 5.《中国共产党纪律检查机关监督执纪工作规则》（2019年1月1日施行）第六十五条； 6.《纪检监察机关处理检举控告工作规则》（2020年1月21日）第四十八条。
	第二百六十四条 监察人员自行提出回避，或者监察对象、检举人及其他有关人员要求监察人员回避的，应当书面或者口头提出，并说明理由。口头提出的，应当形成记录。 监察机关主要负责人的回避，由上级监察机关主要负责人决定；其他监察人员的回避，由本级监察机关主要负责人决定。	**实施条例**第二百六十四条是关于回避程序的规定。其上位法依据是监察法第五十八条。 第一款规定回避的提出方式。 第二款规定回避的决定。 **【相关规定】** 1.《中华人民共和国公职人员政务处分法》（2020年6月20日）第四十八条； 2.《中华人民共和国公务员法》（2018年12月29日）第七十七条； 3.《公务员回避规定》（2020年12月28日）第十五条。

续表

监察法	实施条例	适用精解
	第二百六十五条 上级监察机关应当通过专项检查、业务考评、开展复查等方式，强化对下级监察机关及监察人员执行职务和遵纪守法情况的监督。	**实施条例**第二百六十五条是关于上级监察机关强化对下级监察机关监督的规定，明确指出通过专项检查、业务考评、开展复查等监督方式有效监督执行职务和遵纪守法情况。可参见监察法第十条。 **【相关规定】** 1.《中华人民共和国宪法》（2018 年 3 月 11 日）第一百二十五条、第一百二十六条； 2.《中华人民共和国监察法》（2018 年 3 月 20 日）第十条； 3.《中国共产党纪律检查机关监督执纪工作规则》（2019 年 1 月 1 日施行）第十九条。
	第二百六十六条 监察机关应当对监察人员有计划地进行政治、理论和业务培训。培训应当坚持理论联系实际、按需施教、讲求实效，突出政治机关特色，建设高素质专业化监察队伍。	**实施条例**第二百六十六条是关于监察人员培训的规定。 **【相关规定】** 1.《中华人民共和国宪法》（2018 年 3 月 11 日）第二十七条第一款； 2.《中华人民共和国监察官法》（2021 年 8 月 20 日）第二十九条至第三十二条； 3.《中华人民共和国公务员法》（2018 年 12 月 29 日）第六十六条至第六十八条； 4.《公务员培训规定》（2019 年 11 月 26 日）第二条、第六条、第七条、第十条、第十一条、第十二条； 5.《干部教育培训工作条例》（2015 年 10 月 14 日施行）第十四条、第十九条至第二十三条。
	第二百六十七条 监察机关应当严格执行保密制度，控制监察事项知悉范围和时间。监察人员不准私自留存、隐匿、查阅、摘抄、复制、携带问题线索和涉案资料，严禁泄露监察工作秘密。 监察机关应当建立健全检举控告保密制度，	**实施条例**第二百六十七条是关于监察机关保密制度的规定。可参见监察法第十八条第二款。 第一款规定监察机关和监察人员必须严格执行保密制度。 第二款强调监察机关尤其要建立健全检举控告保密制度，切实保护好检举控告人。 **【相关规定】** 1.《中华人民共和国监察法》（2018 年 3 月 20 日）第十八条第二款； 2.《中华人民共和国保守国家秘密法》（2010

续表

监察法	实施条例	适用精解
	对检举控告人的姓名（单位名称）、工作单位、住址、电话和邮箱等有关情况以及检举控告内容必须严格保密。	年4月29日）第六条、第七条、第十二条、第十四条至第十六条、第二十一条、第二十五条、第三十条、第三十七条、第三十九条、第四十条； 3.《中华人民共和国监察官法》（2021年8月20日）第十条第六项、第四十八条第一款； 4.《中华人民共和国公务员法》（2018年12月29日）第十四条第五项； 5.《纪检监察机关处理检举控告工作规则》（2020年1月21日）第四十七条； 6.《中国共产党纪律检查机关监督执纪工作规则》（2019年1月1日施行）第六十七条。
第五十九条第一款 监察机关涉密人员离岗离职后，应当遵守脱密期管理规定，严格履行保密义务，不得泄露相关秘密。	**第二百六十八条** 监察机关涉密人员离岗离职后，应当遵守脱密期管理规定，严格履行保密义务，不得泄露相关秘密。	**监察法**第五十九条第一款与**实施条例**第二百六十八条是关于监察机关涉密人员脱密期管理的规定。 **【相关规定】** 1.《中华人民共和国保守国家秘密法》（2010年4月29日）第三十八条； 2.《中华人民共和国监察官法》（2021年8月20日）第四十八条第二款； 3.《中华人民共和国公务员法》（2018年12月29日）第八十六条第二项； 4.《中国共产党纪律检查机关监督执纪工作规则》（2019年1月1日施行）第六十八条第一款； 5.《公务员辞退规定》（2020年12月28日）第十四条。
第五十九条第二款 监察人员辞职、退休三年内，不得从事与监察和司法工作相关联且可能发生利益冲突的职业。	**第二百六十九条** 监察人员离任三年以内，不得从事与监察和司法工作相关联且可能发生利益冲突的职业。 监察人员离任后，不得担任原任职监察机关办理案件的诉讼代理人或者辩护人，但是作为当事人的监护人或者	**监察法**第五十九条第二款是关于监察人员辞退、退休后从业限制的规定。 **实施条例**第二百六十九条是关于监察人员离任后从业限制的规定。 第一款规定监察人员离任后的职业限制。 第二款强调监察人员离任后作为案件诉讼代理人或者辩护人的限制。 **【相关规定】** 1.《中华人民共和国监察官法》（2021年8月20日）第四十九条；

续表

监察法	实施条例	适用精解
	近亲属代理诉讼或者进行辩护的除外。	2.《中华人民共和国公务员法》（2018年12月29日）第一百零七条； 3.《中国共产党纪律检查机关监督执纪工作规则》（2019年1月1日施行）第六十八条第二款； 4.《公务员辞退规定》（2020年12月28日）第十六条； 5.《聘任制公务员管理规定（试行）》（2017年9月19日）第三十八条。
	第二百七十条　监察人员应当严格遵守有关规范领导干部配偶、子女及其配偶经商办企业行为的规定。	**实施条例**第二百七十条是关于规范监察人员配偶、子女及其配偶经商办企业行为的规定。 **【相关规定】** 1.《中华人民共和国监察官法》（2021年8月20日）第五十条、第五十一条； 2.《中华人民共和国公务员法》（2018年12月29日）第七十四条第二款； 3.《中国共产党组织处理规定（试行）》（2021年3月19日）第七条第十三项； 4.《中国共产党党内监督条例》（2016年10月27日）第十四条； 5.《中国共产党纪律处分条例》（2018年8月18日）第九十七条； 6.《国有企业领导人员廉洁从业若干规定》（2009年7月1日）第六条。
	第二百七十一条　监察机关在履行职责过程中应当依法保护企业产权和自主经营权，严禁利用职权非法干扰企业生产经营。需要企业经营者协助调查的，应当依法保障其合法的人身、财产等权益，避免或者减少对涉案企业正常生产、经营活动的影响。 查封企业厂房、机	**实施条例**第二百七十一条是关于监察机关履职过程中严禁非法干扰企业生产经营的规定。 第一款强调监察机关履职中要注意优化营商环境。 第二款强调监察机关对涉案企业慎重采取查封、扣押等措施。 **【相关规定】** 《优化营商环境条例》（2019年10月22日）第十一条、第十四条。

续表

监察法	实施条例	适用精解
	器设备等生产资料，企业继续使用对该财产价值无重大影响的，可以允许其使用。对于正在运营或者正在用于科技创新、产品研发的设备和技术资料等，一般不予查封、扣押，确需调取违法犯罪证据的，可以采取拍照、复制等方式。	
第六十条 监察机关及其工作人员有下列行为之一的，被调查人及其近亲属有权向该机关申诉： （一）留置法定期限届满，不予以解除的； （二）查封、扣押、冻结与案件无关的财物的； （三）应当解除查封、扣押、冻结措施而不解除的； （四）贪污、挪用、私分、调换以及违反规定使用查封、扣押、冻结的财物的； （五）其他违反法律法规、侵害被调查人合法权益的行为。 受理申诉的监察机关应当在受理申诉之日起一个月	**第二百七十二条** 被调查人及其近亲属认为监察机关及监察人员存在监察法第六十条第一款规定的有关情形，向监察机关提出申诉的，由监察机关案件监督管理部门依法受理，并按照法定的程序和时限办理。	**监察法**第六十条是关于申诉制度的规定。 **实施条例**第二百七十二条是关于申诉制度的规定。实施条例在监察法规定的基础上，明确案件监督管理部门为申诉受理部门。

续表

监察法	实施条例	适用精解
内作出处理决定。申诉人对处理决定不服的，可以在收到处理决定之日起一个月内向上一级监察机关申请复查，上一级监察机关应当在收到复查申请之日起二个月内作出处理决定，情况属实的，及时予以纠正。		
第六十一条 对调查工作结束后发现立案依据不充分或者失实，案件处置出现重大失误，监察人员严重违法的，应当追究负有责任的领导人员和直接责任人员的责任。	**第二百七十三条** 监察机关在维护监督执法调查工作纪律方面失职失责的，依法追究责任。监察人员涉嫌严重职务违法、职务犯罪或者对案件处置出现重大失误的，既应当追究直接责任，还应当严肃追究负有责任的领导人员责任。 监察机关应当建立办案质量责任制，对滥用职权、失职失责造成严重后果的，实行终身责任追究。	**监察法**第六十一条是关于"一案双查"的规定。 **实施条例**第二百七十三条是关于对监察机关及其工作人员违法行使职权的责任追究的规定。可参见监察法第六十五条。 第一款强调对监察机关及其工作人员违法行使职权要依法追究责任、"一案双查"。 第二款强调终身责任追究。 **【相关规定】** 1.《中华人民共和国监察法》（2018年3月20日）第六十五条； 2.《中华人民共和国监察官法》（2021年8月20日）第五十四条； 3.《中国共产党纪律处分条例》（2018年8月18日）第三十七条； 4.《中国共产党问责条例》（2019年9月1日施行）第四条第一款、第六条； 5.《中国共产党纪律检查机关监督执纪工作规则》（2019年1月1日施行）第七十条第二款、第七十三条。
第八章　法律责任	**第八章　法律责任**	违法必追究，违法应担责，这是法治的基本理念。违反监察法的有关规定，不配合监察机关执法的，或者监察机关和监察人员违法执法的，都应该追究相应的法律责任。实施条例在监察法的基础上，对承担法律责任的具体情况进行了细化，使实践中的违法追究更具指导性和操作性。

续表

监察法	实施条例	适用精解
第六十二条 有关单位拒不执行监察机关作出的处理决定，或者无正当理由拒不采纳监察建议的，由其主管部门、上级机关责令改正，对单位给予通报批评；对负有责任的领导人员和直接责任人员依法给予处理。 **第六十三条** 有关人员违反本法规定，有下列行为之一的，由其所在单位、主管部门、上级机关或者监察机关责令改正，依法给予处理： （一）不按要求提供有关材料，拒绝、阻碍调查措施实施等拒不配合监察机关调查的； （二）提供虚假情况，掩盖事实真相的； （三）串供或者伪造、隐匿、毁灭证据的； （四）阻止他人揭发检举、提供证据的； （五）其他违反本法规定的行为，情节严重的。	**第二百七十四条** 有关单位拒不执行监察机关依法作出的下列处理决定的，应当由其主管部门、上级机关责令改正，对单位给予通报批评，对负有责任的领导人员和直接责任人员依法给予处理： （一）政务处分决定； （二）问责决定； （三）谈话提醒、批评教育、责令检查，或者予以诫勉的决定； （四）采取调查措施的决定； （五）复审、复核决定； （六）监察机关依法作出的其他处理决定。	**监察法**第六十二条是关于对拒不执行处理决定或者无正当理由拒不采纳监察建议给予处理的规定。 **监察法**第六十三条是关于对阻碍、干扰监察机关工作的行为进行处理的规定。 **实施条例**第二百七十四条是关于对拒不执行监察机关处理决定给予处理的规定，将监察机关的各种决定予以罗列，有利于指导监察工作实践，也有利于其他单位了解和掌握。 **【相关规定】** 1.《中华人民共和国公职人员政务处分法》（2020年6月20日）第六十一条、第六十二条； 2.《中国共产党纪律处分条例》（2018年8月18日）第七十条、第七十一条。

续表

监察法	实施条例	适用精解
第六十四条 监察对象对控告人、检举人、证人或者监察人员进行报复陷害的；控告人、检举人、证人捏造事实诬告陷害监察对象的，依法给予处理。	**第二百七十五条** 监察对象对控告人、申诉人、批评人、检举人、证人、监察人员进行打击、压制等报复陷害的，监察机关应当依法给予政务处分。构成犯罪的，依法追究刑事责任。	**监察法**第六十四条是关于处理报复陷害和诬告陷害的规定。 **实施条例**第二百七十五条是关于处理报复陷害的规定，明确了报复陷害要受到政务处分甚至刑事制裁。 **【相关规定】** 1.《中华人民共和国宪法》（2018 年 3 月 11 日）第四十一条第二款； 2.《中华人民共和国监察官法》（2021 年 8 月 20 日）第六十四条； 3.《中华人民共和国公职人员政务处分法》（2020 年 6 月 20 日）第六十二条第三项； 4.《中华人民共和国公务员法》（2018 年 12 月 29 日）第五十九条第六项； 5.《中华人民共和国刑法》（2020 年 12 月 26 日）第二百五十四条、第三百零八条； 6.《中华人民共和国刑事诉讼法》（2018 年 10 月 26 日）第六十三条、第八十一条第一款第四项； 7.《纪检监察机关处理检举控告工作规则》（2020 年 1 月 21 日）第三十七条第三项、第四十九条； 8.《中国共产党纪律处分条例》（2018 年 8 月 18 日）第七十九条。
	第二百七十六条 控告人、检举人、证人采取捏造事实、伪造材料等方式诬告陷害的，监察机关应当依法给予政务处分，或者移送有关机关处理。构成犯罪的，依法追究刑事责任。 监察人员因依法履行职责遭受不实举报、诬告陷害、侮辱诽谤，致使名誉受到损害的，监察机关应当会同有关	**实施条例**第二百七十六条是关于处理诬告陷害的规定。 第一款强调诬告陷害要受到政务处分甚或刑事制裁。 第二款强调监察机关应及时为“被污名化”的监察人员正名，并依法追责。 **【相关规定】** 1.《中华人民共和国监察官法》（2021 年 8 月 20 日）第五十八条； 2.《中华人民共和国公职人员政务处分法》（2020 年 6 月 20 日）第五十三条、第六十二条第四项； 3.《中华人民共和国公务员法》（2018 年 12 月 29 日）第九十九条；

续表

监察法	实施条例	适用精解
	部门及时澄清事实，消除不良影响，并依法追究相关单位或者个人的责任。	4.《中华人民共和国刑事诉讼法》（2018年10月26日）第一百一十条第二款； 5.《中华人民共和国治安管理处罚法》（2012年12月26日）第四十二条第三款； 6.《纪检监察机关处理检举控告工作规则》（2020年1月21日）第二十九条、第三十九条至第四十五条； 7.《中国共产党党员权利保障条例》（2020年12月25日）第三十四条。
第六十五条 监察机关及其工作人员有下列行为之一的，对负有责任的领导人员和直接责任人员依法给予处理： …… （六）违反规定发生办案安全事故，或者发生安全事故后隐瞒不报、报告失实、处置不当的； ……	**第二百七十七条** 监察机关应当建立健全办案安全责任制。承办部门主要负责人和调查组组长是调查安全第一责任人。调查组应当指定专人担任安全员。 地方各级监察机关履行管理、监督职责不力发生严重办案安全事故的，或者办案中存在严重违规违纪违法行为的，省级监察机关主要负责人应当向国家监察委员会作出检讨，并予以通报、严肃追责问责。 案件监督管理部门应当对办案安全责任制落实情况组织经常性检查和不定期抽查，发现问题及时报告并督促整改。	**监察法**第六十五条第六项是关于对违反规定发生办案安全事故，或者发生安全事故后隐瞒不报、报告失实、处置不当的行为进行处理的规定。 **实施条例**第二百七十七条是关于建立健全办案安全责任制的规定。 第一款明确了监察机关应当建立健全办案安全责任制，明确了调查安全第一责任人以及调查组指定专人担任安全员。 第二款明确了地方各级监察机关发生严重办案安全事故或者存在严重违规违纪违法行为的处理规定，将办案安全责任压实到省级监察机关。 第三款强调对于办案安全责任制落实情况要进行检查、抽查，并上报问题和督促整改。 **【相关规定】** 1.《中华人民共和国监察法》（2018年3月20日）第四十四条第二款； 2.《中华人民共和国监察官法》（2021年8月20日）第五十二条第一款第九项； 3.《中华人民共和国公职人员政务处分法》（2020年6月20日）第六十三条第八项； 4.《中华人民共和国刑法》（2020年12月26日）第一百三十九条之一； 5.《中国共产党纪律检查机关监督执纪工作规则》（2019年1月1日施行）第二十八条第二款、第四十三条第二款、第七十条。

续表

监察法	实施条例	适用精解
第六十五条 监察机关及其工作人员有下列行为之一的，对负有责任的领导人员和直接责任人员依法给予处理： （一）未经批准、授权处置问题线索，发现重大案情隐瞒不报，或者私自留存、处理涉案材料的； （二）利用职权或者职务上的影响干预调查工作、以案谋私的； （三）违法窃取、泄露调查工作信息，或者泄露举报事项、举报受理情况以及举报人信息的； （四）对被调查人或者涉案人员逼供、诱供，或者侮辱、打骂、虐待、体罚或者变相体罚的； （五）违反规定处置查封、扣押、冻结的财物的； （六）违反规定发生办案安全事故，或者发生安全事故后隐瞒不报、报告失实、处置不当的；	**第二百七十八条** 监察人员在履行职责中有下列行为之一的，依法严肃处理；构成犯罪的，依法追究刑事责任： （一）贪污贿赂、徇私舞弊的； （二）不履行或者不正确履行监督职责，应当发现的问题没有发现，或者发现问题不报告、不处置，造成严重影响的； （三）未经批准、授权处置问题线索，发现重大案情隐瞒不报，或者私自留存、处理涉案材料的； （四）利用职权或者职务上的影响干预调查工作的； （五）违法窃取、泄露调查工作信息，或者泄露举报事项、举报受理情况以及举报人信息的； （六）对被调查人或者涉案人员逼供、诱供，或者侮辱、打骂、虐待、体罚或者变相体罚的； （七）违反规定处置查封、扣押、冻结的财物的； （八）违反规定导致发生办案安全事故，或者发生安全事故后隐	**监察法**第六十五条是关于对监察机关及其工作人员违法行使职权的责任追究的规定。 **实施条例**第二百七十八条是关于监察人员违法行使职权的责任追究的规定。本条罗列了十一种情况（最后一项为兜底条款），更为详尽和细致，能有效指导实践。 **【相关规定】** 1.《中华人民共和国监察官法》（2021年8月20日）第五十二条、第五十三条； 2.《中华人民共和国公务员法》（2018年12月29日）第五十九条； 3.《中国共产党纪律检查机关监督执纪工作规则》（2019年1月1日施行）第七十一条。

续表

监察法	实施条例	适用精解
（七）违反规定采取留置措施的； （八）违反规定限制他人出境，或者不按规定解除出境限制的； （九）其他滥用职权、玩忽职守、徇私舞弊的行为。	瞒不报、报告失实、处置不当的； （九）违反规定采取留置措施的； （十）违反规定限制他人出境，或者不按规定解除出境限制的； （十一）其他职务违法和职务犯罪行为。	
第六十六条 违反本法规定，构成犯罪的，依法追究刑事责任。	**第二百七十九条** 对监察人员在履行职责中存在违法行为的，可以根据情节轻重，依法进行谈话提醒、批评教育、责令检查、诫勉，或者给予政务处分。构成犯罪的，依法追究刑事责任。	**监察法**第六十六条是关于违反该法构成犯罪的，应负刑事责任的规定。 **实施条例**第二百七十九条是关于对监察人员履职中的违法行为进行分类追究的规定。监察人员违法行为的情节轻重是区分处理类型的标准。 **【相关规定】** 《中华人民共和国公务员法》（2018 年 12 月 29 日）第五十七条、第六十一条第一款。
第六十七条 监察机关及其工作人员行使职权，侵犯公民、法人和其他组织的合法权益造成损害的，依法给予国家赔偿。	**第二百八十条** 监察机关及其工作人员在行使职权时，有下列情形之一的，受害人可以申请国家赔偿： （一）采取留置措施后，决定撤销案件的； （二）违法没收、追缴或者违法查封、扣押、冻结财物造成损害的； （三）违法行使职权，造成被调查人、涉案人员或者证人身体伤害或者死亡的； （四）非法剥夺他人人身自由的； （五）其他侵犯公民、法人和其他组织合	**监察法**第六十七条是关于监察机关国家赔偿责任的规定。 **实施条例**第二百八十条是关于监察机关国家赔偿责任的规定。 第一款明确了受害人可以申请监察机关国家赔偿，并对监察法第六十七条的规定予以细化，罗列了五种监察机关国家赔偿的情况（最后一项为兜底条款），更为详尽和细致。 第二款明确了监察机关国家赔偿请求权可以依法继承和转移。 **【相关规定】** 1.《中华人民共和国宪法》（2018 年 3 月 11 日）第四十一条第三款； 2.《中华人民共和国国家赔偿法》（2012 年 10 月 26 日）第三条、第四条、第五条、第十七条至第十九条。

续表

监察法	实施条例	适用精解
	法权益造成损害的。 受害人死亡的，其继承人和其他有扶养关系的亲属有权要求赔偿；受害的法人或者其他组织终止的，其权利承受人有权要求赔偿。	
	第二百八十一条 监察机关及其工作人员违法行使职权侵犯公民、法人和其他组织的合法权益造成损害的，该机关为赔偿义务机关。申请赔偿应当向赔偿义务机关提出，由该机关负责复审复核工作的部门受理。 赔偿以支付赔偿金为主要方式。能够返还财产或者恢复原状的，予以返还财产或者恢复原状。	**实施条例**第二百八十一条是关于申请监察机关国家赔偿责任的规定。 第一款明确了监察机关国家赔偿责任的赔偿义务机关，要求申请赔偿要直接向赔偿义务机关提出。 第二款明确了监察机关国家赔偿的方式。 **【相关规定】** 1.《中华人民共和国国家赔偿法》（2012年10月26日）第二条、第六条、第三十二条至第三十七条； 2.《中华人民共和国人民法院组织法》（2018年10月26日）第三十五条； 3.《最高人民法院关于审理国家赔偿案件确定精神损害赔偿责任适用法律若干问题的解释》（2021年3月24日）第二条、第四条至第七条。
第九章　附　则	**第九章　附　则**	法律法规文本的附则一般规定的是立法授权、特别事项、词语解释、计算标准、释法机关、施行时间、试行期限、废止时间等特别事项，属于带有技术性、程序性和时效性的重要部分。监察法的附则比较常规地规定了军事监察立法的特别授权和新旧法的施行时间、废止时间。实施条例的附则内容较丰富，不仅涉及条例中专有名词的解释，还涉及条例规定的期间的计算方式以及解释机关和施行起始时间等内容。
第六十八条 中国人民解放军和中国人民武装警察部队开展监察工作，		**监察法**第六十八条授权中央军委作为军事立法主体根据该法制定监察工作具体规定，作为监察法的配套法规。这是非常重要的立法授权规定，也是具有特殊组织和行为特性的中国

续表

监察法	实施条例	适用精解
由中央军事委员会根据本法制定具体规定。		人民解放军和中国人民武装警察部队开展监察工作所需的立法工作依据。军事监察工作的具体规定应当依据监察法的立法目的、立法精神和基本原则予以制定。
	第二百八十二条 本条例所称监察机关，包括各级监察委员会及其派驻或者派出监察机构、监察专员。	**实施条例**第二百八十二条是关于本条例所称监察机关名词解释的规定。可参见监察法第七条、第十二条和第十三条。 **【相关规定】** 1.《中华人民共和国监察法》（2018 年 3 月 20 日）第七条、第十二条、第十三条； 2.《中华人民共和国监察官法》（2021 年 8 月 20 日）第三条。
	第二百八十三条 本条例所称“近亲属”，是指夫、妻、父、母、子、女、同胞兄弟姊妹。	**实施条例**第二百八十三条是关于本条例所称“近亲属”名词解释的规定。这与其他法律的规定相一致。 **【相关规定】** 1.《中华人民共和国民法典》（2020 年 5 月 28 日）第一千零四十五条； 2.《中华人民共和国刑事诉讼法》（2018 年 10 月 26 日）第一百零八条第六项。
	第二百八十四条 本条例所称以上、以下、以内，包括本级、本数。	**实施条例**第二百八十四条是关于本条例所称以上、以下、以内包括本级、本数的说明。这与其他法律的规定相一致。 **【相关规定】** 1.《中华人民共和国刑法》（2020 年 12 月 26 日）第九十九条； 2.《中华人民共和国民法典》（2020 年 5 月 28 日）第一千二百五十九条。
	第二百八十五条 期间以时、日、月、年计算，期间开始的时和日不算在期间以内。本条例另有规定的除外。 按照年、月计算期间的，到期月的对应日为期间的最后一日；没有对应日的，月末日为	**实施条例**第二百八十五条是关于期间计算方式的规定。 第一款说明了期间计算的单位，强调开始的时和日不计算在期间以内，但本条例另有规定的从其规定。 第二款说明了按照年、月计算期间的对最后一日的计算方式。 第三款说明了期间最后一日为法定休假日的计算方式，特别强调了留置期间不能因法定

续表

监察法	实施条例	适用精解
	期间的最后一日。 期间的最后一日是法定休假日的，以法定休假日结束的次日为期间的最后一日。但被调查人留置期间应当至到期之日为止，不得因法定休假日而延长。	休假日而延长，体现了对被留置人员合法权利的保障。 **【相关规定】** 1.《中华人民共和国刑事诉讼法》（2018年10月26日）第一百零五条； 2.《中华人民共和国民法典》（2020年5月28日）第二百条至第二百零四条。
	第二百八十六条 本条例由国家监察委员会负责解释。	**实施条例**第二百八十六条是关于本条例解释权的规定。解释权是特别重要的国家公权力，将其确定由国家监察委员会专责承担和形式，是符合实际需要的。
第六十九条 本法自公布之日起施行。《中华人民共和国行政监察法》同时废止。	**第二百八十七条** 本条例自发布之日起施行。	**监察法**第六十九条是关于该法施行起始日期以及行政监察法废止时间的规定。 **实施条例**第二百八十七条是关于本条例正式施行的起始时间的规定。

下　编

监察法治典型案例分析

1

用看得见的监督解决群众“急难愁盼”问题

案例事实

葫芦岛市纪委监委于2021年9月以来把推进监督下沉、开展“看得见的监督”作为增强监督效能的有力抓手，组织全市纪检监察干部走出办公室，深入基层摸实情、解难题，到全面从严治党向基层延伸的“最后一公里”去解决群众“急难愁盼”。

市纪委监委主要领导和班子成员采取“四不两直”方式，带头深入机关单位、乡街村社、企业、农户、开发区，与基层干部群众点对点调研基层纪检监察机构履行职责、基层党风廉政建设情况，面对面了解基层组织的担当作为、服务民生情况。

全市纪检监察干部聚焦优化营商环境、群众“急难愁盼”问题、为群众办实事等方面，运用“明察+暗访”“室+组+地”联动等方式，开展监督检查254批次，检查市县机关334家、窗口单位40家，走访企业271家，坚持问题导向，抓住关键节点，深入推进看得见的监督。涉及服务营商、换届纪律、工程建设、农田收入、乡村振兴、“急难愁盼”、节礼红包、疫情防控、形式主义、官僚主义等领域的数百个问题被精准定位。

市纪委监委筛选群众“急难愁盼”问题50件，采取部门督导、属地承办、提级办理、指定办理等方式跟踪督办，坚决整治群众身边的腐败问题和不正之风。

据统计，该市纪委监委已研究提出常态化跟踪督办、清单化台账管理、制发监督整改意见、约谈提醒、严肃追责问责、深化以案促改等整治措施126项，推动问题整改341个，立案查处失职失责和违纪违法案件30件，处分处理38人。①

① 《辽宁葫芦岛：用看得见的监督解决群众急难愁盼》，载中央纪委国家监委网站，https://www.ccdi.gov.cn/gzdt/jdjc/202111/t20211130_255370.html，最后访问时间：2021年12月6日。

案例解读

监察工作既要有力度，也要有温度，关键是要坚持以人民为中心，依法依规约束公共权力、保护公民权利，这也是监察制度的使命要求。实施条例第一章总则第四条就明确提出，监察机关应当依法履行监督、调查、处置职责，坚持实事求是，坚持惩前毖后、治病救人，坚持惩戒与教育相结合，实现政治效果、法律效果和社会效果相统一。实施条例第五条还强调：监察机关应当坚定不移惩治腐败，推动深化改革、完善制度，规范权力运行，加强思想道德教育、法治教育、廉洁教育，引导公职人员提高觉悟、担当作为、依法履职，一体推进不敢腐、不能腐、不想腐体制机制建设。因此，监察机关还要注意在日常生活和工作环境中发现损害人民群众利益和人民政府形象的官僚主义现象和腐败分子，依法依规予以纠正和惩治，运用看得见、信得过、有效果的监督措施，解决群众“急难愁盼”的问题。

2

某总公司原党委副书记、总经理贺某接受纪律审查和监察调查案

案例事实

据中央纪委国家监委驻中国人民银行纪检监察组、北京市监委消息：某总公司原党委副书记、总经理贺某涉嫌严重违纪违法，目前正在接受中央纪委国家监委驻中国人民银行纪检监察组纪律审查和北京市东城区监委监察调查。①

案例解读

该案通报突出体现了监察派驻制度的相关规定。监察法第十二条第一款规定："各级监察委员会可以向本级中国共产党机关、国家机关、法律法规授权或者委托管理公共事务的组织和单位以及所管辖的行政区域、国有企业等派驻或者派出监察机构、监察专员。"从通报内容中可以获悉，中央纪委国家监委向中国人民银行派驻了监察机构，与同级纪律检查委员会组成纪检监察组，对中国人民银行的公职人员进行监督、调查。实施条例第十三条第一款规定："……监察机构、监察专员可以按规定与地方监察委员会联合调查严重职务违法、职务犯罪，或者移交地方监察委员会调查。"在该案通报中，对贺某的调查主体除中央纪委国家监委派驻的纪检监察机构外，还有北京市东城区监察委员会。中央派驻的监察机构与地方监察机构的联合调查在这一通报案例中得以体现。

---

① 《某总公司原党委副书记、总经理贺某接受纪律审查和监察调查》，载中央纪委国家监委网站，https：//www. ccdi. gov. cn/yaowen/202107/t20210702_ 245402. html，最后访问时间：2021 年 12 月 6 日。

3

某国有企业主要负责人因涉嫌严重违纪违法被立案调查并采取留置措施案

案例事实

A某在担任某国有企业主要负责人期间，利用职务上的便利先后为多名私营企业主在资金周转、项目合作、投资经营等方面提供过支持。

某市纪委监委按程序报批后，依法对涉嫌严重违纪违法的A某立案调查并采取留置措施，同时对涉嫌共同犯罪的A某之妻B某采取留置措施，配合调查。调查中发现，案发前A某和B某将收受的现金和贵重物品分批转移到乡下外甥C某家中隐藏。

根据这一信息，调查组及时派人到乡下外甥处依法进行了搜查，并对起获的赃款赃物进行了提取扣押，整个取证过程全程录音录像，依法向在场的外甥及邻居等人出示证件、出具了搜查手续，并由C某的邻居作为见证人在扣押清单上签字确认。①

案例解读

监察法第四十一条第二款规定："调查人员进行讯问以及搜查、查封、扣押等重要取证工作，应当对全过程进行录音录像，留存备查。"这是关于纪委监委采取搜查、扣押等措施的明确规定。

搜查、扣押是办案中经常用到的调查措施。搜查的目的，是收集证据、查获被调查人的相关物品或资料，为案件的调查认定获取重要的证据支撑。搜查的范围，既包括被调查人的身体、物品及其相关处所，也包括其他可能隐藏有关人员或重要证据、赃款赃物的处所，而对于搜查中发现的重要涉案物品、重要证据材

① 《【案例解读监察法】搜查、扣押取证过程中还应当全过程录音录像》，载中央纪委国家监委网站，https：//www.ccdi.gov.cn/yaowen/201809/t20180929_180769.html，最后访问时间：2021年12月6日。

料，纪委监委应当及时扣押，确保证据得到及时固定。因此，搜查与扣押，在实践中往往是并用的调查措施。比如本案例中，某市纪委监委搜查的地方就是 A 某及其妻 B 某用来转移藏匿赃款赃物的乡下外甥 C 某家中，发现了重要赃款赃物就及时进行了扣押。被调查人 A 某自以为其所作所为不会被组织发现，企图掩盖自己的严重违法犯罪事实。但是当纪委监委调查人员依法搜查并扣押其赃款赃物后，其严重问题暴露无遗、毫无掩饰之地，在铁的证据面前，A 某只能坦白自己的罪行。这充分说明了搜查、扣押这种调查措施的巨大作用。

在开展搜查、扣押等调查取证过程中，调查人员应当依法履行相应的手续，确保证据形式合法、手续完备，而且取证过程中应当全过程录音录像，这些要求既是对取证工作的规范，也是对调查人员的保护。同时，全过程的录音录像资料也是重要的证据资料，必要时将在调查过程中发挥重要的作用。如果案件移送司法机关后，司法机关认为需要调取与指控犯罪有关并且需要对证据合法性进行审查的录音录像资料，可以同纪委监委沟通协商后予以调取。①

① 参见本书编写组编写：《〈中华人民共和国监察法〉案例解读》，中国方正出版社 2018 年版。

4

某市副市长因涉嫌贪污贿赂接受立案调查案

案例事实

H某在A省B市开发房地产期间，Z某作为分管城建工作的副市长，先后向其索要了1套在北京的住宅、1辆进口轿车，还有其他财物合计500万元左右。此外，H某还向纪检监察机关提供了Z某收受其他人贿赂的问题线索。

A省纪委监委经过严格审批后，迅速对这起职务犯罪案件中的涉案人员Z某夫妇立案调查，并迅速对2人采取留置措施。留置期间，调查组精心设计了谈话方案、做其思想工作，Z某认识到了自己的错误，很快开口交代受贿数千万元的问题，并写下了深刻的忏悔书。①

案例解读

从监察法第二十二条的规定来看，留置既可用于调查严重职务违法，也可用于调查职务犯罪。各级纪检监察机关应当综合运用相关调查措施，确保调查工作取得最佳效果。已有大量案例表明，留置措施在反腐败、惩治职务犯罪方面发挥了重大作用。

监察法第二十二条第一款规定："被调查人涉嫌贪污贿赂、失职渎职等严重职务违法或者职务犯罪，监察机关已经掌握其部分违法犯罪事实及证据，仍有重要问题需要进一步调查，并有下列情形之一的，经监察机关依法审批，可以将其留置在特定场所：（一）涉及案情重大、复杂的；（二）可能逃跑、自杀的；（三）可能串供或者伪造、隐匿、毁灭证据的；（四）可能有其他妨碍调查行为的。"监察法赋予监察机关的多种调查措施中，留置是一项重要的调查措施。将留置等调查措施以立法方式确定下来，始于2016年12月25日第十二届全国人民代表大会常务委员会第二十五次会议和2017年11月4日第三十次会议

① 《【案例解读监察法】留置的目的不是为了单纯办案》，载中央纪委国家监委网站，https://www.ccdi.gov.cn/yaowen/201809/t20180929_180761.html，最后访问时间：2021年12月6日。

分别通过的《关于在北京市、山西省、浙江省开展国家监察体制改革试点工作的决定》和《关于在全国各地推开国家监察体制改革试点工作的决定》。正是在取得试点经验的基础上，2018 年 3 月 20 日通过的监察法对留置措施作出了明确具体的规定。需要说明的是，留置不是单纯为了办案，而是在有限的时间和空间内，通过对一个个犯了错误的个体进行改造，实现自我净化、自我纠偏，增强党员干部队伍的先进性和纯洁性。留置是为了转化人、挽救人，不是为了惩罚人。

一般而言，采取留置措施需要满足三个要件：一是涉案要件。留置适用的违法犯罪行为主要是贪污贿赂、失职渎职等行为，而且是严重的。二是证据要件。留置的证据要件，是监察机关已经掌握部分违法犯罪事实及证据，且仍有重要问题需要进一步调查。三是具备下列法定的情形之一：（1）涉及案情重大、复杂的；（2）可能逃跑、自杀的；（3）可能串供或者伪造、隐匿、毁灭证据的；（4）可能有其他妨碍调查行为的。留置的上述三个要件相互联系、缺一不可，必须严格掌握，只有同时具备这三个要件，才能对被调查人实施留置。比如本案例中，被调查人涉嫌受贿犯罪，A 省纪委监委已经掌握大量问题线索，并发现被调查人大肆隐匿、转移赃款赃物，到处找人串供，具备了留置的三个要件，所以按程序对其采取了留置措施。

实践中，采取留置措施应当注意三点：一是留置措施必须依法严格掌握，慎重使用。留置措施是监察机关调查严重职务违法和职务犯罪的重要手段，必须严格遵守审批程序。二是采取留置措施前必须做实初步核实工作。留置是法定措施，有严格的时限规定，这就倒逼监察机关尽可能通过初核把基础工作做扎实。三是必须牢牢守住安全底线。留置期间务必保障被留置人员的饮食、休息和安全，要有针对性地提供医疗服务，尤其是要加强安全保障，确保不发生安全事故。①

---

① 参见本书编写组编写：《〈中华人民共和国监察法〉案例解读》，中国方正出版社 2018 年版。

5

市属某国有企业总经理A某受贿案

案例事实

某市纪委监委通过初步核实，掌握了市属某国有企业总经理A某涉嫌严重违纪、职务违法以及受贿犯罪的部分犯罪事实及证据，于某年4月23日决定对A某采取留置措施，随后综合运用讯问、询问等调查措施，掌握了A某涉嫌严重违反党纪、职务违法和受贿犯罪的确凿证据，形成调查报告，并移送案件审理部门。经审理，该市纪委监委认为A某严重违反政治纪律、组织纪律、廉洁纪律和工作纪律，利用职务上的便利为他人谋取利益并收受巨额财物，依纪依法给予A某开除党籍处分和开除公职政务处分。该市纪委监委认为A某涉嫌的受贿犯罪事实已经查清，证据确实、充分，制作起诉意见书，于同年6月8日连同案卷材料、证据一并移送人民检察院依法审查、提起公诉。人民检察院于同年6月11日决定对A某采取逮捕措施，此后依法完成审查起诉工作，将案件起诉至人民法院。人民法院依法对A某以受贿罪判处有期徒刑8年。①

案例解读

1. 监察法第四十三条第一款规定，“监察机关采取留置措施，应当由监察机关领导人员集体研究决定。设区的市级以下监察机关采取留置措施，应当报上一级监察机关批准”。该条第三款规定，“监察机关采取留置措施，可以根据工作需要提请公安机关配合。公安机关应当依法予以协助”。第四十四条第一款要求，“对被调查人采取留置措施后，应当在二十四小时以内，通知被留置人员所在单位和家属，但有可能毁灭、伪造证据，干扰证人作证或者串供等有碍调查情形的除外。有碍调查的情形消失后，应当立即通知被留置人员所在单位和家属”。实施条例第一百八十四条第二款亦规定：“对涉嫌严重职务违法或者职务犯罪的

① 本书编写组编写：《〈中华人民共和国监察法〉案例解读》，中国方正出版社2018年版，第376页。

公职人员立案调查并采取留置措施的，应当按规定通知被调查人家属，并向社会公开发布。”

本案中某市纪委监委对 A 某采取留置措施，应当由该纪委监委领导人员集体研究决定，然后报省纪委监委批准；在执行留置措施时，某市纪委监委可以视需要提请公安机关配合，对此公安机关应依法协助。另外，由于 A 某系涉嫌严重职务违法或者职务犯罪，因此在不存在可能毁灭、伪造证据，干扰证人作证或者串供等有碍调查情形的情况下，某市纪委监委应当在对 A 某采取留置措施后二十四小时以内，通知 A 某的所在单位和家属。当然，如果存在有碍调查的情形，则上述情形消失后，某市纪委监委应当立即通知 A 某的所在单位和家属。

2. 监察法第四十三条第二款规定，“留置时间不得超过三个月。在特殊情况下，可以延长一次，延长时间不得超过三个月”。本案中某市纪委监委对 A 某的留置仅有一个多月的时间，符合法定时限。

3. 监察法第四十四条第三款规定，“被留置人员涉嫌犯罪移送司法机关后，被依法判处管制、拘役和有期徒刑的，留置一日折抵管制二日，折抵拘役、有期徒刑一日”。本案中 A 某采取的留置措施应与 A 某被依法判处的有期徒刑进行折抵，即留置一日折抵有期徒刑一日。

6

某市财政局副局长 B 某贪污案

案例事实

某市财政局副局长 B 某利用管理专项财政资金的职务之便，通过私盖伪造的公章、提供虚假对账单等手段，将 3200 万元公款转至个人账户侵吞。此后，B 某将上述赃款转至某国，并逃窜到该国。根据举报，该市纪委监委发现了 B 某侵吞公款的行为，立即对其立案审查调查，并由上级监察机关依法通过公安机关发出了追捕 B 某的通缉令。经省纪委监委批准，该市纪委监委继续对 B 某开展调查工作，根据审查调查结果，依纪依法给予 B 某开除党籍处分和开除公职政务处分。通缉一年多后，B 某仍未到案，该市纪委监委依法提请人民检察院启动了 B 某贪污犯罪违法所得没收程序。人民法院依法裁定没收 B 某贪污犯罪所得 3200 万元。纪检监察机关凭借人民法院的生效裁定以及艰苦细致的工作，依法将 B 某犯罪所得赃款从国外追回。①

案例解读

1. 监察法第四十八条规定："监察机关在调查贪污贿赂、失职渎职等职务犯罪案件过程中，被调查人逃匿或者死亡，有必要继续调查的，经省级以上监察机关批准，应当继续调查并作出结论。被调查人逃匿，在通缉一年后不能到案，或者死亡的，由监察机关提请人民检察院依照法定程序，向人民法院提出没收违法所得的申请。"也就是说，被调查人逃匿，并不意味着调查终结。如果确有必要，是应当继续调查的。本案中，B 某涉嫌严重职务犯罪，涉案金额高达 3200 万元，经省纪委监委批准，对其继续调查。

2. 实施条例第二百三十二条规定："对于贪污贿赂、失职渎职等职务犯罪案件，被调查人逃匿，在通缉一年后不能到案，或者被调查人死亡，依法应当追缴

① 本书编写组编写：《〈中华人民共和国监察法〉案例解读》，中国方正出版社 2018 年版，第 422 页。

其违法所得及其他涉案财产的，承办部门在调查终结后应当依法移送审理。监察机关应当经集体审议，出具《没收违法所得意见书》，连同案卷材料、证据等，一并移送人民检察院依法提出没收违法所得的申请。监察机关将《没收违法所得意见书》移送人民检察院后，在逃的被调查人自动投案或者被抓获的，监察机关应当及时通知人民检察院。”

本案中，B 某逃匿国外且在通缉一年后仍然不能到案，此时市纪委监委的承办部门在调查终结后，应当移送审理，然后经集体审议，作出《没收违法所得意见书》，连同全部案卷材料移送人民检察院；人民检察院依照法定程序，向人民法院提出没收违法所得的申请，最终由人民法院作出没收 B 某违法所得的裁定。如果市纪委监委将《没收违法所得意见书》移送人民检察院后，在逃的 B 某自动投案或者被抓获的，市纪委监委应当及时通知人民检察院。

7

甲市私营业主行贿案

案例事实

魏某，原甲市私营业主，涉嫌向国家工作人员行贿，于2014年9月出逃境外。2015年3月，乙市人民检察院对魏某立案侦查。监察体制改革后，该案移交乙市监察委员会办理。2016年3月，国际刑警组织对其发布红色通缉令。2021年10月，在中央反腐败协调小组国际追逃追赃工作办公室统筹协调和黑龙江省追逃办具体指导下，经甲市、乙市两级纪检监察机关不懈努力，外逃7年的“红通人员”、职务犯罪嫌疑人魏某回国投案。①

案例解读

监察体制改革之后，监察法专章对反腐败国际合作进行了规定，第六章三个条款分别规定了由国家监察委员会统筹协调反腐败国际合作，国家监察委员会组织协调有关方面加强与有关国家、地区、国际组织开展反腐败国际合作的六大领域，以及反腐败国际追逃追赃和防逃工作。这三条对地方各级监察机关在国际追逃追赃等涉外案件办理中的工作职责、监察机关在国（境）内开展反腐败国际追逃追赃和防逃的具体工作事项、与国（境）内其他单位的协调合作、监察机关开展反腐败国际追逃追赃和防逃工作的对外具体合作事项尚未明确，亟需出台相关规定加以细化。

2021年9月20日，实施条例正式颁布实施，对监察法第六章的三个条款进行了细化，共分为三节十七条。其中，第一节共四个条款，规定了监察委员会在反腐败国际合作的工作职责和领导体制；第二节共七个条款，规定了监察机关在国（境）内开展的反腐败国际追逃追赃和防逃的具体工作事项；第三节共六个条款，规定了监察机关开展反腐败国际追逃追赃和防逃工作的对外合作事项。在实

① 《外逃7年的“红通人员”、职务犯罪嫌疑人魏某回国投案》，载中国长安网，http：//www.chinapeace.gov.cn/chinapeace/c100007/2021-10/07/content_ 12544699.shtml，最后访问时间：2021年12月6日。

施条例的指引下，中央反腐败协调小组国际追逃追赃工作办公室坚持法治思维和法治方式，持续深入推进反腐败国际司法执法合作，以钉钉子精神扎实开展个案攻坚。魏某归案就是很好的例证，是纪检监察机关坚持“受贿行贿一起查一起追”，扎实开展职务犯罪追逃追赃专项行动的重要成果。

8

多地纪检监察机关强化自我监督

案例事实

内部监督更考验决心和毅力。2018年监察法颁布之后，全国各级纪检监察机关贯彻落实监察法和监督执纪工作规则有关规定，调整内设机构，强化相互制约、再造流程，突出监督程序，在线索处置、审查调查、涉案款物管理等方面严格内控制度，切实把纪检监察机关的权力关进制度笼子。

上海市纪检监察机关由信访室归口受理信访举报，将有关问题线索分类摘要后移送案件监督管理室；案件监督管理室对问题线索集中管理、动态更新、定期汇总，同时也直接受理巡视巡察、审计等发现的问题线索，按程序转交承办部门审查调查，并对其进行监督检查；八个执纪监督部门和七个审查调查部门分设，审查调查部门负责对问题线索审查调查，并全程接受案件监督管理室监督。审查调查结束后，审查调查部门要将案卷材料移送至案件审理室，接受该室的集体审议、审核把关，并且审理室有权退回审查调查部门补充证据或重新审查调查。

湖北省纪委监委建立问题线索了结审核制度，线索了结不是一个人或一个部门说了算。比如，对初步核实后建议了结的，还要案管室审查问题线索是否全面核实等。

重庆市涪陵区纪委监委案件审理室则坚持集体会商制度，强化内部监督程序，案件审查报告移送到审理室后，都要认真审核把关，从事实、证据、程序等方面仔细挑“毛病”，把个人因素降到最低。

江苏省纪委监委不断织密内部监督网，以职权分设强化权力制约、以风险排查切断违规通道、以建章立制推动长效监管。他们围绕监察体制改革后权力运行，构建了监察工作运行“1+N”制度体系，包括监察调查措施使用规范、调查职务犯罪证据指引等，推动纪检监察工作在法治化轨道上运行。该省纪委监委还创新推行了办案质量主办人负责制和错案责任倒查问责制——每起案件都指派一到两名案件主办人，带领若干名协办人组成办案组，严格依规依纪依法查办案件。[①]

案例解读

对监督者的监督非常重要，而强化内部监督，是对监察权开展有效监督的重中之重。监察法条文中涉及多个监察机关权限，用得好，就能成为反腐惩贪的利器；用不好，就容易出现违纪违法问题。由于监察法的规定比较原则，很多具体的事项缺乏统一标准，各级纪检监察机关在实践中普遍建立了相互监督制约的权力运转机制。这些实践都取得了很好的成效，但各地的做法略有差异。因此，有必要把监察法的有关规定细化分解为每一项措施、每一道程序、每一个环节，在确保标准统一的前提下，让监督制约制度不断落细落小落实。实施条例充分吸纳各地近年来的实践探索经验，在监察法的基础上展开了一系列制度设计，第二百五十八条关于监察机关建立内部监督管理机制的规定、第二百五十九条关于监察机关对监察权运行关键环节进行经常性监督检查和开展专项督查的规定、第二百六十条关于监察机关加强对监察人员内部监督的规定、第二百六十一条关于监察机关通过检查证据及档案材料的方式加强对调查全过程监督的规定，都是对监察法的补充，进一步完善了监察权运行的体制机制，有利于对监察机关和监察人员形成有效的内部监督，有助于纪检监察工作的规范化、法治化建设。

---

① 程威：《行使权力慎之又慎——纪检监察机关强化自我监督系列报道（一）》，载《中国纪检监察报》2018年5月31日。

9

某省纪委监委第十四审查调查室原主任刘某严重违纪违法案

案例事实

2020年6月，经某省委批准，某省纪委监委对省纪委监委第十四审查调查室原主任刘某涉嫌严重违纪违法问题进行了立案审查调查。

经查，刘某违反中央八项规定精神，违规收受消费卡；违反组织纪律，不按规定报告个人有关事项；违反廉洁纪律，违规从事营利活动，违规以明显高于市场价格向私营企业主出售房产；违反工作纪律，违规插手建设工程项目承发包，泄露纪律审查监察调查工作秘密；违反生活纪律；利用职务上的便利为他人谋取利益，非法收受他人财物。

刘某身为纪检监察机关党员领导干部，背弃初心使命，丧失党性原则，修身不正，律己不严，在监督执纪执法过程中失责弃守，执纪违纪、执法犯法，将监督执纪执法权变为牟取私利的工具，严重损害纪检监察机关和干部的形象，严重违反党的纪律，构成职务违法并涉嫌受贿犯罪，且在党的十八大后不收敛、不收手，性质严重，影响恶劣，应予严肃处理。经省纪委常委会会议研究并报省委批准，决定给予刘某开除党籍处分；由省监委给予其开除公职处分；收缴其违纪违法所得；将其涉嫌犯罪问题移送检察机关依法审查起诉，所涉财物随案移送。①

案例解读

刘某身为纪检监察干部，违反监督执法调查工作纪律，泄露纪律审查监察调查工作秘密，涉嫌严重职务违法、职务犯罪，从案发时的情况看，其行为违反了监察法第五十六条，某省纪委监委有权依照监察法第六十五条，以及《中华人民

① 《某省纪委监委第十四审查调查室原主任刘某被开除党籍和公职》，载中央纪委国家监委网站，https：//www. ccdi. gov. cn/yaowen/202006/t20200622_ 220579. html，最后访问时间：2021年12月6日。

共和国公职人员政务处分法》给予其相应的处理，并依据《中华人民共和国刑法》《中华人民共和国刑事诉讼法》将案件移送检察机关审查起诉、依法追究其刑事责任。

2021 年 9 月 20 日，实施条例正式颁布实施。这个案件放在今天来看，刘某的行为违反了实施条例第二百五十七条关于监察人员在守法义务等方面的规定，违反了实施条例第二百七十一条关于监察机关履职过程中优化营商环境的规定，应依照实施条例第二百六十条的规定对其违法犯罪行为进行调查处置，并依据实施条例第二百七十八条第一项、第五项、第十一项等规定追究其法律责任。

附　录

相关规范

一、相关法规

中华人民共和国监察法

（2018年3月20日第十三届全国人民代表大会第一次会议通过
2018年3月20日中华人民共和国主席令第3号公布　自公布之日起施行）

目　　录

第一章　总　　则

第一条　为了深化国家监察体制改革，加强对所有行使公权力的公职人员的监督，实现国家监察全面覆盖，深入开展反腐败工作，推进国家治理体系和治理能力现代化，根据宪法，制定本法。

第二条　坚持中国共产党对国家监察工作的领导，以马克思列宁主义、毛泽东思想、邓小平理论、“三个代表”重要思想、科学发展观、习近平新时代中国特色社会主义思想为指导，构建集中统一、权威高效的中国特色国家监察体制。

第三条　各级监察委员会是行使国家监察职能的专责机关，依照本法对所有行使公权力的公职人员（以下称公职人员）进行监察，调查职务违法和职务犯罪，开展廉政建设和反腐败工作，维护宪法和法律的尊严。

第四条 监察委员会依照法律规定独立行使监察权，不受行政机关、社会团体和个人的干涉。

监察机关办理职务违法和职务犯罪案件，应当与审判机关、检察机关、执法部门互相配合，互相制约。

监察机关在工作中需要协助的，有关机关和单位应当根据监察机关的要求依法予以协助。

第五条 国家监察工作严格遵照宪法和法律，以事实为根据，以法律为准绳；在适用法律上一律平等，保障当事人的合法权益；权责对等，严格监督；惩戒与教育相结合，宽严相济。

第六条 国家监察工作坚持标本兼治、综合治理，强化监督问责，严厉惩治腐败；深化改革、健全法治，有效制约和监督权力；加强法治教育和道德教育，弘扬中华优秀传统文化，构建不敢腐、不能腐、不想腐的长效机制。

第二章 监察机关及其职责

第七条 中华人民共和国国家监察委员会是最高监察机关。

省、自治区、直辖市、自治州、县、自治县、市、市辖区设立监察委员会。

第八条 国家监察委员会由全国人民代表大会产生，负责全国监察工作。

国家监察委员会由主任、副主任若干人、委员若干人组成，主任由全国人民代表大会选举，副主任、委员由国家监察委员会主任提请全国人民代表大会常务委员会任免。

国家监察委员会主任每届任期同全国人民代表大会每届任期相同，连续任职不得超过两届。

国家监察委员会对全国人民代表大会及其常务委员会负责，并接受其监督。

第九条 地方各级监察委员会由本级人民代表大会产生，负责本行政区域内的监察工作。

地方各级监察委员会由主任、副主任若干人、委员若干人组成，主任由本级人民代表大会选举，副主任、委员由监察委员会主任提请本级人民代表大会常务委员会任免。

地方各级监察委员会主任每届任期同本级人民代表大会每届任期相同。

地方各级监察委员会对本级人民代表大会及其常务委员会和上一级监察委员会负责，并接受其监督。

第十条　国家监察委员会领导地方各级监察委员会的工作，上级监察委员会领导下级监察委员会的工作。

第十一条　监察委员会依照本法和有关法律规定履行监督、调查、处置职责：

（一）对公职人员开展廉政教育，对其依法履职、秉公用权、廉洁从政从业以及道德操守情况进行监督检查；

（二）对涉嫌贪污贿赂、滥用职权、玩忽职守、权力寻租、利益输送、徇私舞弊以及浪费国家资财等职务违法和职务犯罪进行调查；

（三）对违法的公职人员依法作出政务处分决定；对履行职责不力、失职失责的领导人员进行问责；对涉嫌职务犯罪的，将调查结果移送人民检察院依法审查、提起公诉；向监察对象所在单位提出监察建议。

第十二条　各级监察委员会可以向本级中国共产党机关、国家机关、法律法规授权或者委托管理公共事务的组织和单位以及所管辖的行政区域、国有企业等派驻或者派出监察机构、监察专员。

监察机构、监察专员对派驻或者派出它的监察委员会负责。

第十三条　派驻或者派出的监察机构、监察专员根据授权，按照管理权限依法对公职人员进行监督，提出监察建议，依法对公职人员进行调查、处置。

第十四条　国家实行监察官制度，依法确定监察官的等级设置、任免、考评和晋升等制度。

第三章　监察范围和管辖

第十五条　监察机关对下列公职人员和有关人员进行监察：

（一）中国共产党机关、人民代表大会及其常务委员会机关、人民政府、监察委员会、人民法院、人民检察院、中国人民政治协商会议各级委员会机关、民主党派机关和工商业联合会机关的公务员，以及参照《中华人民共和国公务员法》管理的人员；

（二）法律、法规授权或者受国家机关依法委托管理公共事务的组织中从事公务的人员；

（三）国有企业管理人员；

（四）公办的教育、科研、文化、医疗卫生、体育等单位中从事管理的人员；

（五）基层群众性自治组织中从事管理的人员；

（六）其他依法履行公职的人员。

第十六条 各级监察机关按照管理权限管辖本辖区内本法第十五条规定的人员所涉监察事项。

上级监察机关可以办理下一级监察机关管辖范围内的监察事项，必要时也可以办理所辖各级监察机关管辖范围内的监察事项。

监察机关之间对监察事项的管辖有争议的，由其共同的上级监察机关确定。

第十七条 上级监察机关可以将其所管辖的监察事项指定下级监察机关管辖，也可以将下级监察机关有管辖权的监察事项指定给其他监察机关管辖。

监察机关认为所管辖的监察事项重大、复杂，需要由上级监察机关管辖的，可以报请上级监察机关管辖。

第四章 监察权限

第十八条 监察机关行使监督、调查职权，有权依法向有关单位和个人了解情况，收集、调取证据。有关单位和个人应当如实提供。

监察机关及其工作人员对监督、调查过程中知悉的国家秘密、商业秘密、个人隐私，应当保密。

任何单位和个人不得伪造、隐匿或者毁灭证据。

第十九条 对可能发生职务违法的监察对象，监察机关按照管理权限，可以直接或者委托有关机关、人员进行谈话或者要求说明情况。

第二十条 在调查过程中，对涉嫌职务违法的被调查人，监察机关可以要求其就涉嫌违法行为作出陈述，必要时向被调查人出具书面通知。

对涉嫌贪污贿赂、失职渎职等职务犯罪的被调查人，监察机关可以进行讯问，要求其如实供述涉嫌犯罪的情况。

第二十一条 在调查过程中，监察机关可以询问证人等人员。

第二十二条 被调查人涉嫌贪污贿赂、失职渎职等严重职务违法或者职务犯罪，监察机关已经掌握其部分违法犯罪事实及证据，仍有重要问题需要进一步调查，并有下列情形之一的，经监察机关依法审批，可以将其留置在特定场所：

（一）涉及案情重大、复杂的；

（二）可能逃跑、自杀的；

（三）可能串供或者伪造、隐匿、毁灭证据的；

（四）可能有其他妨碍调查行为的。

对涉嫌行贿犯罪或者共同职务犯罪的涉案人员，监察机关可以依照前款规定采取留置措施。

留置场所的设置、管理和监督依照国家有关规定执行。

第二十三条 监察机关调查涉嫌贪污贿赂、失职渎职等严重职务违法或者职务犯罪，根据工作需要，可以依照规定查询、冻结涉案单位和个人的存款、汇款、债券、股票、基金份额等财产。有关单位和个人应当配合。

冻结的财产经查明与案件无关的，应当在查明后三日内解除冻结，予以退还。

第二十四条 监察机关可以对涉嫌职务犯罪的被调查人以及可能隐藏被调查人或者犯罪证据的人的身体、物品、住处和其他有关地方进行搜查。在搜查时，应当出示搜查证，并有被搜查人或者其家属等见证人在场。

搜查女性身体，应当由女性工作人员进行。

监察机关进行搜查时，可以根据工作需要提请公安机关配合。公安机关应当依法予以协助。

第二十五条 监察机关在调查过程中，可以调取、查封、扣押用以证明被调查人涉嫌违法犯罪的财物、文件和电子数据等信息。采取调取、查封、扣押措施，应当收集原物原件，会同持有人或者保管人、见证人，当面逐一拍照、登记、编号，开列清单，由在场人员当场核对、签名，并将清单副本交财物、文件的持有人或者保管人。

对调取、查封、扣押的财物、文件，监察机关应当设立专用账户、专门场所，确定专门人员妥善保管，严格履行交接、调取手续，定期对账核实，不得毁损或者用于其他目的。对价值不明物品应当及时鉴定，专门封存保管。

查封、扣押的财物、文件经查明与案件无关的，应当在查明后三日内解除查封、扣押，予以退还。

第二十六条 监察机关在调查过程中，可以直接或者指派、聘请具有专门知识、资格的人员在调查人员主持下进行勘验检查。勘验检查情况应当制作笔录，由参加勘验检查的人员和见证人签名或者盖章。

第二十七条 监察机关在调查过程中，对于案件中的专门性问题，可以指派、聘请有专门知识的人进行鉴定。鉴定人进行鉴定后，应当出具鉴定意见，并且签名。

第二十八条 监察机关调查涉嫌重大贪污贿赂等职务犯罪，根据需要，经过严格的批准手续，可以采取技术调查措施，按照规定交有关机关执行。

批准决定应当明确采取技术调查措施的种类和适用对象，自签发之日起三个月以内有效；对于复杂、疑难案件，期限届满仍有必要继续采取技术调查措施的，经过批准，有效期可以延长，每次不得超过三个月。对于不需要继续采取技术调查措施的，应当及时解除。

第二十九条 依法应当留置的被调查人如果在逃，监察机关可以决定在本行政区域内通缉，由公安机关发布通缉令，追捕归案。通缉范围超出本行政区域的，应当报请有权决定的上级监察机关决定。

第三十条 监察机关为防止被调查人及相关人员逃匿境外，经省级以上监察机关批准，可以对被调查人及相关人员采取限制出境措施，由公安机关依法执行。对于不需要继续采取限制出境措施的，应当及时解除。

第三十一条 涉嫌职务犯罪的被调查人主动认罪认罚，有下列情形之一的，监察机关经领导人员集体研究，并报上一级监察机关批准，可以在移送人民检察院时提出从宽处罚的建议：

（一）自动投案，真诚悔罪悔过的；

（二）积极配合调查工作，如实供述监察机关还未掌握的违法犯罪行为的；

（三）积极退赃，减少损失的；

（四）具有重大立功表现或者案件涉及国家重大利益等情形的。

第三十二条 职务违法犯罪的涉案人员揭发有关被调查人职务违法犯罪行为，查证属实的，或者提供重要线索，有助于调查其他案件的，监察机关经领导人员集体研究，并报上一级监察机关批准，可以在移送人民检察院时提出从宽处罚的建议。

第三十三条 监察机关依照本法规定收集的物证、书证、证人证言、被调查人供述和辩解、视听资料、电子数据等证据材料，在刑事诉讼中可以作为证据使用。

监察机关在收集、固定、审查、运用证据时，应当与刑事审判关于证据的要求和标准相一致。

以非法方法收集的证据应当依法予以排除，不得作为案件处置的依据。

第三十四条 人民法院、人民检察院、公安机关、审计机关等国家机关在工作中发现公职人员涉嫌贪污贿赂、失职渎职等职务违法或者职务犯罪的问题线索，应当移送监察机关，由监察机关依法调查处置。

被调查人既涉嫌严重职务违法或者职务犯罪，又涉嫌其他违法犯罪的，一般应当由监察机关为主调查，其他机关予以协助。

第五章　监察程序

第三十五条　监察机关对于报案或者举报，应当接受并按照有关规定处理。对于不属于本机关管辖的，应当移送主管机关处理。

第三十六条　监察机关应当严格按照程序开展工作，建立问题线索处置、调查、审理各部门相互协调、相互制约的工作机制。

监察机关应当加强对调查、处置工作全过程的监督管理，设立相应的工作部门履行线索管理、监督检查、督促办理、统计分析等管理协调职能。

第三十七条　监察机关对监察对象的问题线索，应当按照有关规定提出处置意见，履行审批手续，进行分类办理。线索处置情况应当定期汇总、通报，定期检查、抽查。

第三十八条　需要采取初步核实方式处置问题线索的，监察机关应当依法履行审批程序，成立核查组。初步核实工作结束后，核查组应当撰写初步核实情况报告，提出处理建议。承办部门应当提出分类处理意见。初步核实情况报告和分类处理意见报监察机关主要负责人审批。

第三十九条　经过初步核实，对监察对象涉嫌职务违法犯罪，需要追究法律责任的，监察机关应当按照规定的权限和程序办理立案手续。

监察机关主要负责人依法批准立案后，应当主持召开专题会议，研究确定调查方案，决定需要采取的调查措施。

立案调查决定应当向被调查人宣布，并通报相关组织。涉嫌严重职务违法或者职务犯罪的，应当通知被调查人家属，并向社会公开发布。

第四十条　监察机关对职务违法和职务犯罪案件，应当进行调查，收集被调查人有无违法犯罪以及情节轻重的证据，查明违法犯罪事实，形成相互印证、完整稳定的证据链。

严禁以威胁、引诱、欺骗及其他非法方式收集证据，严禁侮辱、打骂、虐待、体罚或者变相体罚被调查人和涉案人员。

第四十一条　调查人员采取讯问、询问、留置、搜查、调取、查封、扣押、勘验检查等调查措施，均应当依照规定出示证件，出具书面通知，由二人以上进行，形成笔录、报告等书面材料，并由相关人员签名、盖章。

调查人员进行讯问以及搜查、查封、扣押等重要取证工作，应当对全过程进行录音录像，留存备查。

第四十二条 调查人员应当严格执行调查方案，不得随意扩大调查范围、变更调查对象和事项。

对调查过程中的重要事项，应当集体研究后按程序请示报告。

第四十三条 监察机关采取留置措施，应当由监察机关领导人员集体研究决定。设区的市级以下监察机关采取留置措施，应当报上一级监察机关批准。省级监察机关采取留置措施，应当报国家监察委员会备案。

留置时间不得超过三个月。在特殊情况下，可以延长一次，延长时间不得超过三个月。省级以下监察机关采取留置措施的，延长留置时间应当报上一级监察机关批准。监察机关发现采取留置措施不当的，应当及时解除。

监察机关采取留置措施，可以根据工作需要提请公安机关配合。公安机关应当依法予以协助。

第四十四条 对被调查人采取留置措施后，应当在二十四小时以内，通知被留置人员所在单位和家属，但有可能毁灭、伪造证据，干扰证人作证或者串供等有碍调查情形的除外。有碍调查的情形消失后，应当立即通知被留置人员所在单位和家属。

监察机关应当保障被留置人员的饮食、休息和安全，提供医疗服务。讯问被留置人员应当合理安排讯问时间和时长，讯问笔录由被讯问人阅看后签名。

被留置人员涉嫌犯罪移送司法机关后，被依法判处管制、拘役和有期徒刑的，留置一日折抵管制二日，折抵拘役、有期徒刑一日。

第四十五条 监察机关根据监督、调查结果，依法作出如下处置：

（一）对有职务违法行为但情节较轻的公职人员，按照管理权限，直接或者委托有关机关、人员，进行谈话提醒、批评教育、责令检查，或者予以诫勉；

（二）对违法的公职人员依照法定程序作出警告、记过、记大过、降级、撤职、开除等政务处分决定；

（三）对不履行或者不正确履行职责负有责任的领导人员，按照管理权限对其直接作出问责决定，或者向有权作出问责决定的机关提出问责建议；

（四）对涉嫌职务犯罪的，监察机关经调查认为犯罪事实清楚，证据确实、充分的，制作起诉意见书，连同案卷材料、证据一并移送人民检察院依法审查、提起公诉；

（五）对监察对象所在单位廉政建设和履行职责存在的问题等提出监察建议。

监察机关经调查，对没有证据证明被调查人存在违法犯罪行为的，应当撤销案件，并通知被调查人所在单位。

第四十六条 监察机关经调查，对违法取得的财物，依法予以没收、追缴或者责令退赔；对涉嫌犯罪取得的财物，应当随案移送人民检察院。

第四十七条 对监察机关移送的案件，人民检察院依照《中华人民共和国刑事诉讼法》对被调查人采取强制措施。

人民检察院经审查，认为犯罪事实已经查清，证据确实、充分，依法应当追究刑事责任的，应当作出起诉决定。

人民检察院经审查，认为需要补充核实的，应当退回监察机关补充调查，必要时可以自行补充侦查。对于补充调查的案件，应当在一个月内补充调查完毕。补充调查以二次为限。

人民检察院对于有《中华人民共和国刑事诉讼法》规定的不起诉的情形的，经上一级人民检察院批准，依法作出不起诉的决定。监察机关认为不起诉的决定有错误的，可以向上一级人民检察院提请复议。

第四十八条 监察机关在调查贪污贿赂、失职渎职等职务犯罪案件过程中，被调查人逃匿或者死亡，有必要继续调查的，经省级以上监察机关批准，应当继续调查并作出结论。被调查人逃匿，在通缉一年后不能到案，或者死亡的，由监察机关提请人民检察院依照法定程序，向人民法院提出没收违法所得的申请。

第四十九条 监察对象对监察机关作出的涉及本人的处理决定不服的，可以在收到处理决定之日起一个月内，向作出决定的监察机关申请复审，复审机关应当在一个月内作出复审决定；监察对象对复审决定仍不服的，可以在收到复审决定之日起一个月内，向上一级监察机关申请复核，复核机关应当在二个月内作出复核决定。复审、复核期间，不停止原处理决定的执行。复核机关经审查，认定处理决定有错误的，原处理机关应当及时予以纠正。

第六章 反腐败国际合作

第五十条 国家监察委员会统筹协调与其他国家、地区、国际组织开展的反腐败国际交流、合作，组织反腐败国际条约实施工作。

第五十一条 国家监察委员会组织协调有关方面加强与有关国家、地区、国际组织在反腐败执法、引渡、司法协助、被判刑人的移管、资产追回和信息交流等领域的合作。

第五十二条 国家监察委员会加强对反腐败国际追逃追赃和防逃工作的组织协调，督促有关单位做好相关工作：

（一）对于重大贪污贿赂、失职渎职等职务犯罪案件，被调查人逃匿到国（境）外，掌握证据比较确凿的，通过开展境外追逃合作，追捕归案；

（二）向赃款赃物所在国请求查询、冻结、扣押、没收、追缴、返还涉案资产；

（三）查询、监控涉嫌职务犯罪的公职人员及其相关人员进出国（境）和跨境资金流动情况，在调查案件过程中设置防逃程序。

第七章 对监察机关和监察人员的监督

第五十三条 各级监察委员会应当接受本级人民代表大会及其常务委员会的监督。

各级人民代表大会常务委员会听取和审议本级监察委员会的专项工作报告，组织执法检查。

县级以上各级人民代表大会及其常务委员会举行会议时，人民代表大会代表或者常务委员会组成人员可以依照法律规定的程序，就监察工作中的有关问题提出询问或者质询。

第五十四条 监察机关应当依法公开监察工作信息，接受民主监督、社会监督、舆论监督。

第五十五条 监察机关通过设立内部专门的监督机构等方式，加强对监察人员执行职务和遵守法律情况的监督，建设忠诚、干净、担当的监察队伍。

第五十六条 监察人员必须模范遵守宪法和法律，忠于职守、秉公执法，清正廉洁、保守秘密；必须具有良好的政治素质，熟悉监察业务，具备运用法律、法规、政策和调查取证等能力，自觉接受监督。

第五十七条 对于监察人员打听案情、过问案件、说情干预的，办理监察事项的监察人员应当及时报告。有关情况应当登记备案。

发现办理监察事项的监察人员未经批准接触被调查人、涉案人员及其特定关系人，或者存在交往情形的，知情人应当及时报告。有关情况应当登记备案。

第五十八条 办理监察事项的监察人员有下列情形之一的，应当自行回避，监察对象、检举人及其他有关人员也有权要求其回避：

（一）是监察对象或者检举人的近亲属的；

（二）担任过本案的证人的；

（三）本人或者其近亲属与办理的监察事项有利害关系的；

（四）有可能影响监察事项公正处理的其他情形的。

第五十九条 监察机关涉密人员离岗离职后，应当遵守脱密期管理规定，严格履行保密义务，不得泄露相关秘密。

监察人员辞职、退休三年内，不得从事与监察和司法工作相关联且可能发生利益冲突的职业。

第六十条 监察机关及其工作人员有下列行为之一的，被调查人及其近亲属有权向该机关申诉：

（一）留置法定期限届满，不予以解除的；

（二）查封、扣押、冻结与案件无关的财物的；

（三）应当解除查封、扣押、冻结措施而不解除的；

（四）贪污、挪用、私分、调换以及违反规定使用查封、扣押、冻结的财物的；

（五）其他违反法律法规、侵害被调查人合法权益的行为。

受理申诉的监察机关应当在受理申诉之日起一个月内作出处理决定。申诉人对处理决定不服的，可以在收到处理决定之日起一个月内向上一级监察机关申请复查，上一级监察机关应当在收到复查申请之日起二个月内作出处理决定，情况属实的，及时予以纠正。

第六十一条 对调查工作结束后发现立案依据不充分或者失实，案件处置出现重大失误，监察人员严重违法的，应当追究负有责任的领导人员和直接责任人员的责任。

第八章 法律责任

第六十二条 有关单位拒不执行监察机关作出的处理决定，或者无正当理由拒不采纳监察建议的，由其主管部门、上级机关责令改正，对单位给予通报批评；对负有责任的领导人员和直接责任人员依法给予处理。

第六十三条 有关人员违反本法规定，有下列行为之一的，由其所在单位、主管部门、上级机关或者监察机关责令改正，依法给予处理：

（一）不按要求提供有关材料，拒绝、阻碍调查措施实施等拒不配合监察机关调查的；

（二）提供虚假情况，掩盖事实真相的；

（三）串供或者伪造、隐匿、毁灭证据的；

（四）阻止他人揭发检举、提供证据的；

（五）其他违反本法规定的行为，情节严重的。

第六十四条 监察对象对控告人、检举人、证人或者监察人员进行报复陷害的；控告人、检举人、证人捏造事实诬告陷害监察对象的，依法给予处理。

第六十五条 监察机关及其工作人员有下列行为之一的，对负有责任的领导人员和直接责任人员依法给予处理：

（一）未经批准、授权处置问题线索，发现重大案情隐瞒不报，或者私自留存、处理涉案材料的；

（二）利用职权或者职务上的影响干预调查工作、以案谋私的；

（三）违法窃取、泄露调查工作信息，或者泄露举报事项、举报受理情况以及举报人信息的；

（四）对被调查人或者涉案人员逼供、诱供，或者侮辱、打骂、虐待、体罚或者变相体罚的；

（五）违反规定处置查封、扣押、冻结的财物的；

（六）违反规定发生办案安全事故，或者发生安全事故后隐瞒不报、报告失实、处置不当的；

（七）违反规定采取留置措施的；

（八）违反规定限制他人出境，或者不按规定解除出境限制的；

（九）其他滥用职权、玩忽职守、徇私舞弊的行为。

第六十六条 违反本法规定，构成犯罪的，依法追究刑事责任。

第六十七条 监察机关及其工作人员行使职权，侵犯公民、法人和其他组织的合法权益造成损害的，依法给予国家赔偿。

第九章 附 则

第六十八条 中国人民解放军和中国人民武装警察部队开展监察工作，由中央军事委员会根据本法制定具体规定。

第六十九条 本法自公布之日起施行。《中华人民共和国行政监察法》同时废止。

中华人民共和国监察法实施条例

（2021 年 7 月 20 日国家监察委员会全体会议决定　2021 年 9 月 20 日中华人民共和国国家监察委员会公告第 1 号公布　自 2021 年 9 月 20 日起施行）

目　　录

第一章　总　　则

第一条　为了推动监察工作法治化、规范化，根据《中华人民共和国监察法》（以下简称监察法），结合工作实际，制定本条例。

第二条　坚持中国共产党对监察工作的全面领导，增强政治意识、大局意识、核心意识、看齐意识，坚定中国特色社会主义道路自信、理论自信、制度自信、文化自信，坚决维护习近平总书记党中央的核心、全党的核心地位，坚决维护党中央权威和集中统一领导，把党的领导贯彻到监察工作各方面和全过程。

第三条　监察机关与党的纪律检查机关合署办公，坚持法治思维和法治方式，促进执纪执法贯通、有效衔接司法，实现依纪监督和依法监察、适用纪律和适用法律有机融合。

第四条　监察机关应当依法履行监督、调查、处置职责，坚持实事求是，坚持惩前毖后、治病救人，坚持惩戒与教育相结合，实现政治效果、法律效果和社会效果相统一。

第五条　监察机关应当坚定不移惩治腐败，推动深化改革、完善制度，规范权力运行，加强思想道德教育、法治教育、廉洁教育，引导公职人员提高觉悟、担当作为、依法履职，一体推进不敢腐、不能腐、不想腐体制机制建设。

第六条　监察机关坚持民主集中制，对于线索处置、立案调查、案件审理、处置执行、复审复核中的重要事项应当集体研究，严格按照权限履行请示报告程序。

第七条　监察机关应当在适用法律上一律平等，充分保障监察对象以及相关人员的人身权、知情权、财产权、申辩权、申诉权以及申请复审复核权等合法权益。

第八条　监察机关办理职务犯罪案件，应当与人民法院、人民检察院互相配合、互相制约，在案件管辖、证据审查、案件移送、涉案财物处置等方面加强沟通协调，对于人民法院、人民检察院提出的退回补充调查、排除非法证据、调取同步录音录像、要求调查人员出庭等意见依法办理。

第九条　监察机关开展监察工作，可以依法提请组织人事、公安、国家安全、审计、统计、市场监管、金融监管、财政、税务、自然资源、银行、证券、保险等有关部门、单位予以协助配合。

有关部门、单位应当根据监察机关的要求，依法协助采取有关措施、共享相关信息、提供相关资料和专业技术支持，配合开展监察工作。

第二章　监察机关及其职责

第一节　领导体制

第十条　国家监察委员会在党中央领导下开展工作。地方各级监察委员会在同级党委和上级监察委员会双重领导下工作，监督执法调查工作以上级监察委员会领导为主，线索处置和案件查办在向同级党委报告的同时应当一并向上一级监察委员会报告。

上级监察委员会应当加强对下级监察委员会的领导。下级监察委员会对上级监察委员会的决定必须执行，认为决定不当的，应当在执行的同时向上级监察委员会反映。上级监察委员会对下级监察委员会作出的错误决定，应当按程序予以纠正，或者要求下级监察委员会予以纠正。

第十一条　上级监察委员会可以依法统一调用所辖各级监察机关的监察人员办理监察事项。调用决定应当以书面形式作出。

监察机关办理监察事项应当加强互相协作和配合，对于重要、复杂事项可以提请上级监察机关予以协调。

第十二条　各级监察委员会依法向本级中国共产党机关、国家机关、法律法规授权或者受委托管理公共事务的组织和单位以及所管辖的国有企业事业单位等派驻或者派出监察机构、监察专员。

省级和设区的市级监察委员会依法向地区、盟、开发区等不设置人民代表大会的区域派出监察机构或者监察专员。县级监察委员会和直辖市所辖区（县）监察委员会可以向街道、乡镇等区域派出监察机构或者监察专员。

监察机构、监察专员开展监察工作，受派出机关领导。

第十三条　派驻或者派出的监察机构、监察专员根据派出机关授权，按照管理权限依法对派驻或者派出监督单位、区域等的公职人员开展监督，对职务违法和职务犯罪进行调查、处置。监察机构、监察专员可以按规定与地方监察委员会联合调查严重职务违法、职务犯罪，或者移交地方监察委员会调查。

未被授予职务犯罪调查权的监察机构、监察专员发现监察对象涉嫌职务犯罪线索的，应当及时向派出机关报告，由派出机关调查或者依法移交有关地方监察委员会调查。

第二节　监 察 监 督

第十四条　监察机关依法履行监察监督职责，对公职人员政治品行、行使公权力和道德操守情况进行监督检查，督促有关机关、单位加强对所属公职人员的教育、管理、监督。

第十五条　监察机关应当坚决维护宪法确立的国家指导思想，加强对公职人员特别是领导人员坚持党的领导、坚持中国特色社会主义制度，贯彻落实党和国家路线方针政策、重大决策部署，履行从严管理监督职责，依法行使公权力等情况的监督。

第十六条　监察机关应当加强对公职人员理想教育、为人民服务教育、宪法法律法规教育、优秀传统文化教育，弘扬社会主义核心价值观，深入开展警示教育，教育引导公职人员树立正确的权力观、责任观、利益观，保持为民务实清廉本色。

第十七条 监察机关应当结合公职人员的职责加强日常监督，通过收集群众反映、座谈走访、查阅资料、召集或者列席会议、听取工作汇报和述责述廉、开展监督检查等方式，促进公职人员依法用权、秉公用权、廉洁用权。

第十八条 监察机关可以与公职人员进行谈心谈话，发现政治品行、行使公权力和道德操守方面有苗头性、倾向性问题的，及时进行教育提醒。

第十九条 监察机关对于发现的系统性、行业性的突出问题，以及群众反映强烈的问题，可以通过专项检查进行深入了解，督促有关机关、单位强化治理，促进公职人员履职尽责。

第二十条 监察机关应当以办案促进整改、以监督促进治理，在查清问题、依法处置的同时，剖析问题发生的原因，发现制度建设、权力配置、监督机制等方面存在的问题，向有关机关、单位提出改进工作的意见或者监察建议，促进完善制度，提高治理效能。

第二十一条 监察机关开展监察监督，应当与纪律监督、派驻监督、巡视监督统筹衔接，与人大监督、民主监督、行政监督、司法监督、审计监督、财会监督、统计监督、群众监督和舆论监督等贯通协调，健全信息、资源、成果共享等机制，形成监督合力。

第三节 监察调查

第二十二条 监察机关依法履行监察调查职责，依据监察法、《中华人民共和国公职人员政务处分法》（以下简称政务处分法）和《中华人民共和国刑法》（以下简称刑法）等规定对职务违法和职务犯罪进行调查。

第二十三条 监察机关负责调查的职务违法是指公职人员实施的与其职务相关联，虽不构成犯罪但依法应当承担法律责任的下列违法行为：

（一）利用职权实施的违法行为；

（二）利用职务上的影响实施的违法行为；

（三）履行职责不力、失职失责的违法行为；

（四）其他违反与公职人员职务相关的特定义务的违法行为。

第二十四条 监察机关发现公职人员存在其他违法行为，具有下列情形之一的，可以依法进行调查、处置：

（一）超过行政违法追究时效，或者超过犯罪追诉时效、未追究刑事责任，但需要依法给予政务处分的；

（二）被追究行政法律责任，需要依法给予政务处分的；

（三）监察机关调查职务违法或者职务犯罪时，对被调查人实施的事实简单、清楚，需要依法给予政务处分的其他违法行为一并查核的。

监察机关发现公职人员成为监察对象前有前款规定的违法行为的，依照前款规定办理。

第二十五条　监察机关依法对监察法第十一条第二项规定的职务犯罪进行调查。

第二十六条　监察机关依法调查涉嫌贪污贿赂犯罪，包括贪污罪，挪用公款罪，受贿罪，单位受贿罪，利用影响力受贿罪，行贿罪，对有影响力的人行贿罪，对单位行贿罪，介绍贿赂罪，单位行贿罪，巨额财产来源不明罪，隐瞒境外存款罪，私分国有资产罪，私分罚没财物罪，以及公职人员在行使公权力过程中实施的职务侵占罪，挪用资金罪，对外国公职人员、国际公共组织官员行贿罪，非国家工作人员受贿罪和相关联的对非国家工作人员行贿罪。

第二十七条　监察机关依法调查公职人员涉嫌滥用职权犯罪，包括滥用职权罪，国有公司、企业、事业单位人员滥用职权罪，滥用管理公司、证券职权罪，食品、药品监管渎职罪，故意泄露国家秘密罪，报复陷害罪，阻碍解救被拐卖、绑架妇女、儿童罪，帮助犯罪分子逃避处罚罪，违法发放林木采伐许可证罪，办理偷越国（边）境人员出入境证件罪，放行偷越国（边）境人员罪，挪用特定款物罪，非法剥夺公民宗教信仰自由罪，侵犯少数民族风俗习惯罪，打击报复会计、统计人员罪，以及司法工作人员以外的公职人员利用职权实施的非法拘禁罪、虐待被监管人罪、非法搜查罪。

第二十八条　监察机关依法调查公职人员涉嫌玩忽职守犯罪，包括玩忽职守罪，国有公司、企业、事业单位人员失职罪，签订、履行合同失职被骗罪，国家机关工作人员签订、履行合同失职被骗罪，环境监管失职罪，传染病防治失职罪，商检失职罪，动植物检疫失职罪，不解救被拐卖、绑架妇女、儿童罪，失职造成珍贵文物损毁、流失罪，过失泄露国家秘密罪。

第二十九条　监察机关依法调查公职人员涉嫌徇私舞弊犯罪，包括徇私舞弊低价折股、出售国有资产罪，非法批准征收、征用、占用土地罪，非法低价出让国有土地使用权罪，非法经营同类营业罪，为亲友非法牟利罪，枉法仲裁罪，徇私舞弊发售发票、抵扣税款、出口退税罪，商检徇私舞弊罪，动植物检疫徇私舞弊罪，放纵走私罪，放纵制售伪劣商品犯罪行为罪，招收公务员、学生徇私舞弊罪，徇私舞弊不移交刑事案件罪，违法提供出口退税凭证罪，徇私舞弊不征、少征税款罪。

第三十条 监察机关依法调查公职人员在行使公权力过程中涉及的重大责任事故犯罪，包括重大责任事故罪，教育设施重大安全事故罪，消防责任事故罪，重大劳动安全事故罪，强令、组织他人违章冒险作业罪，危险作业罪，不报、谎报安全事故罪，铁路运营安全事故罪，重大飞行事故罪，大型群众性活动重大安全事故罪，危险物品肇事罪，工程重大安全事故罪。

第三十一条 监察机关依法调查公职人员在行使公权力过程中涉及的其他犯罪，包括破坏选举罪，背信损害上市公司利益罪，金融工作人员购买假币、以假币换取货币罪，利用未公开信息交易罪，诱骗投资者买卖证券、期货合约罪，背信运用受托财产罪，违法运用资金罪，违法发放贷款罪，吸收客户资金不入账罪，违规出具金融票证罪，对违法票据承兑、付款、保证罪，非法转让、倒卖土地使用权罪，私自开拆、隐匿、毁弃邮件、电报罪，故意延误投递邮件罪，泄露不应公开的案件信息罪，披露、报道不应公开的案件信息罪，接送不合格兵员罪。

第三十二条 监察机关发现依法由其他机关管辖的违法犯罪线索，应当及时移送有管辖权的机关。

监察机关调查结束后，对于应当给予被调查人或者涉案人员行政处罚等其他处理的，依法移送有关机关。

第四节 监察处置

第三十三条 监察机关对违法的公职人员，依据监察法、政务处分法等规定作出政务处分决定。

第三十四条 监察机关在追究违法的公职人员直接责任的同时，依法对履行职责不力、失职失责，造成严重后果或者恶劣影响的领导人员予以问责。

监察机关应当组成调查组依法开展问责调查。调查结束后经集体讨论形成调查报告，需要进行问责的按照管理权限作出问责决定，或者向有权作出问责决定的机关、单位书面提出问责建议。

第三十五条 监察机关对涉嫌职务犯罪的人员，经调查认为犯罪事实清楚，证据确实、充分，需要追究刑事责任的，依法移送人民检察院审查起诉。

第三十六条　监察机关根据监督、调查结果，发现监察对象所在单位在廉政建设、权力制约、监督管理、制度执行以及履行职责等方面存在问题需要整改纠正的，依法提出监察建议。

监察机关应当跟踪了解监察建议的采纳情况，指导、督促有关单位限期整改，推动监察建议落实到位。

第三章　监察范围和管辖

第一节　监察对象

第三十七条　监察机关依法对所有行使公权力的公职人员进行监察，实现国家监察全面覆盖。

第三十八条　监察法第十五条第一项所称公务员范围，依据《中华人民共和国公务员法》（以下简称公务员法）确定。

监察法第十五条第一项所称参照公务员法管理的人员，是指有关单位中经批准参照公务员法进行管理的工作人员。

第三十九条　监察法第十五条第二项所称法律、法规授权或者受国家机关依法委托管理公共事务的组织中从事公务的人员，是指在上述组织中，除参照公务员法管理的人员外，对公共事务履行组织、领导、管理、监督等职责的人员，包括具有公共事务管理职能的行业协会等组织中从事公务的人员，以及法定检验检测、检疫等机构中从事公务的人员。

第四十条　监察法第十五条第三项所称国有企业管理人员，是指国家出资企业中的下列人员：

（一）在国有独资、全资公司、企业中履行组织、领导、管理、监督等职责的人员；

（二）经党组织或者国家机关，国有独资、全资公司、企业，事业单位提名、推荐、任命、批准等，在国有控股、参股公司及其分支机构中履行组织、领导、管理、监督等职责的人员；

（三）经国家出资企业中负有管理、监督国有资产职责的组织批准或者研究决定，代表其在国有控股、参股公司及其分支机构中从事组织、领导、管理、监督等工作的人员。

第四十一条　监察法第十五条第四项所称公办的教育、科研、文化、医疗卫生、体育等单位中从事管理的人员，是指国家为了社会公益目的，由国家机关举办或者其他组织利用国有资产举办的教育、科研、文化、医疗卫生、体育等事业单位中，从事组织、领导、管理、监督等工作的人员。

第四十二条　监察法第十五条第五项所称基层群众性自治组织中从事管理的人员，是指该组织中的下列人员：

（一）从事集体事务和公益事业管理的人员；

（二）从事集体资金、资产、资源管理的人员；

（三）协助人民政府从事行政管理工作的人员，包括从事救灾、防疫、抢险、防汛、优抚、帮扶、移民、救济款物的管理，社会捐助公益事业款物的管理，国有土地的经营和管理，土地征收、征用补偿费用的管理，代征、代缴税款，有关计划生育、户籍、征兵工作，协助人民政府等国家机关在基层群众性自治组织中从事的其他管理工作。

第四十三条　下列人员属于监察法第十五条第六项所称其他依法履行公职的人员：

（一）履行人民代表大会职责的各级人民代表大会代表，履行公职的中国人民政治协商会议各级委员会委员、人民陪审员、人民监督员；

（二）虽未列入党政机关人员编制，但在党政机关中从事公务的人员；

（三）在集体经济组织等单位、组织中，由党组织或者国家机关，国有独资、全资公司、企业，国家出资企业中负有管理监督国有和集体资产职责的组织，事业单位提名、推荐、任命、批准等，从事组织、领导、管理、监督等工作的人员；

（四）在依法组建的评标、谈判、询价等组织中代表国家机关，国有独资、全资公司、企业，事业单位，人民团体临时履行公共事务组织、领导、管理、监督等职责的人员；

（五）其他依法行使公权力的人员。

第四十四条　有关机关、单位、组织集体作出的决定违法或者实施违法行为的，监察机关应当对负有责任的领导人员和直接责任人员中的公职人员依法追究法律责任。

第二节　管　　辖

第四十五条　监察机关开展监督、调查、处置，按照管理权限与属地管辖相结合的原则，实行分级负责制。

第四十六条 设区的市级以上监察委员会按照管理权限，依法管辖同级党委管理的公职人员涉嫌职务违法和职务犯罪案件。

县级监察委员会和直辖市所辖区（县）监察委员会按照管理权限，依法管辖本辖区内公职人员涉嫌职务违法和职务犯罪案件。

地方各级监察委员会按照本条例第十三条、第四十九条规定，可以依法管辖工作单位在本辖区内的有关公职人员涉嫌职务违法和职务犯罪案件。

监察机关调查公职人员涉嫌职务犯罪案件，可以依法对涉嫌行贿犯罪、介绍贿赂犯罪或者共同职务犯罪的涉案人员中的非公职人员一并管辖。非公职人员涉嫌利用影响力受贿罪的，按照其所利用的公职人员的管理权限确定管辖。

第四十七条 上级监察机关对于下一级监察机关管辖范围内的职务违法和职务犯罪案件，具有下列情形之一的，可以依法提级管辖：

（一）在本辖区有重大影响的；

（二）涉及多个下级监察机关管辖的监察对象，调查难度大的；

（三）其他需要提级管辖的重大、复杂案件。

上级监察机关对于所辖各级监察机关管辖范围内有重大影响的案件，必要时可以依法直接调查或者组织、指挥、参与调查。

地方各级监察机关所管辖的职务违法和职务犯罪案件，具有第一款规定情形的，可以依法报请上一级监察机关管辖。

第四十八条 上级监察机关可以依法将其所管辖的案件指定下级监察机关管辖。

设区的市级监察委员会将同级党委管理的公职人员涉嫌职务违法或者职务犯罪案件指定下级监察委员会管辖的，应当报省级监察委员会批准；省级监察委员会将同级党委管理的公职人员涉嫌职务违法或者职务犯罪案件指定下级监察委员会管辖的，应当报国家监察委员会相关监督检查部门备案。

上级监察机关对于下级监察机关管辖的职务违法和职务犯罪案件，具有下列情形之一，认为由其他下级监察机关管辖更为适宜的，可以依法指定给其他下级监察机关管辖：

（一）管辖有争议的；

（二）指定管辖有利于案件公正处理的；

（三）下级监察机关报请指定管辖的；

（四）其他有必要指定管辖的。

被指定的下级监察机关未经指定管辖的监察机关批准，不得将案件再行指定管辖。发现新的职务违法或者职务犯罪线索，以及其他重要情况、重大问题，应当及时向指定管辖的监察机关请示报告。

第四十九条 工作单位在地方、管理权限在主管部门的公职人员涉嫌职务违法和职务犯罪，一般由驻在主管部门、有管辖权的监察机构、监察专员管辖；经协商，监察机构、监察专员可以按规定移交公职人员工作单位所在地的地方监察委员会调查，或者与地方监察委员会联合调查。地方监察委员会在工作中发现上述公职人员有关问题线索，应当向驻在主管部门、有管辖权的监察机构、监察专员通报，并协商确定管辖。

前款规定单位的其他公职人员涉嫌职务违法和职务犯罪，可以由地方监察委员会管辖；驻在主管部门的监察机构、监察专员自行立案调查的，应当及时通报地方监察委员会。

地方监察委员会调查前两款规定案件，应当将立案、留置、移送审查起诉、撤销案件等重要情况向驻在主管部门的监察机构、监察专员通报。

第五十条 监察机关办理案件中涉及无隶属关系的其他监察机关的监察对象，认为需要立案调查的，应当商请有管理权限的监察机关依法立案调查。商请立案时，应当提供涉案人员基本情况、已经查明的涉嫌违法犯罪事实以及相关证据材料。

承办案件的监察机关认为由其一并调查更为适宜的，可以报请有权决定的上级监察机关指定管辖。

第五十一条 公职人员既涉嫌贪污贿赂、失职渎职等严重职务违法和职务犯罪，又涉嫌公安机关、人民检察院等机关管辖的犯罪，依法由监察机关为主调查的，应当由监察机关和其他机关分别依职权立案，监察机关承担组织协调职责，协调调查和侦查工作进度、重要调查和侦查措施使用等重要事项。

第五十二条 监察机关必要时可以依法调查司法工作人员利用职权实施的涉嫌非法拘禁、刑讯逼供、非法搜查等侵犯公民权利、损害司法公正的犯罪，并在立案后及时通报同级人民检察院。

监察机关在调查司法工作人员涉嫌贪污贿赂等职务犯罪中，可以对其涉嫌的前款规定的犯罪一并调查，并及时通报同级人民检察院。人民检察院在办理直接受理侦查的案件中，发现犯罪嫌疑人同时涉嫌监察机关管辖的其他职务犯罪，经沟通全案移送监察机关管辖的，监察机关应当依法进行调查。

第五十三条　监察机关对于退休公职人员在退休前或者退休后，或者离职、死亡的公职人员在履职期间实施的涉嫌职务违法或者职务犯罪行为，可以依法进行调查。

对前款规定人员，按照其原任职务的管辖规定确定管辖的监察机关；由其他监察机关管辖更为适宜的，可以依法指定或者交由其他监察机关管辖。

第四章　监察权限

第一节　一般要求

第五十四条　监察机关应当加强监督执法调查工作规范化建设，严格按规定对监察措施进行审批和监管，依照法定的范围、程序和期限采取相关措施，出具、送达法律文书。

第五十五条　监察机关在初步核实中，可以依法采取谈话、询问、查询、调取、勘验检查、鉴定措施；立案后可以采取讯问、留置、冻结、搜查、查封、扣押、通缉措施。需要采取技术调查、限制出境措施的，应当按照规定交有关机关依法执行。设区的市级以下监察机关在初步核实中不得采取技术调查措施。

开展问责调查，根据具体情况可以依法采取相关监察措施。

第五十六条　开展讯问、搜查、查封、扣押以及重要的谈话、询问等调查取证工作，应当全程同步录音录像，并保持录音录像资料的完整性。录音录像资料应当妥善保管、及时归档，留存备查。

人民检察院、人民法院需要调取同步录音录像的，监察机关应当予以配合，经审批依法予以提供。

第五十七条　需要商请其他监察机关协助收集证据材料的，应当依法出具《委托调查函》；商请其他监察机关对采取措施提供一般性协助的，应当依法出具《商请协助采取措施函》。商请协助事项涉及协助地监察机关管辖的监察对象的，应当由协助地监察机关按照所涉人员的管理权限报批。协助地监察机关对于协助请求，应当依法予以协助配合。

第五十八条　采取监察措施需要告知、通知相关人员的，应当依法办理。告知包括口头、书面两种方式，通知应当采取书面方式。采取口头方式告知的，应当将相关情况制作工作记录；采取书面方式告知、通知的，可以通过直接送交、邮寄、转交等途径送达，将有关回执或者凭证附卷。

无法告知、通知，或者相关人员拒绝接收的，调查人员应当在工作记录或者有关文书上记明。

第二节 证　　据

第五十九条 可以用于证明案件事实的材料都是证据，包括：

（一）物证；

（二）书证；

（三）证人证言；

（四）被害人陈述；

（五）被调查人陈述、供述和辩解；

（六）鉴定意见；

（七）勘验检查、辨认、调查实验等笔录；

（八）视听资料、电子数据。

监察机关向有关单位和个人收集、调取证据时，应当告知其必须依法如实提供证据。对于不按要求提供有关材料，泄露相关信息，伪造、隐匿、毁灭证据，提供虚假情况或者阻止他人提供证据的，依法追究法律责任。

监察机关依照监察法和本条例规定收集的证据材料，经审查符合法定要求的，在刑事诉讼中可以作为证据使用。

第六十条 监察机关认定案件事实应当以证据为根据，全面、客观地收集、固定被调查人有无违法犯罪以及情节轻重的各种证据，形成相互印证、完整稳定的证据链。

只有被调查人陈述或者供述，没有其他证据的，不能认定案件事实；没有被调查人陈述或者供述，证据符合法定标准的，可以认定案件事实。

第六十一条 证据必须经过查证属实，才能作为定案的根据。审查认定证据，应当结合案件的具体情况，从证据与待证事实的关联程度、各证据之间的联系、是否依照法定程序收集等方面进行综合判断。

第六十二条 监察机关调查终结的职务违法案件，应当事实清楚、证据确凿。证据确凿，应当符合下列条件：

（一）定性处置的事实都有证据证实；

（二）定案证据真实、合法；

（三）据以定案的证据之间不存在无法排除的矛盾；

（四）综合全案证据，所认定事实清晰且令人信服。

第六十三条　监察机关调查终结的职务犯罪案件，应当事实清楚，证据确实、充分。证据确实、充分，应当符合下列条件：

（一）定罪量刑的事实都有证据证明；

（二）据以定案的证据均经法定程序查证属实；

（三）综合全案证据，对所认定事实已排除合理怀疑。

证据不足的，不得移送人民检察院审查起诉。

第六十四条　严禁以暴力、威胁、引诱、欺骗以及非法限制人身自由等非法方法收集证据，严禁侮辱、打骂、虐待、体罚或者变相体罚被调查人、涉案人员和证人。

第六十五条　对于调查人员采用暴力、威胁以及非法限制人身自由等非法方法收集的被调查人供述、证人证言、被害人陈述，应当依法予以排除。

前款所称暴力的方法，是指采用殴打、违法使用戒具等方法或者变相肉刑的恶劣手段，使人遭受难以忍受的痛苦而违背意愿作出供述、证言、陈述；威胁的方法，是指采用以暴力或者严重损害本人及其近亲属合法权益等进行威胁的方法，使人遭受难以忍受的痛苦而违背意愿作出供述、证言、陈述。

收集物证、书证不符合法定程序，可能严重影响案件公正处理的，应当予以补正或者作出合理解释；不能补正或者作出合理解释的，对该证据应当予以排除。

第六十六条　监察机关监督检查、调查、案件审理、案件监督管理等部门发现监察人员在办理案件中，可能存在以非法方法收集证据情形的，应当依据职责进行调查核实。对于被调查人控告、举报调查人员采用非法方法收集证据，并提供涉嫌非法取证的人员、时间、地点、方式和内容等材料或者线索的，应当受理并进行审核。根据现有材料无法证明证据收集合法性的，应当进行调查核实。

经调查核实，确认或者不能排除以非法方法收集证据的，对有关证据依法予以排除，不得作为案件定性处置、移送审查起诉的依据。认定调查人员非法取证的，应当依法处理，另行指派调查人员重新调查取证。

监察机关接到对下级监察机关调查人员采用非法方法收集证据的控告、举报，可以直接进行调查核实，也可以交由下级监察机关调查核实。交由下级监察机关调查核实的，下级监察机关应当及时将调查结果报告上级监察机关。

第六十七条　对收集的证据材料及扣押的财物应当妥善保管，严格履行交接、调用手续，定期对账核实，不得违规使用、调换、损毁或者自行处理。

第六十八条　监察机关对行政机关在行政执法和查办案件中收集的物证、书证、视听资料、电子数据，勘验、检查等笔录，以及鉴定意见等证据材料，经审查符合法定要求的，可以作为证据使用。

根据法律、行政法规规定行使国家行政管理职权的组织在行政执法和查办案件中收集的证据材料，视为行政机关收集的证据材料。

第六十九条　监察机关对人民法院、人民检察院、公安机关、国家安全机关等在刑事诉讼中收集的物证、书证、视听资料、电子数据，勘验、检查、辨认、侦查实验等笔录，以及鉴定意见等证据材料，经审查符合法定要求的，可以作为证据使用。

监察机关办理职务违法案件，对于人民法院生效刑事判决、裁定和人民检察院不起诉决定采信的证据材料，可以直接作为证据使用。

第三节　谈　　话

第七十条　监察机关在问题线索处置、初步核实和立案调查中，可以依法对涉嫌职务违法的监察对象进行谈话，要求其如实说明情况或者作出陈述。

谈话应当个别进行。负责谈话的人员不得少于二人。

第七十一条　对一般性问题线索的处置，可以采取谈话方式进行，对监察对象给予警示、批评、教育。谈话应当在工作地点等场所进行，明确告知谈话事项，注重谈清问题、取得教育效果。

第七十二条　采取谈话方式处置问题线索的，经审批可以由监察人员或者委托被谈话人所在单位主要负责人等进行谈话。

监察机关谈话应当形成谈话笔录或者记录。谈话结束后，可以根据需要要求被谈话人在十五个工作日以内作出书面说明。被谈话人应当在书面说明每页签名，修改的地方也应当签名。

委托谈话的，受委托人应当在收到委托函后的十五个工作日以内进行谈话。谈话结束后及时形成谈话情况材料报送监察机关，必要时附被谈话人的书面说明。

第七十三条　监察机关开展初步核实工作，一般不与被核查人接触；确有需要与被核查人谈话的，应当按规定报批。

第七十四条　监察机关对涉嫌职务违法的被调查人立案后，可以依法进行谈话。

与被调查人首次谈话时，应当出示《被调查人权利义务告知书》，由其签名、捺指印。被调查人拒绝签名、捺指印的，调查人员应当在文书上记明。对于被调查人未被限制人身自由的，应当在首次谈话时出具《谈话通知书》。

与涉嫌严重职务违法的被调查人进行谈话的，应当全程同步录音录像，并告知被调查人。告知情况应当在录音录像中予以反映，并在笔录中记明。

第七十五条 立案后，与未被限制人身自由的被调查人谈话的，应当在具备安全保障条件的场所进行。

调查人员按规定通知被调查人所在单位派员或者被调查人家属陪同被调查人到指定场所的，应当与陪同人员办理交接手续，填写《陪送交接单》。

第七十六条 调查人员与被留置的被调查人谈话的，按照法定程序在留置场所进行。

与在押的犯罪嫌疑人、被告人谈话的，应当持以监察机关名义出具的介绍信、工作证件，商请有关案件主管机关依法协助办理。

与在看守所、监狱服刑的人员谈话的，应当持以监察机关名义出具的介绍信、工作证件办理。

第七十七条 与被调查人进行谈话，应当合理安排时间、控制时长，保证其饮食和必要的休息时间。

第七十八条 谈话笔录应当在谈话现场制作。笔录应当详细具体，如实反映谈话情况。笔录制作完成后，应当交给被调查人核对。被调查人没有阅读能力的，应当向其宣读。

笔录记载有遗漏或者差错的，应当补充或者更正，由被调查人在补充或者更正处捺指印。被调查人核对无误后，应当在笔录中逐页签名、捺指印。被调查人拒绝签名、捺指印的，调查人员应当在笔录中记明。调查人员也应当在笔录中签名。

第七十九条 被调查人请求自行书写说明材料的，应当准许。必要时，调查人员可以要求被调查人自行书写说明材料。

被调查人应当在说明材料上逐页签名、捺指印，在末页写明日期。对说明材料有修改的，在修改之处应当捺指印。说明材料应当由二名调查人员接收，在首页记明接收的日期并签名。

第八十条 本条例第七十四条至第七十九条的规定，也适用于在初步核实中开展的谈话。

第四节　讯　　问

第八十一条　监察机关对涉嫌职务犯罪的被调查人，可以依法进行讯问，要求其如实供述涉嫌犯罪的情况。

第八十二条　讯问被留置的被调查人，应当在留置场所进行。

第八十三条　讯问应当个别进行，调查人员不得少于二人。

首次讯问时，应当向被讯问人出示《被调查人权利义务告知书》，由其签名、捺指印。被讯问人拒绝签名、捺指印的，调查人员应当在文书上记明。被讯问人未被限制人身自由的，应当在首次讯问时向其出具《讯问通知书》。

讯问一般按照下列顺序进行：

（一）核实被讯问人的基本情况，包括姓名、曾用名、出生年月日、户籍地、身份证件号码、民族、职业、政治面貌、文化程度、工作单位及职务、住所、家庭情况、社会经历，是否属于党代表大会代表、人大代表、政协委员，是否受到过党纪政务处分，是否受到过刑事处罚等；

（二）告知被讯问人如实供述自己罪行可以依法从宽处理和认罪认罚的法律规定；

（三）讯问被讯问人是否有犯罪行为，让其陈述有罪的事实或者无罪的辩解，应当允许其连贯陈述。

调查人员的提问应当与调查的案件相关。被讯问人对调查人员的提问应当如实回答。调查人员对被讯问人的辩解，应当如实记录，认真查核。

讯问时，应当告知被讯问人将进行全程同步录音录像。告知情况应当在录音录像中予以反映，并在笔录中记明。

第八十四条　本条例第七十五条至第七十九条的要求，也适用于讯问。

第五节　询　　问

第八十五条　监察机关按规定报批后，可以依法对证人、被害人等人员进行询问，了解核实有关问题或者案件情况。

第八十六条　证人未被限制人身自由的，可以在其工作地点、住所或者其提出的地点进行询问，也可以通知其到指定地点接受询问。到证人提出的地点或者调查人员指定的地点进行询问的，应当在笔录中记明。

调查人员认为有必要或者证人提出需要由所在单位派员或者其家属陪同到询问地点的，应当办理交接手续并填写《陪送交接单》。

第八十七条　询问应当个别进行。负责询问的调查人员不得少于二人。

首次询问时，应当向证人出示《证人权利义务告知书》，由其签名、捺指印。证人拒绝签名、捺指印的，调查人员应当在文书上记明。证人未被限制人身自由的，应当在首次询问时向其出具《询问通知书》。

询问时，应当核实证人身份，问明证人的基本情况，告知证人应当如实提供证据、证言，以及作伪证或者隐匿证据应当承担的法律责任。不得向证人泄露案情，不得采用非法方法获取证言。

询问重大或者有社会影响案件的重要证人，应当对询问过程全程同步录音录像，并告知证人。告知情况应当在录音录像中予以反映，并在笔录中记明。

第八十八条　询问未成年人，应当通知其法定代理人到场。无法通知或者法定代理人不能到场的，应当通知未成年人的其他成年亲属或者所在学校、居住地基层组织的代表等有关人员到场。询问结束后，由法定代理人或者有关人员在笔录中签名。调查人员应当将到场情况记录在案。

询问聋、哑人，应当有通晓聋、哑手势的人员参加。调查人员应当在笔录中记明证人的聋、哑情况，以及翻译人员的姓名、工作单位和职业。询问不通晓当地通用语言、文字的证人，应当有翻译人员。询问结束后，由翻译人员在笔录中签名。

第八十九条　凡是知道案件情况的人，都有如实作证的义务。对故意提供虚假证言的证人，应当依法追究法律责任。

证人或者其他任何人不得帮助被调查人隐匿、毁灭、伪造证据或者串供，不得实施其他干扰调查活动的行为。

第九十条　证人、鉴定人、被害人因作证，本人或者近亲属人身安全面临危险，向监察机关请求保护的，监察机关应当受理并及时进行审查；对于确实存在人身安全危险的，监察机关应当采取必要的保护措施。监察机关发现存在上述情形的，应当主动采取保护措施。

监察机关可以采取下列一项或者多项保护措施：

（一）不公开真实姓名、住址和工作单位等个人信息；

（二）禁止特定的人员接触证人、鉴定人、被害人及其近亲属；

（三）对人身和住宅采取专门性保护措施；

（四）其他必要的保护措施。

依法决定不公开证人、鉴定人、被害人的真实姓名、住址和工作单位等个人信息的，可以在询问笔录等法律文书、证据材料中使用化名。但是应当另行书面说明使用化名的情况并标明密级，单独成卷。

监察机关采取保护措施需要协助的，可以提请公安机关等有关单位和要求有关个人依法予以协助。

第九十一条　本条例第七十六条至第七十九条的要求，也适用于询问。询问重要涉案人员，根据情况适用本条例第七十五条的规定。

询问被害人，适用询问证人的规定。

第六节　留　　置

第九十二条　监察机关调查严重职务违法或者职务犯罪，对于符合监察法第二十二条第一款规定的，经依法审批，可以对被调查人采取留置措施。

监察法第二十二条第一款规定的严重职务违法，是指根据监察机关已经掌握的事实及证据，被调查人涉嫌的职务违法行为情节严重，可能被给予撤职以上政务处分；重要问题，是指对被调查人涉嫌的职务违法或者职务犯罪，在定性处置、定罪量刑等方面有重要影响的事实、情节及证据。

监察法第二十二条第一款规定的已经掌握其部分违法犯罪事实及证据，是指同时具备下列情形：

（一）有证据证明发生了违法犯罪事实；

（二）有证据证明该违法犯罪事实是被调查人实施；

（三）证明被调查人实施违法犯罪行为的证据已经查证属实。

部分违法犯罪事实，既可以是单一违法犯罪行为的事实，也可以是数个违法犯罪行为中任何一个违法犯罪行为的事实。

第九十三条　被调查人具有下列情形之一的，可以认定为监察法第二十二条第一款第二项所规定的可能逃跑、自杀：

（一）着手准备自杀、自残或者逃跑的；

（二）曾经有自杀、自残或者逃跑行为的；

（三）有自杀、自残或者逃跑意图的；

（四）其他可能逃跑、自杀的情形。

第九十四条　被调查人具有下列情形之一的，可以认定为监察法第二十二条第一款第三项所规定的可能串供或者伪造、隐匿、毁灭证据：

（一）曾经或者企图串供，伪造、隐匿、毁灭、转移证据的；

（二）曾经或者企图威逼、恐吓、利诱、收买证人，干扰证人作证的；

（三）有同案人或者与被调查人存在密切关联违法犯罪的涉案人员在逃，重要证据尚未收集完成的；

（四）其他可能串供或者伪造、隐匿、毁灭证据的情形。

第九十五条 被调查人具有下列情形之一的，可以认定为监察法第二十二条第一款第四项所规定的可能有其他妨碍调查行为：

（一）可能继续实施违法犯罪行为的；

（二）有危害国家安全、公共安全等现实危险的；

（三）可能对举报人、控告人、被害人、证人、鉴定人等相关人员实施打击报复的；

（四）无正当理由拒不到案，严重影响调查的；

（五）其他可能妨碍调查的行为。

第九十六条 对下列人员不得采取留置措施：

（一）患有严重疾病、生活不能自理的；

（二）怀孕或者正在哺乳自己婴儿的妇女；

（三）系生活不能自理的人的唯一扶养人。

上述情形消除后，根据调查需要可以对相关人员采取留置措施。

第九十七条 采取留置措施时，调查人员不得少于二人，应当向被留置人员宣布《留置决定书》，告知被留置人员权利义务，要求其在《留置决定书》上签名、捺指印。被留置人员拒绝签名、捺指印的，调查人员应当在文书上记明。

第九十八条 采取留置措施后，应当在二十四小时以内通知被留置人员所在单位和家属。当面通知的，由有关人员在《留置通知书》上签名。无法当面通知的，可以先以电话等方式通知，并通过邮寄、转交等方式送达《留置通知书》，要求有关人员在《留置通知书》上签名。

因可能毁灭、伪造证据，干扰证人作证或者串供等有碍调查情形而不宜通知的，应当按规定报批，记录在案。有碍调查的情形消失后，应当立即通知被留置人员所在单位和家属。

第九十九条 县级以上监察机关需要提请公安机关协助采取留置措施的，应当按规定报批，请同级公安机关依法予以协助。提请协助时，应当出具《提请协助采取留置措施函》，列明提请协助的具体事项和建议，协助采取措施的时间、地点等内容，附《留置决定书》复印件。

因保密需要，不适合在采取留置措施前向公安机关告知留置对象姓名的，可以作出说明，进行保密处理。

需要提请异地公安机关协助采取留置措施的，应当按规定报批，向协作地同级监察机关出具协作函件和相关文书，由协作地监察机关提请当地公安机关依法予以协助。

第一百条 留置过程中，应当保障被留置人员的合法权益，尊重其人格和民族习俗，保障饮食、休息和安全，提供医疗服务。

第一百零一条 留置时间不得超过三个月，自向被留置人员宣布之日起算。具有下列情形之一的，经审批可以延长一次，延长时间不得超过三个月：

（一）案情重大，严重危害国家利益或者公共利益的；

（二）案情复杂，涉案人员多、金额巨大，涉及范围广的；

（三）重要证据尚未收集完成，或者重要涉案人员尚未到案，导致违法犯罪的主要事实仍须继续调查的；

（四）其他需要延长留置时间的情形。

省级以下监察机关采取留置措施的，延长留置时间应当报上一级监察机关批准。

延长留置时间的，应当在留置期满前向被留置人员宣布延长留置时间的决定，要求其在《延长留置时间决定书》上签名、捺指印。被留置人员拒绝签名、捺指印的，调查人员应当在文书上记明。

延长留置时间的，应当通知被留置人员家属。

第一百零二条 对被留置人员不需要继续采取留置措施的，应当按规定报批，及时解除留置。

调查人员应当向被留置人员宣布解除留置措施的决定，由其在《解除留置决定书》上签名、捺指印。被留置人员拒绝签名、捺指印的，调查人员应当在文书上记明。

解除留置措施的，应当及时通知被留置人员所在单位或者家属。调查人员应当与交接人办理交接手续，并由其在《解除留置通知书》上签名。无法通知或者有关人员拒绝签名的，调查人员应当在文书上记明。

案件依法移送人民检察院审查起诉的，留置措施自犯罪嫌疑人被执行拘留时自动解除，不再办理解除法律手续。

第一百零三条 留置场所应当建立健全保密、消防、医疗、餐饮及安保等安全工作责任制，制定紧急突发事件处置预案，采取安全防范措施。

留置期间发生被留置人员死亡、伤残、脱逃等办案安全事故、事件的，应当及时做好处置工作。相关情况应当立即报告监察机关主要负责人，并在二十四小时以内逐级上报至国家监察委员会。

第七节 查询、冻结

第一百零四条 监察机关调查严重职务违法或者职务犯罪，根据工作需要，按规定报批后，可以依法查询、冻结涉案单位和个人的存款、汇款、债券、股票、基金份额等财产。

第一百零五条 查询、冻结财产时，调查人员不得少于二人。调查人员应当出具《协助查询财产通知书》或者《协助冻结财产通知书》，送交银行或者其他金融机构、邮政部门等单位执行。有关单位和个人应当予以配合，并严格保密。

查询财产应当在《协助查询财产通知书》中填写查询账号、查询内容等信息。没有具体账号的，应当填写足以确定账户或者权利人的自然人姓名、身份证件号码或者企业法人名称、统一社会信用代码等信息。

冻结财产应当在《协助冻结财产通知书》中填写冻结账户名称、冻结账号、冻结数额、冻结期限起止时间等信息。冻结数额应当具体、明确，暂时无法确定具体数额的，应当在《协助冻结财产通知书》上明确写明“只收不付”。冻结证券和交易结算资金时，应当明确冻结的范围是否及于孳息。

冻结财产，应当为被调查人及其所扶养的亲属保留必需的生活费用。

第一百零六条 调查人员可以根据需要对查询结果进行打印、抄录、复制、拍照，要求相关单位在有关材料上加盖证明印章。对查询结果有疑问的，可以要求相关单位进行书面解释并加盖印章。

第一百零七条 监察机关对查询信息应当加强管理，规范信息交接、调阅、使用程序和手续，防止滥用和泄露。

调查人员不得查询与案件调查工作无关的信息。

第一百零八条 冻结财产的期限不得超过六个月。冻结期限到期未办理续冻手续的，冻结自动解除。

有特殊原因需要延长冻结期限的，应当在到期前按原程序报批，办理续冻手续。每次续冻期限不得超过六个月。

第一百零九条 已被冻结的财产可以轮候冻结，不得重复冻结。轮候冻结的，监察机关应当要求有关银行或者其他金融机构等单位在解除冻结或者作出处理前予以通知。

监察机关接受司法机关、其他监察机关等国家机关移送的涉案财物后，该国家机关采取的冻结期限届满，监察机关续行冻结的顺位与该国家机关冻结的顺位相同。

第一百一十条 冻结财产应当通知权利人或者其法定代理人、委托代理人，要求其在《冻结财产告知书》上签名。冻结股票、债券、基金份额等财产，应当告知权利人或者其法定代理人、委托代理人有权申请出售。

对于被冻结的股票、债券、基金份额等财产，权利人或者其法定代理人、委托代理人申请出售，不损害国家利益、被害人利益，不影响调查正常进行的，经审批可以在案件办结前由相关机构依法出售或者变现。对于被冻结的汇票、本票、支票即将到期的，经审批可以在案件办结前由相关机构依法出售或者变现。出售上述财产的，应当出具《许可出售冻结财产通知书》。

出售或者变现所得价款应当继续冻结在其对应的银行账户中；没有对应的银行账户的，应当存入监察机关指定的专用账户保管，并将存款凭证送监察机关登记。监察机关应当及时向权利人或者其法定代理人、委托代理人出具《出售冻结财产通知书》，并要求其签名。拒绝签名的，调查人员应当在文书上记明。

第一百一十一条 对于冻结的财产，应当及时核查。经查明与案件无关的，经审批，应当在查明后三日以内将《解除冻结财产通知书》送交有关单位执行。解除情况应当告知被冻结财产的权利人或者其法定代理人、委托代理人。

第八节 搜 查

第一百一十二条 监察机关调查职务犯罪案件，为了收集犯罪证据、查获被调查人，按规定报批后，可以依法对被调查人以及可能隐藏被调查人或者犯罪证据的人的身体、物品、住处、工作地点和其他有关地方进行搜查。

第一百一十三条 搜查应当在调查人员主持下进行，调查人员不得少于二人。搜查女性的身体，由女性工作人员进行。

搜查时，应当有被搜查人或者其家属、其所在单位工作人员或者其他见证人在场。监察人员不得作为见证人。调查人员应当向被搜查人或者其家属、见证人出示《搜查证》，要求其签名。被搜查人或者其家属不在场，或者拒绝签名的，调查人员应当在文书上记明。

第一百一十四条 搜查时，应当要求在场人员予以配合，不得进行阻碍。对以暴力、威胁等方法阻碍搜查的，应当依法制止。对阻碍搜查构成违法犯罪的，依法追究法律责任。

第一百一十五条 县级以上监察机关需要提请公安机关依法协助采取搜查措施的，应当按规定报批，请同级公安机关予以协助。提请协助时，应当出具《提请协助采取搜查措施函》，列明提请协助的具体事项和建议，搜查时间、地点、目的等内容，附《搜查证》复印件。

需要提请异地公安机关协助采取搜查措施的，应当按规定报批，向协作地同级监察机关出具协作函件和相关文书，由协作地监察机关提请当地公安机关予以协助。

第一百一十六条 对搜查取证工作，应当全程同步录音录像。

对搜查情况应当制作《搜查笔录》，由调查人员和被搜查人或者其家属、见证人签名。被搜查人或者其家属不在场，或者拒绝签名的，调查人员应当在笔录中记明。

对于查获的重要物证、书证、视听资料、电子数据及其放置、存储位置应当拍照，并在《搜查笔录》中作出文字说明。

第一百一十七条 搜查时，应当避免未成年人或者其他不适宜在搜查现场的人在场。

搜查人员应当服从指挥、文明执法，不得擅自变更搜查对象和扩大搜查范围。搜查的具体时间、方法，在实施前应当严格保密。

第一百一十八条 在搜查过程中查封、扣押财物和文件的，按照查封、扣押的有关规定办理。

第九节 调　　取

第一百一十九条 监察机关按规定报批后，可以依法向有关单位和个人调取用以证明案件事实的证据材料。

第一百二十条 调取证据材料时，调查人员不得少于二人。调查人员应当依法出具《调取证据通知书》，必要时附《调取证据清单》。

有关单位和个人配合监察机关调取证据，应当严格保密。

第一百二十一条 调取物证应当调取原物。原物不便搬运、保存，或者依法应当返还，或者因保密工作需要不能调取原物的，可以将原物封存，并拍照、录像。对原物拍照或者录像时，应当足以反映原物的外形、内容。

调取书证、视听资料应当调取原件。取得原件确有困难或者因保密工作需要不能调取原件的，可以调取副本或者复制件。

调取物证的照片、录像和书证、视听资料的副本、复制件的，应当书面记明不能调取原物、原件的原因，原物、原件存放地点，制作过程，是否与原物、原件相符，并由调查人员和物证、书证、视听资料原持有人签名或者盖章。持有人无法签名、盖章或者拒绝签名、盖章的，应当在笔录中记明，由见证人签名。

第一百二十二条 调取外文材料作为证据使用的，应当交由具有资质的机构和人员出具中文译本。中文译本应当加盖翻译机构公章。

第一百二十三条 收集、提取电子数据，能够扣押原始存储介质的，应当予以扣押、封存并在笔录中记录封存状态。无法扣押原始存储介质的，可以提取电子数据，但应当在笔录中记明不能扣押的原因、原始存储介质的存放地点或者电子数据的来源等情况。

由于客观原因无法或者不宜采取前款规定方式收集、提取电子数据的，可以采取打印、拍照或者录像等方式固定相关证据，并在笔录中说明原因。

收集、提取的电子数据，足以保证完整性，无删除、修改、增加等情形的，可以作为证据使用。

收集、提取电子数据，应当制作笔录，记录案由、对象、内容，收集、提取电子数据的时间、地点、方法、过程，并附电子数据清单，注明类别、文件格式、完整性校验值等，由调查人员、电子数据持有人（提供人）签名或者盖章；电子数据持有人（提供人）无法签名或者拒绝签名的，应当在笔录中记明，由见证人签名或者盖章。有条件的，应当对相关活动进行录像。

第一百二十四条 调取的物证、书证、视听资料等原件，经查明与案件无关的，经审批，应当在查明后三日以内退还，并办理交接手续。

第十节 查封、扣押

第一百二十五条 监察机关按规定报批后，可以依法查封、扣押用以证明被调查人涉嫌违法犯罪以及情节轻重的财物、文件、电子数据等证据材料。

对于被调查人到案时随身携带的物品，以及被调查人或者其他相关人员主动上交的财物和文件，依法需要扣押的，依照前款规定办理。对于被调查人随身携带的与案件无关的个人用品，应当逐件登记，随案移交或者退还。

第一百二十六条 查封、扣押时，应当出具《查封/扣押通知书》，调查人员不得少于二人。持有人拒绝交出应当查封、扣押的财物和文件的，可以依法强制查封、扣押。

调查人员对于查封、扣押的财物和文件，应当会同在场见证人和被查封、扣押财物持有人进行清点核对，开列《查封/扣押财物、文件清单》，由调查人员、见证人和持有人签名或者盖章。持有人不在场或者拒绝签名、盖章的，调查人员应当在清单上记明。

查封、扣押财物，应当为被调查人及其所扶养的亲属保留必需的生活费用和物品。

第一百二十七条 查封、扣押不动产和置于该不动产上不宜移动的设施、家具和其他相关财物，以及车辆、船舶、航空器和大型机械、设备等财物，必要时可以依法扣押其权利证书，经拍照或者录像后原地封存。调查人员应当在查封清单上记明相关财物的所在地址和特征，已经拍照或者录像及其权利证书被扣押的情况，由调查人员、见证人和持有人签名或者盖章。持有人不在场或者拒绝签名、盖章的，调查人员应当在清单上记明。

查封、扣押前款规定财物的，必要时可以将被查封财物交给持有人或者其近亲属保管。调查人员应当告知保管人妥善保管，不得对被查封财物进行转移、变卖、毁损、抵押、赠予等处理。

调查人员应当将《查封/扣押通知书》送达不动产、生产设备或者车辆、船舶、航空器等财物的登记、管理部门，告知其在查封期间禁止办理抵押、转让、出售等权属关系变更、转移登记手续。相关情况应当在查封清单上记明。被查封、扣押的财物已经办理抵押登记的，监察机关在执行没收、追缴、责令退赔等决定时应当及时通知抵押权人。

第一百二十八条 查封、扣押下列物品，应当依法进行相应的处理：

（一）查封、扣押外币、金银珠宝、文物、名贵字画以及其他不易辨别真伪的贵重物品，具备当场密封条件的，应当当场密封，由二名以上调查人员在密封材料上签名并记明密封时间。不具备当场密封条件的，应当在笔录中记明，以拍照、录像等方法加以保全后进行封存。查封、扣押的贵重物品需要鉴定的，应当及时鉴定。

（二）查封、扣押存折、银行卡、有价证券等支付凭证和具有一定特征能够证明案情的现金，应当记明特征、编号、种类、面值、张数、金额等，当场密封，由二名以上调查人员在密封材料上签名并记明密封时间。

（三）查封、扣押易损毁、灭失、变质等不宜长期保存的物品以及有消费期限的卡、券，应当在笔录中记明，以拍照、录像等方法加以保全后进行封存，或者经审批委托有关机构变卖、拍卖。变卖、拍卖的价款存入专用账户保管，待调查终结后一并处理。

（四）对于可以作为证据使用的录音录像、电子数据存储介质，应当记明案由、对象、内容，录制、复制的时间、地点、规格、类别、应用长度、文件格式及长度等，制作清单。具备查封、扣押条件的电子设备、存储介质应当密封保存。必要时，可以请有关机关协助。

（五）对被调查人使用违法犯罪所得与合法收入共同购置的不可分割的财产，可以先行查封、扣押。对无法分割退还的财产，涉及违法的，可以在结案后委托有关单位拍卖、变卖，退还不属于违法所得的部分及孳息；涉及职务犯罪的，依法移送司法机关处置。

（六）查封、扣押危险品、违禁品，应当及时送交有关部门，或者根据工作需要严格封存保管。

第一百二十九条 对于需要启封的财物和文件，应当由二名以上调查人员共同办理。重新密封时，由二名以上调查人员在密封材料上签名、记明时间。

第一百三十条 查封、扣押涉案财物，应当按规定将涉案财物详细信息、《查封/扣押财物、文件清单》录入并上传监察机关涉案财物信息管理系统。

对于涉案款项，应当在采取措施后十五日以内存入监察机关指定的专用账户。对于涉案物品，应当在采取措施后三十日以内移交涉案财物保管部门保管。因特殊原因不能按时存入专用账户或者移交保管的，应当按规定报批，将保管情况录入涉案财物信息管理系统，在原因消除后及时存入或者移交。

第一百三十一条 对于已移交涉案财物保管部门保管的涉案财物，根据调查工作需要，经审批可以临时调用，并应当确保完好。调用结束后，应当及时归还。调用和归还时，调查人员、保管人员应当当面清点查验。保管部门应当对调用和归还情况进行登记，全程录像并上传涉案财物信息管理系统。

第一百三十二条 对于被扣押的股票、债券、基金份额等财产，以及即将到期的汇票、本票、支票，依法需要出售或者变现的，按照本条例关于出售冻结财产的规定办理。

第一百三十三条 监察机关接受司法机关、其他监察机关等国家机关移送的涉案财物后，该国家机关采取的查封、扣押期限届满，监察机关续行查封、扣押的顺位与该国家机关查封、扣押的顺位相同。

第一百三十四条　对查封、扣押的财物和文件，应当及时进行核查。经查明与案件无关的，经审批，应当在查明后三日以内解除查封、扣押，予以退还。解除查封、扣押的，应当向有关单位、原持有人或者近亲属送达《解除查封/扣押通知书》，附《解除查封/扣押财物、文件清单》，要求其签名或者盖章。

第一百三十五条　在立案调查之前，对监察对象及相关人员主动上交的涉案财物，经审批可以接收。

接收时，应当由二名以上调查人员，会同持有人和见证人进行清点核对，当场填写《主动上交财物登记表》。调查人员、持有人和见证人应当在登记表上签名或者盖章。

对于主动上交的财物，应当根据立案及调查情况及时决定是否依法查封、扣押。

第十一节　勘验检查

第一百三十六条　监察机关按规定报批后，可以依法对与违法犯罪有关的场所、物品、人身、尸体、电子数据等进行勘验检查。

第一百三十七条　依法需要勘验检查的，应当制作《勘验检查证》；需要委托勘验检查的，应当出具《委托勘验检查书》，送具有专门知识、勘验检查资格的单位（人员）办理。

第一百三十八条　勘验检查应当由二名以上调查人员主持，邀请与案件无关的见证人在场。勘验检查情况应当制作笔录，并由参加勘验检查人员和见证人签名。

勘验检查现场、拆封电子数据存储介质应当全程同步录音录像。对现场情况应当拍摄现场照片、制作现场图，并由勘验检查人员签名。

第一百三十九条　为了确定被调查人或者相关人员的某些特征、伤害情况或者生理状态，可以依法对其人身进行检查。必要时可以聘请法医或者医师进行人身检查。检查女性身体，应当由女性工作人员或者医师进行。被调查人拒绝检查的，可以依法强制检查。

人身检查不得采用损害被检查人生命、健康或者贬低其名誉、人格的方法。对人身检查过程中知悉的个人隐私，应当严格保密。

对人身检查的情况应当制作笔录，由参加检查的调查人员、检查人员、被检查人员和见证人签名。被检查人员拒绝签名的，调查人员应当在笔录中记明。

第一百四十条 为查明案情，在必要的时候，经审批可以依法进行调查实验。调查实验，可以聘请有关专业人员参加，也可以要求被调查人、被害人、证人参加。

进行调查实验，应当全程同步录音录像，制作调查实验笔录，由参加实验的人签名。进行调查实验，禁止一切足以造成危险、侮辱人格的行为。

第一百四十一条 调查人员在必要时，可以依法让被害人、证人和被调查人对与违法犯罪有关的物品、文件、尸体或者场所进行辨认；也可以让被害人、证人对被调查人进行辨认，或者让被调查人对涉案人员进行辨认。

辨认工作应当由二名以上调查人员主持进行。在辨认前，应当向辨认人详细询问辨认对象的具体特征，避免辨认人见到辨认对象，并告知辨认人作虚假辨认应当承担的法律责任。几名辨认人对同一辨认对象进行辨认时，应当由辨认人个别进行。辨认应当形成笔录，并由调查人员、辨认人签名。

第一百四十二条 辨认人员时，被辨认的人数不得少于七人，照片不得少于十张。

辨认人不愿公开进行辨认时，应当在不暴露辨认人的情况下进行辨认，并为其保守秘密。

第一百四十三条 组织辨认物品时一般应当辨认实物。被辨认的物品系名贵字画等贵重物品或者存在不便搬运等情况的，可以对实物照片进行辨认。辨认人进行辨认时，应当在辨认出的实物照片与附纸骑缝上捺指印予以确认，在附纸上写明该实物涉案情况并签名、捺指印。

辨认物品时，同类物品不得少于五件，照片不得少于五张。

对于难以找到相似物品的特定物，可以将该物品照片交由辨认人进行确认后，在照片与附纸骑缝上捺指印，在附纸上写明该物品涉案情况并签名、捺指印。在辨认人确认前，应当向其详细询问物品的具体特征，并对确认过程和结果形成笔录。

第一百四十四条 辨认笔录具有下列情形之一的，不得作为认定案件的依据：

（一）辨认开始前使辨认人见到辨认对象的；

（二）辨认活动没有个别进行的；

（三）辨认对象没有混杂在具有类似特征的其他对象中，或者供辨认的对象数量不符合规定的，但特定辨认对象除外；

（四）辨认中给辨认人明显暗示或者明显有指认嫌疑的；

（五）辨认不是在调查人员主持下进行的；

（六）违反有关规定，不能确定辨认笔录真实性的其他情形。

辨认笔录存在其他瑕疵的，应当结合全案证据审查其真实性和关联性，作出综合判断。

第十二节　鉴　　定

第一百四十五条　监察机关为解决案件中的专门性问题，按规定报批后，可以依法进行鉴定。

鉴定时应当出具《委托鉴定书》，由二名以上调查人员送交具有鉴定资格的鉴定机构、鉴定人进行鉴定。

第一百四十六条　监察机关可以依法开展下列鉴定：

（一）对笔迹、印刷文件、污损文件、制成时间不明的文件和以其他形式表现的文件等进行鉴定；

（二）对案件中涉及的财务会计资料及相关财物进行会计鉴定；

（三）对被调查人、证人的行为能力进行精神病鉴定；

（四）对人体造成的损害或者死因进行人身伤亡医学鉴定；

（五）对录音录像资料进行鉴定；

（六）对因电子信息技术应用而出现的材料及其派生物进行电子证据鉴定；

（七）其他可以依法进行的专业鉴定。

第一百四十七条　监察机关应当为鉴定提供必要条件，向鉴定人送交有关检材和对比样本等原始材料，介绍与鉴定有关的情况。调查人员应当明确提出要求鉴定事项，但不得暗示或者强迫鉴定人作出某种鉴定意见。

监察机关应当做好检材的保管和送检工作，记明检材送检环节的责任人，确保检材在流转环节的同一性和不被污染。

第一百四十八条　鉴定人应当在出具的鉴定意见上签名，并附鉴定机构和鉴定人的资质证明或者其他证明文件。多个鉴定人的鉴定意见不一致的，应当在鉴定意见上记明分歧的内容和理由，并且分别签名。

监察机关对于法庭审理中依法决定鉴定人出庭作证的，应当予以协调。

鉴定人故意作虚假鉴定的，应当依法追究法律责任。

第一百四十九条 调查人员应当对鉴定意见进行审查。对经审查作为证据使用的鉴定意见，应当告知被调查人及相关单位、人员，送达《鉴定意见告知书》。

被调查人或者相关单位、人员提出补充鉴定或者重新鉴定申请，经审查符合法定要求的，应当按规定报批，进行补充鉴定或者重新鉴定。

对鉴定意见告知情况可以制作笔录，载明告知内容和被告知人的意见等。

第一百五十条 经审查具有下列情形之一的，应当补充鉴定：

（一）鉴定内容有明显遗漏的；

（二）发现新的有鉴定意义的证物的；

（三）对鉴定证物有新的鉴定要求的；

（四）鉴定意见不完整，委托事项无法确定的；

（五）其他需要补充鉴定的情形。

第一百五十一条 经审查具有下列情形之一的，应当重新鉴定：

（一）鉴定程序违法或者违反相关专业技术要求的；

（二）鉴定机构、鉴定人不具备鉴定资质和条件的；

（三）鉴定人故意作出虚假鉴定或者违反回避规定的；

（四）鉴定意见依据明显不足的；

（五）检材虚假或者被损坏的；

（六）其他应当重新鉴定的情形。

决定重新鉴定的，应当另行确定鉴定机构和鉴定人。

第一百五十二条 因无鉴定机构，或者根据法律法规等规定，监察机关可以指派、聘请具有专门知识的人就案件的专门性问题出具报告。

第十三节　技术调查

第一百五十三条 监察机关根据调查涉嫌重大贪污贿赂等职务犯罪需要，依照规定的权限和程序报经批准，可以依法采取技术调查措施，按照规定交公安机关或者国家有关执法机关依法执行。

前款所称重大贪污贿赂等职务犯罪，是指具有下列情形之一：

（一）案情重大复杂，涉及国家利益或者重大公共利益的；

（二）被调查人可能被判处十年以上有期徒刑、无期徒刑或者死刑的；

（三）案件在全国或者本省、自治区、直辖市范围内有较大影响的。

第一百五十四条　依法采取技术调查措施的，监察机关应当出具《采取技术调查措施委托函》《采取技术调查措施决定书》和《采取技术调查措施适用对象情况表》，送交有关机关执行。其中，设区的市级以下监察机关委托有关执行机关采取技术调查措施，还应当提供《立案决定书》。

第一百五十五条　技术调查措施的期限按照监察法的规定执行，期限届满前未办理延期手续的，到期自动解除。

对于不需要继续采取技术调查措施的，监察机关应当按规定及时报批，将《解除技术调查措施决定书》送交有关机关执行。

需要依法变更技术调查措施种类或者增加适用对象的，监察机关应当重新办理报批和委托手续，依法送交有关机关执行。

第一百五十六条　对于采取技术调查措施收集的信息和材料，依法需要作为刑事诉讼证据使用的，监察机关应当按规定报批，出具《调取技术调查证据材料通知书》向有关执行机关调取。

对于采取技术调查措施收集的物证、书证及其他证据材料，监察机关应当制作书面说明，写明获取证据的时间、地点、数量、特征以及采取技术调查措施的批准机关、种类等。调查人员应当在书面说明上签名。

对于采取技术调查措施获取的证据材料，如果使用该证据材料可能危及有关人员的人身安全，或者可能产生其他严重后果的，应当采取不暴露有关人员身份、技术方法等保护措施。必要时，可以建议由审判人员在庭外进行核实。

第一百五十七条　调查人员对采取技术调查措施过程中知悉的国家秘密、商业秘密、个人隐私，应当严格保密。

采取技术调查措施获取的证据、线索及其他有关材料，只能用于对违法犯罪的调查、起诉和审判，不得用于其他用途。

对采取技术调查措施获取的与案件无关的材料，应当经审批及时销毁。对销毁情况应当制作记录，由调查人员签名。

第十四节　通　　缉

第一百五十八条　县级以上监察机关对在逃的应当被留置人员，依法决定在本行政区域内通缉的，应当按规定报批，送交同级公安机关执行。送交执行时，应当出具《通缉决定书》，附《留置决定书》等法律文书和被通缉人员信息，以及承办单位、承办人员等有关情况。

通缉范围超出本行政区域的，应当报有决定权的上级监察机关出具《通缉决定书》，并附《留置决定书》及相关材料，送交同级公安机关执行。

第一百五十九条 国家监察委员会依法需要提请公安部对在逃人员发布公安部通缉令的，应当先提请公安部采取网上追逃措施。如情况紧急，可以向公安部同时出具《通缉决定书》和《提请采取网上追逃措施函》。

省级以下监察机关报请国家监察委员会提请公安部发布公安部通缉令的，应当先提请本地公安机关采取网上追逃措施。

第一百六十条 监察机关接到公安机关抓获被通缉人员的通知后，应当立即核实被抓获人员身份，并在接到通知后二十四小时以内派员办理交接手续。边远或者交通不便地区，至迟不得超过三日。

公安机关在移交前，将被抓获人员送往当地监察机关留置场所临时看管的，当地监察机关应当接收，并保障临时看管期间的安全，对工作信息严格保密。

监察机关需要提请公安机关协助将被抓获人员带回的，应当按规定报批，请本地同级公安机关依法予以协助。提请协助时，应当出具《提请协助采取留置措施函》，附《留置决定书》复印件及相关材料。

第一百六十一条 监察机关对于被通缉人员已经归案、死亡，或者依法撤销留置决定以及发现有其他不需要继续采取通缉措施情形的，应当经审批出具《撤销通缉通知书》，送交协助采取原措施的公安机关执行。

第十五节 限制出境

第一百六十二条 监察机关为防止被调查人及相关人员逃匿境外，按规定报批后，可以依法决定采取限制出境措施，交由移民管理机构依法执行。

第一百六十三条 监察机关采取限制出境措施应当出具有关函件，与《采取限制出境措施决定书》一并送交移民管理机构执行。其中，采取边控措施的，应当附《边控对象通知书》；采取法定不批准出境措施的，应当附《法定不准出境人员报备表》。

第一百六十四条 限制出境措施有效期不超过三个月，到期自动解除。

到期后仍有必要继续采取措施的，应当按原程序报批。承办部门应当出具有关函件，在到期前与《延长限制出境措施期限决定书》一并送交移民管理机构执行。延长期限每次不得超过三个月。

第一百六十五条 监察机关接到口岸移民管理机构查获被决定采取留置措施

的边控对象的通知后，应当于二十四小时以内到达口岸办理移交手续。无法及时到达的，应当委托当地监察机关及时前往口岸办理移交手续。当地监察机关应当予以协助。

第一百六十六条　对于不需要继续采取限制出境措施的，应当按规定报批，及时予以解除。承办部门应当出具有关函件，与《解除限制出境措施决定书》一并送交移民管理机构执行。

第一百六十七条　县级以上监察机关在重要紧急情况下，经审批可以依法直接向口岸所在地口岸移民管理机构提请办理临时限制出境措施。

第五章　监察程序

第一节　线索处置

第一百六十八条　监察机关应当对问题线索归口受理、集中管理、分类处置、定期清理。

第一百六十九条　监察机关对于报案或者举报应当依法接受。属于本级监察机关管辖的，依法予以受理；属于其他监察机关管辖的，应当在五个工作日以内予以转送。

监察机关可以向下级监察机关发函交办检举控告，并进行督办，下级监察机关应当按期回复办理结果。

第一百七十条　对于涉嫌职务违法或者职务犯罪的公职人员主动投案的，应当依法接待和办理。

第一百七十一条　监察机关对于执法机关、司法机关等其他机关移送的问题线索，应当及时审核，并按照下列方式办理：

（一）本单位有管辖权的，及时研究提出处置意见；

（二）本单位没有管辖权但其他监察机关有管辖权的，在五个工作日以内转送有管辖权的监察机关；

（三）本单位对部分问题线索有管辖权的，对有管辖权的部分提出处置意见，并及时将其他问题线索转送有管辖权的机关；

（四）监察机关没有管辖权的，及时退回移送机关。

第一百七十二条　信访举报部门归口受理本机关管辖监察对象涉嫌职务违法和职务犯罪问题的检举控告，统一接收有关监察机关以及其他单位移送的相关检举控告，移交本机关监督检查部门或者相关部门，并将移交情况通报案件监督管理部门。

案件监督管理部门统一接收巡视巡察机构和审计机关、执法机关、司法机关等其他机关移送的职务违法和职务犯罪问题线索，按程序移交本机关监督检查部门或者相关部门办理。

监督检查部门、调查部门在工作中发现的相关问题线索，属于本部门受理范围的，应当报送案件监督管理部门备案；属于本机关其他部门受理范围的，经审批后移交案件监督管理部门分办。

第一百七十三条 案件监督管理部门应当对问题线索实行集中管理、动态更新，定期汇总、核对问题线索及处置情况，向监察机关主要负责人报告，并向相关部门通报。

问题线索承办部门应当指定专人负责管理线索，逐件编号登记、建立管理台账。线索管理处置各环节应当由经手人员签名，全程登记备查，及时与案件监督管理部门核对。

第一百七十四条 监督检查部门应当结合问题线索所涉及地区、部门、单位总体情况进行综合分析，提出处置意见并制定处置方案，经审批按照谈话、函询、初步核实、暂存待查、予以了结等方式进行处置，或者按照职责移送调查部门处置。

函询应当以监察机关办公厅（室）名义发函给被反映人，并抄送其所在单位和派驻监察机构主要负责人。被函询人应当在收到函件后十五个工作日以内写出说明材料，由其所在单位主要负责人签署意见后发函回复。被函询人为所在单位主要负责人的，或者被函询人所作说明涉及所在单位主要负责人的，应当直接发函回复监察机关。

被函询人已经退休的，按照第二款规定程序办理。

监察机关根据工作需要，经审批可以对谈话、函询情况进行核实。

第一百七十五条 检举控告人使用本人真实姓名或者本单位名称，有电话等具体联系方式的，属于实名检举控告。监察机关对实名检举控告应当优先办理、优先处置，依法给予答复。虽有署名但不是检举控告人真实姓名（单位名称）或者无法验证的检举控告，按照匿名检举控告处理。

信访举报部门对属于本机关受理的实名检举控告，应当在收到检举控告之日起十五个工作日以内按规定告知实名检举控告人受理情况，并做好记录。

调查人员应当将实名检举控告的处理结果在办结之日起十五个工作日以内向检举控告人反馈，并记录反馈情况。对检举控告人提出异议的应当如实记录，并向其进行说明；对提供新证据材料的，应当依法核查处理。

第二节 初步核实

第一百七十六条 监察机关对具有可查性的职务违法和职务犯罪问题线索，应当按规定报批后，依法开展初步核实工作。

第一百七十七条 采取初步核实方式处置问题线索，应当确定初步核实对象，制定工作方案，明确需要核实的问题和采取的措施，成立核查组。

在初步核实中应当注重收集客观性证据，确保真实性和准确性。

第一百七十八条 在初步核实中发现或者受理被核查人新的具有可查性的问题线索的，应当经审批纳入原初核方案开展核查。

第一百七十九条 核查组在初步核实工作结束后应当撰写初步核实情况报告，列明被核查人基本情况、反映的主要问题、办理依据、初步核实结果、存在疑点、处理建议，由全体人员签名。

承办部门应当综合分析初步核实情况，按照拟立案调查、予以了结、谈话提醒、暂存待查，或者移送有关部门、机关处理等方式提出处置建议，按照批准初步核实的程序报批。

第三节 立案

第一百八十条 监察机关经过初步核实，对于已经掌握监察对象涉嫌职务违法或者职务犯罪的部分事实和证据，认为需要追究其法律责任的，应当按规定报批后，依法立案调查。

第一百八十一条 监察机关立案调查职务违法或者职务犯罪案件，需要对涉嫌行贿犯罪、介绍贿赂犯罪或者共同职务犯罪的涉案人员立案调查的，应当一并办理立案手续。需要交由下级监察机关立案的，经审批交由下级监察机关办理立案手续。

对单位涉嫌受贿、行贿等职务犯罪，需要追究法律责任的，依法对该单位办理立案调查手续。对事故（事件）中存在职务违法或者职务犯罪问题，需要追究法律责任，但相关责任人员尚不明确的，可以以事立案。对单位立案或者以事立案后，经调查确定相关责任人员的，按照管理权限报批确定被调查人。

监察机关根据人民法院生效刑事判决、裁定和人民检察院不起诉决定认定的事实，需要对监察对象给予政务处分的，可以由相关监督检查部门依据司法机关的生效判决、裁定、决定及其认定的事实、性质和情节，提出给予政务处分的意见，按程序移送审理。对依法被追究行政法律责任的监察对象，需要给予政务处分的，应当依法办理立案手续。

第一百八十二条 对案情简单、经过初步核实已查清主要职务违法事实，应当追究监察对象法律责任，不再需要开展调查的，立案和移送审理可以一并报批，履行立案程序后再移送审理。

第一百八十三条 上级监察机关需要指定下级监察机关立案调查的，应当按规定报批，向被指定管辖的监察机关出具《指定管辖决定书》，由其办理立案手续。

第一百八十四条 批准立案后，应当由二名以上调查人员出示证件，向被调查人宣布立案决定。宣布立案决定后，应当及时向被调查人所在单位等相关组织送达《立案通知书》，并向被调查人所在单位主要负责人通报。

对涉嫌严重职务违法或者职务犯罪的公职人员立案调查并采取留置措施的，应当按规定通知被调查人家属，并向社会公开发布。

第四节 调 查

第一百八十五条 监察机关对已经立案的职务违法或者职务犯罪案件应当依法进行调查，收集证据查明违法犯罪事实。

调查职务违法或者职务犯罪案件，对被调查人没有采取留置措施的，应当在立案后一年以内作出处理决定；对被调查人解除留置措施的，应当在解除留置措施后一年以内作出处理决定。案情重大复杂的案件，经上一级监察机关批准，可以适当延长，但延长期限不得超过六个月。

被调查人在监察机关立案调查以后逃匿的，调查期限自被调查人到案之日起重新计算。

第一百八十六条 案件立案后，监察机关主要负责人应当依照法定程序批准确定调查方案。

监察机关应当组成调查组依法开展调查。调查工作应当严格按照批准的方案执行，不得随意扩大调查范围、变更调查对象和事项，对重要事项应当及时请示报告。调查人员在调查工作期间，未经批准不得单独接触任何涉案人员及其特定关系人，不得擅自采取调查措施。

第一百八十七条 调查组应当将调查认定的涉嫌违法犯罪事实形成书面材料，交给被调查人核对，听取其意见。被调查人应当在书面材料上签署意见。对被调查人签署不同意见或者拒不签署意见的，调查组应当作出说明或者注明情况。对被调查人提出申辩的事实、理由和证据应当进行核实，成立的予以采纳。

调查组对于立案调查的涉嫌行贿犯罪、介绍贿赂犯罪或者共同职务犯罪的涉案人员，在查明其涉嫌犯罪问题后，依照前款规定办理。

对于按照本条例规定，对立案和移送审理一并报批的案件，应当在报批前履行本条第一款规定的程序。

第一百八十八条 调查组在调查工作结束后应当集体讨论，形成调查报告。调查报告应当列明被调查人基本情况、问题线索来源及调查依据、调查过程，涉嫌的主要职务违法或者职务犯罪事实，被调查人的态度和认识，处置建议及法律依据，并由调查组组长以及有关人员签名。

对调查过程中发现的重要问题和形成的意见建议，应当形成专题报告。

第一百八十九条 调查组对被调查人涉嫌职务犯罪拟依法移送人民检察院审查起诉的，应当起草《起诉建议书》。《起诉建议书》应当载明被调查人基本情况，调查简况，认罪认罚情况，采取留置措施的时间，涉嫌职务犯罪事实以及证据，对被调查人从重、从轻、减轻或者免除处罚等情节，提出对被调查人移送起诉的理由和法律依据，采取强制措施的建议，并注明移送案卷数及涉案财物等内容。

调查组应当形成被调查人到案经过及量刑情节方面的材料，包括案件来源、到案经过，自动投案、如实供述、立功等量刑情节，认罪悔罪态度、退赃、避免和减少损害结果发生等方面的情况说明及相关材料。被检举揭发的问题已被立案、查破，被检举揭发人已被采取调查措施或者刑事强制措施、起诉或者审判的，还应当附有关法律文书。

第一百九十条 经调查认为被调查人构成职务违法或者职务犯罪的，应当区分不同情况提出相应处理意见，经审批将调查报告、职务违法或者职务犯罪事实材料、涉案财物报告、涉案人员处理意见等材料，连同全部证据和文书手续移送审理。

对涉嫌职务犯罪的案件材料应当按照刑事诉讼要求单独立卷，与《起诉建议书》、涉案财物报告、同步录音录像资料及其自查报告等材料一并移送审理。

调查全过程形成的材料应当案结卷成、事毕归档。

第五节 审 理

第一百九十一条 案件审理部门收到移送审理的案件后，应当审核材料是否齐全、手续是否完备。对被调查人涉嫌职务犯罪的，还应当审核相关案卷材料是否符合职务犯罪案件立卷要求，是否在调查报告中单独表述已查明的涉嫌犯罪问题，是否形成《起诉建议书》。

经审核符合移送条件的，应当予以受理；不符合移送条件的，经审批可以暂缓受理或者不予受理，并要求调查部门补充完善材料。

第一百九十二条 案件审理部门受理案件后，应当成立由二人以上组成的审理组，全面审理案卷材料。

案件审理部门对于受理的案件，应当以监察法、政务处分法、刑法、《中华人民共和国刑事诉讼法》等法律法规为准绳，对案件事实证据、性质认定、程序手续、涉案财物等进行全面审理。

案件审理部门应当强化监督制约职能，对案件严格审核把关，坚持实事求是、独立审理，依法提出审理意见。坚持调查与审理相分离的原则，案件调查人员不得参与审理。

第一百九十三条 审理工作应当坚持民主集中制原则，经集体审议形成审理意见。

第一百九十四条 审理工作应当在受理之日起一个月以内完成，重大复杂案件经批准可以适当延长。

第一百九十五条 案件审理部门根据案件审理情况，经审批可以与被调查人谈话，告知其在审理阶段的权利义务，核对涉嫌违法犯罪事实，听取其辩解意见，了解有关情况。与被调查人谈话时，案件审理人员不得少于二人。

具有下列情形之一的，一般应当与被调查人谈话：

（一）对被调查人采取留置措施，拟移送起诉的；

（二）可能存在以非法方法收集证据情形的；

（三）被调查人对涉嫌违法犯罪事实材料签署不同意见或者拒不签署意见的；

（四）被调查人要求向案件审理人员当面陈述的；

（五）其他有必要与被调查人进行谈话的情形。

第一百九十六条 经审理认为主要违法犯罪事实不清、证据不足的，应当经审批将案件退回承办部门重新调查。

有下列情形之一，需要补充完善证据的，经审批可以退回补充调查：

（一）部分事实不清、证据不足的；

（二）遗漏违法犯罪事实的；

（三）其他需要进一步查清案件事实的情形。

案件审理部门将案件退回重新调查或者补充调查的，应当出具审核意见，写明调查事项、理由、调查方向、需要补充收集的证据及其证明作用等，连同案卷材料一并送交承办部门。

承办部门补充调查结束后，应当经审批将补证情况报告及相关证据材料，连同案卷材料一并移送案件审理部门；对确实无法查明的事项或者无法补充的证据，应当作出书面说明。重新调查终结后，应当重新形成调查报告，依法移送审理。

重新调查完毕移送审理的，审理期限重新计算。补充调查期间不计入审理期限。

第一百九十七条　审理工作结束后应当形成审理报告，载明被调查人基本情况、调查简况、涉嫌违法或者犯罪事实、被调查人态度和认识、涉案财物处置、承办部门意见、审理意见等内容，提请监察机关集体审议。

对被调查人涉嫌职务犯罪需要追究刑事责任的，应当形成《起诉意见书》，作为审理报告附件。《起诉意见书》应当忠实于事实真象，载明被调查人基本情况，调查简况，采取留置措施的时间，依法查明的犯罪事实和证据，从重、从轻、减轻或者免除处罚等情节，涉案财物情况，涉嫌罪名和法律依据，采取强制措施的建议，以及其他需要说明的情况。

案件审理部门经审理认为现有证据不足以证明被调查人存在违法犯罪行为，且通过退回补充调查仍无法达到证明标准的，应当提出撤销案件的建议。

第一百九十八条　上级监察机关办理下级监察机关管辖案件的，可以经审理后按程序直接进行处置，也可以经审理形成处置意见后，交由下级监察机关办理。

第一百九十九条　被指定管辖的监察机关在调查结束后应当将案件移送审理，提请监察机关集体审议。

上级监察机关将其所管辖的案件指定管辖的，被指定管辖的下级监察机关应当按照前款规定办理后，将案件报上级监察机关依法作出政务处分决定。上级监察机关在作出决定前，应当进行审理。

上级监察机关将下级监察机关管辖的案件指定其他下级监察机关管辖的，被指定管辖的监察机关应当按照第一款规定办理后，将案件送交有管理权限的监察机关依法作出政务处分决定。有管理权限的监察机关应当进行审理，审理意见与被指定管辖的监察机关意见不一致的，双方应当进行沟通；经沟通不能取得一致意见的，报请有权决定的上级监察机关决定。经协商，有管理权限的监察机关在被指定管辖的监察机关审理阶段可以提前阅卷，沟通了解情况。

对于前款规定的重大、复杂案件，被指定管辖的监察机关经集体审议后将处理意见报有权决定的上级监察机关审核同意的，有管理权限的监察机关可以经集体审议后依法处置。

第六节 处 置

第二百条 监察机关根据监督、调查结果，依据监察法、政务处分法等规定进行处置。

第二百零一条 监察机关对于公职人员有职务违法行为但情节较轻的，可以依法进行谈话提醒、批评教育、责令检查，或者予以诫勉。上述方式可以单独使用，也可以依据规定合并使用。

谈话提醒、批评教育应当由监察机关相关负责人或者承办部门负责人进行，可以由被谈话提醒、批评教育人所在单位有关负责人陪同；经批准也可以委托其所在单位主要负责人进行。对谈话提醒、批评教育情况应当制作记录。

被责令检查的公职人员应当作出书面检查并进行整改。整改情况在一定范围内通报。

诫勉由监察机关以谈话或者书面方式进行。以谈话方式进行的，应当制作记录。

第二百零二条 对违法的公职人员依法需要给予政务处分的，应当根据情节轻重作出警告、记过、记大过、降级、撤职、开除的政务处分决定，制作政务处分决定书。

第二百零三条 监察机关应当将政务处分决定书在作出后一个月以内送达被处分人和被处分人所在机关、单位，并依法履行宣布、书面告知程序。

政务处分决定自作出之日起生效。有关机关、单位、组织应当依法及时执行处分决定，并将执行情况向监察机关报告。处分决定应当在作出之日起一个月以内执行完毕，特殊情况下经监察机关批准可以适当延长办理期限，最迟不得超过六个月。

第二百零四条 监察机关对不履行或者不正确履行职责造成严重后果或者恶劣影响的领导人员，可以按照管理权限采取通报、诫勉、政务处分等方式进行问责；提出组织处理的建议。

第二百零五条 监察机关依法向监察对象所在单位提出监察建议的，应当经审批制作监察建议书。

监察建议书一般应当包括下列内容：

（一）监督调查情况；

（二）调查中发现的主要问题及其产生的原因；

（三）整改建议、要求和期限；

（四）向监察机关反馈整改情况的要求。

第二百零六条 监察机关经调查，对没有证据证明或者现有证据不足以证明被调查人存在违法犯罪行为的，应当依法撤销案件。省级以下监察机关撤销案件后，应当在七个工作日以内向上一级监察机关报送备案报告。上一级监察机关监督检查部门负责备案工作。

省级以下监察机关拟撤销上级监察机关指定管辖或者交办案件的，应当将《撤销案件意见书》连同案卷材料，在法定调查期限到期七个工作日前报指定管辖或者交办案件的监察机关审查。对于重大、复杂案件，在法定调查期限到期十个工作日前报指定管辖或者交办案件的监察机关审查。

指定管辖或者交办案件的监察机关由监督检查部门负责审查工作。指定管辖或者交办案件的监察机关同意撤销案件的，下级监察机关应当作出撤销案件决定，制作《撤销案件决定书》；指定管辖或者交办案件的监察机关不同意撤销案件的，下级监察机关应当执行该决定。

监察机关对于撤销案件的决定应当向被调查人宣布，由其在《撤销案件决定书》上签名、捺指印，立即解除留置措施，并通知其所在机关、单位。

撤销案件后又发现重要事实或者有充分证据，认为被调查人有违法犯罪事实需要追究法律责任的，应当重新立案调查。

第二百零七条 对于涉嫌行贿等犯罪的非监察对象，案件调查终结后依法移送起诉。综合考虑行为性质、手段、后果、时间节点、认罪悔罪态度等具体情况，对于情节较轻，经审批不予移送起诉的，应当采取批评教育、责令具结悔过等方式处置；应当给予行政处罚的，依法移送有关行政执法部门。

对于有行贿行为的涉案单位和人员，按规定记入相关信息记录，可以作为信用评价的依据。

对于涉案单位和人员通过行贿等非法手段取得的财物及孳息，应当依法予以没收、追缴或者责令退赔。对于违法取得的其他不正当利益，依照法律法规及有关规定予以纠正处理。

第二百零八条 对查封、扣押、冻结的涉嫌职务犯罪所得财物及孳息应当妥善保管，并制作《移送司法机关涉案财物清单》随案移送人民检察院。对作为证据使用的实物应当随案移送；对不宜移送的，应当将清单、照片和其他证明文件随案移送。

对于移送人民检察院的涉案财物，价值不明的，应当在移送起诉前委托进行价格认定。在价格认定过程中，需要对涉案财物先行作出真伪鉴定或者出具技术、质量检测报告的，应当委托有关鉴定机构或者检测机构进行真伪鉴定或者技术、质量检测。

对不属于犯罪所得但属于违法取得的财物及孳息，应当依法予以没收、追缴或者责令退赔，并出具有关法律文书。

对经认定不属于违法所得的财物及孳息，应当及时予以返还，并办理签收手续。

第二百零九条 监察机关经调查，对违法取得的财物及孳息决定追缴或者责令退赔的，可以依法要求公安、自然资源、住房城乡建设、市场监管、金融监管等部门以及银行等机构、单位予以协助。

追缴涉案财物以追缴原物为原则，原物已经转化为其他财物的，应当追缴转化后的财物；有证据证明依法应当追缴、没收的涉案财物无法找到、被他人善意取得、价值灭失减损或者与其他合法财产混合且不可分割的，可以依法追缴、没收其他等值财产。

追缴或者责令退赔应当自处置决定作出之日起一个月以内执行完毕。因被调查人的原因逾期执行的除外。

人民检察院、人民法院依法将不认定为犯罪所得的相关涉案财物退回监察机关的，监察机关应当依法处理。

第二百一十条 监察对象对监察机关作出的涉及本人的处理决定不服的，可以在收到处理决定之日起一个月以内，向作出决定的监察机关申请复审。复审机关应当依法受理，并在受理后一个月以内作出复审决定。监察对象对复审决定仍不服的，可以在收到复审决定之日起一个月以内，向上一级监察机关申请复核。复核机关应当依法受理，并在受理后二个月以内作出复核决定。

上一级监察机关的复核决定和国家监察委员会的复审、复核决定为最终决定。

第二百一十一条 复审、复核机关承办部门应当成立工作组，调阅原案卷宗，必要时可以进行调查取证。承办部门应当集体研究，提出办理意见，经审批作出复审、复核决定。决定应当送达申请人，抄送相关单位，并在一定范围内宣布。

复审、复核期间，不停止原处理决定的执行。复审、复核机关经审查认定处理决定有错误或者不当的，应当依法撤销、变更原处理决定，或者责令原处理机关及时予以纠正。复审、复核机关经审查认定处理决定事实清楚、适用法律正确的，应当予以维持。

坚持复审复核与调查审理分离，原案调查、审理人员不得参与复审复核。

第七节 移送审查起诉

第二百一十二条 监察机关决定对涉嫌职务犯罪的被调查人移送起诉的，应当出具《起诉意见书》，连同案卷材料、证据等，一并移送同级人民检察院。

监察机关案件审理部门负责与人民检察院审查起诉的衔接工作，调查、案件监督管理等部门应当予以协助。

国家监察委员会派驻或者派出的监察机构、监察专员调查的职务犯罪案件，应当依法移送省级人民检察院审查起诉。

第二百一十三条 涉嫌职务犯罪的被调查人和涉案人员符合监察法第三十一条、第三十二条规定情形的，结合其案发前的一贯表现、违法犯罪行为的情节、后果和影响等因素，监察机关经综合研判和集体审议，报上一级监察机关批准，可以在移送人民检察院时依法提出从轻、减轻或者免除处罚等从宽处罚建议。报请批准时，应当一并提供主要证据材料、忏悔反思材料。

上级监察机关相关监督检查部门负责审查工作，重点审核拟认定的从宽处罚情形、提出的从宽处罚建议，经审批在十五个工作日以内作出批复。

第二百一十四条 涉嫌职务犯罪的被调查人有下列情形之一，如实交代自己主要犯罪事实的，可以认定为监察法第三十一条第一项规定的自动投案，真诚悔罪悔过：

（一）职务犯罪问题未被监察机关掌握，向监察机关投案的；

（二）在监察机关谈话、函询过程中，如实交代监察机关未掌握的涉嫌职务犯罪问题的；

（三）在初步核实阶段，尚未受到监察机关谈话时投案的；

（四）职务犯罪问题虽被监察机关立案，但尚未受到讯问或者采取留置措施，向监察机关投案的；

（五）因伤病等客观原因无法前往投案，先委托他人代为表达投案意愿，或者以书信、网络、电话、传真等方式表达投案意愿，后到监察机关接受处理的；

（六）涉嫌职务犯罪潜逃后又投案，包括在被通缉、抓捕过程中投案的；

（七）经查实确已准备去投案，或者正在投案途中被有关机关抓获的；

（八）经他人规劝或者在他人陪同下投案的；

（九）虽未向监察机关投案，但向其所在党组织、单位或者有关负责人员投案，向有关巡视巡察机构投案，以及向公安机关、人民检察院、人民法院投案的；

（十）具有其他应当视为自动投案的情形的。

被调查人自动投案后不能如实交代自己的主要犯罪事实，或者自动投案并如实供述自己的罪行后又翻供的，不能适用前款规定。

第二百一十五条 涉嫌职务犯罪的被调查人有下列情形之一的，可以认定为监察法第三十一条第二项规定的积极配合调查工作，如实供述监察机关还未掌握的违法犯罪行为：

（一）监察机关所掌握线索针对的犯罪事实不成立，在此范围外被调查人主动交代其他罪行的；

（二）主动交代监察机关尚未掌握的犯罪事实，与监察机关已掌握的犯罪事实属不同种罪行的；

（三）主动交代监察机关尚未掌握的犯罪事实，与监察机关已掌握的犯罪事实属同种罪行的；

（四）监察机关掌握的证据不充分，被调查人如实交代有助于收集定案证据的。

前款所称同种罪行和不同种罪行，一般以罪名区分。被调查人如实供述其他罪行的罪名与监察机关已掌握犯罪的罪名不同，但属选择性罪名或者在法律、事实上密切关联的，应当认定为同种罪行。

第二百一十六条 涉嫌职务犯罪的被调查人有下列情形之一的，可以认定为监察法第三十一条第三项规定的积极退赃，减少损失：

（一）全额退赃的；

（二）退赃能力不足，但被调查人及其亲友在监察机关追缴赃款赃物过程中积极配合，且大部分已追缴到位的；

（三）犯罪后主动采取措施避免损失发生，或者积极采取有效措施减少、挽回大部分损失的。

第二百一十七条　涉嫌职务犯罪的被调查人有下列情形之一的，可以认定为监察法第三十一条第四项规定的具有重大立功表现：

（一）检举揭发他人重大犯罪行为且经查证属实的；

（二）提供其他重大案件的重要线索且经查证属实的；

（三）阻止他人重大犯罪活动的；

（四）协助抓捕其他重大职务犯罪案件被调查人、重大犯罪嫌疑人（包括同案犯）的；

（五）为国家挽回重大损失等对国家和社会有其他重大贡献的。

前款所称重大犯罪一般是指依法可能被判处无期徒刑以上刑罚的犯罪行为；重大案件一般是指在本省、自治区、直辖市或者全国范围内有较大影响的案件；查证属实一般是指有关案件已被监察机关或者司法机关立案调查、侦查，被调查人、犯罪嫌疑人被监察机关采取留置措施或者被司法机关采取强制措施，或者被告人被人民法院作出有罪判决，并结合案件事实、证据进行判断。

监察法第三十一条第四项规定的案件涉及国家重大利益，是指案件涉及国家主权和领土完整、国家安全、外交、社会稳定、经济发展等情形。

第二百一十八条　涉嫌行贿等犯罪的涉案人员有下列情形之一的，可以认定为监察法第三十二条规定的揭发有关被调查人职务违法犯罪行为，查证属实或者提供重要线索，有助于调查其他案件：

（一）揭发所涉案件以外的被调查人职务犯罪行为，经查证属实的；

（二）提供的重要线索指向具体的职务犯罪事实，对调查其他案件起到实质性推动作用的；

（三）提供的重要线索有助于加快其他案件办理进度，或者对其他案件固定关键证据、挽回损失、追逃追赃等起到积极作用的。

第二百一十九条　从宽处罚建议一般应当在移送起诉时作为《起诉意见书》内容一并提出，特殊情况下也可以在案件移送后、人民检察院提起公诉前，单独形成从宽处罚建议书移送人民检察院。对于从宽处罚建议所依据的证据材料，应当一并移送人民检察院。

监察机关对于被调查人在调查阶段认罪认罚，但不符合监察法规定的提出从宽处罚建议条件，在移送起诉时没有提出从宽处罚建议的，应当在《起诉意见书》中写明其自愿认罪认罚的情况。

第二百二十条 监察机关一般应当在正式移送起诉十日前，向拟移送的人民检察院采取书面通知等方式预告移送事宜。对于已采取留置措施的案件，发现被调查人因身体等原因存在不适宜羁押等可能影响刑事强制措施执行情形的，应当通报人民检察院。对于未采取留置措施的案件，可以根据案件具体情况，向人民检察院提出对被调查人采取刑事强制措施的建议。

第二百二十一条 监察机关办理的职务犯罪案件移送起诉，需要指定起诉、审判管辖的，应当与同级人民检察院协商有关程序事宜。需要由同级人民检察院的上级人民检察院指定管辖的，应当商请同级人民检察院办理指定管辖事宜。

监察机关一般应当在移送起诉二十日前，将商请指定管辖函送交同级人民检察院。商请指定管辖函应当附案件基本情况，对于被调查人已被其他机关立案侦查的犯罪认为需要并案审查起诉的，一并进行说明。

派驻或者派出的监察机构、监察专员调查的职务犯罪案件需要指定起诉、审判管辖的，应当报派出机关办理指定管辖手续。

第二百二十二条 上级监察机关指定下级监察机关进行调查，移送起诉时需要人民检察院依法指定管辖的，应当在移送起诉前由上级监察机关与同级人民检察院协商有关程序事宜。

第二百二十三条 监察机关对已经移送起诉的职务犯罪案件，发现遗漏被调查人罪行需要补充移送起诉的，应当经审批出具《补充起诉意见书》，连同相关案卷材料、证据等一并移送同级人民检察院。

对于经人民检察院指定管辖的案件需要补充移送起诉的，可以直接移送原受理移送起诉的人民检察院；需要追加犯罪嫌疑人、被告人的，应当再次商请人民检察院办理指定管辖手续。

第二百二十四条 对于涉嫌行贿犯罪、介绍贿赂犯罪或者共同职务犯罪等关联案件的涉案人员，移送起诉时一般应当随主案确定管辖。

主案与关联案件由不同监察机关立案调查的，调查关联案件的监察机关在移送起诉前，应当报告或者通报调查主案的监察机关，由其统一协调案件管辖事宜。因特殊原因，关联案件不宜随主案确定管辖的，调查主案的监察机关应当及时通报和协调有关事项。

第二百二十五条 监察机关对于人民检察院在审查起诉中书面提出的下列要求应当予以配合：

（一）认为可能存在以非法方法收集证据情形，要求监察机关对证据收集的合法性作出说明或者提供相关证明材料的；

（二）排除非法证据后，要求监察机关另行指派调查人员重新取证的；

（三）对物证、书证、视听资料、电子数据及勘验检查、辨认、调查实验等笔录存在疑问，要求调查人员提供获取、制作的有关情况的；

（四）要求监察机关对案件中某些专门性问题进行鉴定，或者对勘验检查进行复验、复查的；

（五）认为主要犯罪事实已经查清，仍有部分证据需要补充完善，要求监察机关补充提供证据的；

（六）人民检察院依法提出的其他工作要求。

第二百二十六条 监察机关对于人民检察院依法退回补充调查的案件，应当向主要负责人报告，并积极开展补充调查工作。

第二百二十七条 对人民检察院退回补充调查的案件，经审批分别作出下列处理：

（一）认定犯罪事实的证据不够充分的，应当在补充证据后，制作补充调查报告书，连同相关材料一并移送人民检察院审查，对无法补充完善的证据，应当作出书面情况说明，并加盖监察机关或者承办部门公章；

（二）在补充调查中发现新的同案犯或者增加、变更犯罪事实，需要追究刑事责任的，应当重新提出处理意见，移送人民检察院审查；

（三）犯罪事实的认定出现重大变化，认为不应当追究被调查人刑事责任的，应当重新提出处理意见，将处理结果书面通知人民检察院并说明理由；

（四）认为移送起诉的犯罪事实清楚，证据确实、充分的，应当说明理由，移送人民检察院依法审查。

第二百二十八条 人民检察院在审查起诉过程中发现新的职务违法或者职务犯罪问题线索并移送监察机关的，监察机关应当依法处置。

第二百二十九条 在案件审判过程中，人民检察院书面要求监察机关补充提供证据，对证据进行补正、解释，或者协助人民检察院补充侦查的，监察机关应当予以配合。监察机关不能提供有关证据材料的，应当书面说明情况。

人民法院在审判过程中就证据收集合法性问题要求有关调查人员出庭说明情况时，监察机关应当依法予以配合。

第二百三十条 监察机关认为人民检察院不起诉决定有错误的，应当在收到不起诉决定书后三十日以内，依法向其上一级人民检察院提请复议。监察机关应当将上述情况及时向上一级监察机关书面报告。

第二百三十一条 对于监察机关移送起诉的案件，人民检察院作出不起诉决定，人民法院作出无罪判决，或者监察机关经人民检察院退回补充调查后不再移送起诉，涉及对被调查人已生效政务处分事实认定的，监察机关应当依法对政务处分决定进行审核。认为原政务处分决定认定事实清楚、适用法律正确的，不再改变；认为原政务处分决定确有错误或者不当的，依法予以撤销或者变更。

第二百三十二条 对于贪污贿赂、失职渎职等职务犯罪案件，被调查人逃匿，在通缉一年后不能到案，或者被调查人死亡，依法应当追缴其违法所得及其他涉案财产的，承办部门在调查终结后应当依法移送审理。

监察机关应当经集体审议，出具《没收违法所得意见书》，连同案卷材料、证据等，一并移送人民检察院依法提出没收违法所得的申请。

监察机关将《没收违法所得意见书》移送人民检察院后，在逃的被调查人自动投案或者被抓获的，监察机关应当及时通知人民检察院。

第二百三十三条 监察机关立案调查拟适用缺席审判程序的贪污贿赂犯罪案件，应当逐级报送国家监察委员会同意。

监察机关承办部门认为在境外的被调查人犯罪事实已经查清，证据确实、充分，依法应当追究刑事责任的，应当依法移送审理。

监察机关应当经集体审议，出具《起诉意见书》，连同案卷材料、证据等，一并移送人民检察院审查起诉。

在审查起诉或者缺席审判过程中，犯罪嫌疑人、被告人向监察机关自动投案或者被抓获的，监察机关应当立即通知人民检察院、人民法院。

第六章 反腐败国际合作

第一节 工作职责和领导体制

第二百三十四条 国家监察委员会统筹协调与其他国家、地区、国际组织开展反腐败国际交流、合作。

国家监察委员会组织《联合国反腐败公约》等反腐败国际条约的实施以及履约审议等工作，承担《联合国反腐败公约》司法协助中央机关有关工作。

国家监察委员会组织协调有关单位建立集中统一、高效顺畅的反腐败国际追逃追赃和防逃协调机制，统筹协调、督促指导各级监察机关反腐败国际追逃追赃等涉外案件办理工作，具体履行下列职责：

（一）制定反腐败国际追逃追赃和防逃工作计划，研究工作中的重要问题；

（二）组织协调反腐败国际追逃追赃等重大涉外案件办理工作；

（三）办理由国家监察委员会管辖的涉外案件；

（四）指导地方各级监察机关依法开展涉外案件办理工作；

（五）汇总和通报全国职务犯罪外逃案件信息和追逃追赃工作信息；

（六）建立健全反腐败国际追逃追赃和防逃合作网络；

（七）承担监察机关开展国际刑事司法协助的主管机关职责；

（八）承担其他与反腐败国际追逃追赃等涉外案件办理工作相关的职责。

第二百三十五条　地方各级监察机关在国家监察委员会领导下，统筹协调、督促指导本地区反腐败国际追逃追赃等涉外案件办理工作，具体履行下列职责：

（一）落实上级监察机关关于反腐败国际追逃追赃和防逃工作部署，制定工作计划；

（二）按照管辖权限或者上级监察机关指定管辖，办理涉外案件；

（三）按照上级监察机关要求，协助配合其他监察机关开展涉外案件办理工作；

（四）汇总和通报本地区职务犯罪外逃案件信息和追逃追赃工作信息；

（五）承担本地区其他与反腐败国际追逃追赃等涉外案件办理工作相关的职责。

省级监察委员会应当会同有关单位，建立健全本地区反腐败国际追逃追赃和防逃协调机制。

国家监察委员会派驻或者派出的监察机构、监察专员统筹协调、督促指导本部门反腐败国际追逃追赃等涉外案件办理工作，参照第一款规定执行。

第二百三十六条　国家监察委员会国际合作局归口管理监察机关反腐败国际追逃追赃等涉外案件办理工作。地方各级监察委员会应当明确专责部门，归口管理本地区涉外案件办理工作。

国家监察委员会派驻或者派出的监察机构、监察专员和地方各级监察机关办理涉外案件中有关执法司法国际合作事项，应当逐级报送国家监察委员会审批。

由国家监察委员会依法直接或者协调有关单位与有关国家（地区）相关机构沟通，以双方认可的方式实施。

第二百三十七条 监察机关应当建立追逃追赃和防逃工作内部联络机制。承办部门在调查过程中，发现被调查人或者重要涉案人员外逃、违法所得及其他涉案财产被转移到境外的，可以请追逃追赃部门提供工作协助。监察机关将案件移送人民检察院审查起诉后，仍有重要涉案人员外逃或者未追缴的违法所得及其他涉案财产的，应当由追逃追赃部门继续办理，或者由追逃追赃部门指定协调有关单位办理。

第二节 国（境）内工作

第二百三十八条 监察机关应当将防逃工作纳入日常监督内容，督促相关机关、单位建立健全防逃责任机制。

监察机关在监督、调查工作中，应当根据情况制定对监察对象、重要涉案人员的防逃方案，防范人员外逃和资金外流风险。监察机关应当会同同级组织人事、外事、公安、移民管理等单位健全防逃预警机制，对存在外逃风险的监察对象早发现、早报告、早处置。

第二百三十九条 监察机关应当加强与同级人民银行、公安等单位的沟通协作，推动预防、打击利用离岸公司和地下钱庄等向境外转移违法所得及其他涉案财产，对涉及职务违法和职务犯罪的行为依法进行调查。

第二百四十条 国家监察委员会派驻或者派出的监察机构、监察专员和地方各级监察委员会发现监察对象出逃、失踪、出走，或者违法所得及其他涉案财产被转移至境外的，应当在二十四小时以内将有关信息逐级报送至国家监察委员会国际合作局，并迅速开展相关工作。

第二百四十一条 监察机关追逃追赃部门统一接收巡视巡察机构、审计机关、行政执法部门、司法机关等单位移交的外逃信息。

监察机关对涉嫌职务违法和职务犯罪的外逃人员，应当明确承办部门，建立案件档案。

第二百四十二条 监察机关应当依法全面收集外逃人员涉嫌职务违法和职务犯罪证据。

第二百四十三条 开展反腐败国际追逃追赃等涉外案件办理工作，应当把思想教育贯穿始终，落实宽严相济刑事政策，依法适用认罪认罚从宽制度，促使外逃人员回国投案或者配合调查、主动退赃。开展相关工作，应当尊重所在国家（地区）的法律规定。

第二百四十四条　外逃人员归案、违法所得及其他涉案财产被追缴后，承办案件的监察机关应当将情况逐级报送国家监察委员会国际合作局。监察机关应当依法对涉案人员和违法所得及其他涉案财产作出处置，或者请有关单位依法处置。对不需要继续采取相关措施的，应当及时解除或者撤销。

第三节　对外合作

第二百四十五条　监察机关对依法应当留置或者已经决定留置的外逃人员，需要申请发布国际刑警组织红色通报的，应当逐级报送国家监察委员会审核。国家监察委员会审核后，依法通过公安部向国际刑警组织提出申请。

需要延期、暂停、撤销红色通报的，申请发布红色通报的监察机关应当逐级报送国家监察委员会审核，由国家监察委员会依法通过公安部联系国际刑警组织办理。

第二百四十六条　地方各级监察机关通过引渡方式办理相关涉外案件的，应当按照引渡法、相关双边及多边国际条约等规定准备引渡请求书及相关材料，逐级报送国家监察委员会审核。由国家监察委员会依法通过外交等渠道向外国提出引渡请求。

第二百四十七条　地方各级监察机关通过刑事司法协助方式办理相关涉外案件的，应当按照国际刑事司法协助法、相关双边及多边国际条约等规定准备刑事司法协助请求书及相关材料，逐级报送国家监察委员会审核。由国家监察委员会依法直接或者通过对外联系机关等渠道，向外国提出刑事司法协助请求。

国家监察委员会收到外国提出的刑事司法协助请求书及所附材料，经审查认为符合有关规定的，作出决定并交由省级监察机关执行，或者转交其他有关主管机关。省级监察机关应当立即执行，或者交由下级监察机关执行，并将执行结果或者妨碍执行的情形及时报送国家监察委员会。在执行过程中，需要依法采取查询、调取、查封、扣押、冻结等措施或者需要返还涉案财物的，根据我国法律规定和国家监察委员会的执行决定办理有关法律手续。

第二百四十八条　地方各级监察机关通过执法合作方式办理相关涉外案件的，应当将合作事项及相关材料逐级报送国家监察委员会审核。由国家监察委员会依法直接或者协调有关单位，向有关国家（地区）相关机构提交并开展合作。

第二百四十九条 地方各级监察机关通过境外追诉方式办理相关涉外案件的，应当提供外逃人员相关违法线索和证据，逐级报送国家监察委员会审核。由国家监察委员会依法直接或者协调有关单位向有关国家（地区）相关机构提交，请其依法对外逃人员调查、起诉和审判，并商有关国家（地区）遣返外逃人员。

第二百五十条 监察机关对依法应当追缴的境外违法所得及其他涉案财产，应当责令涉案人员以合法方式退赔。涉案人员拒不退赔的，可以依法通过下列方式追缴：

（一）在开展引渡等追逃合作时，随附请求有关国家（地区）移交相关违法所得及其他涉案财产；

（二）依法启动违法所得没收程序，由人民法院对相关违法所得及其他涉案财产作出冻结、没收裁定，请有关国家（地区）承认和执行，并予以返还；

（三）请有关国家（地区）依法追缴相关违法所得及其他涉案财产，并予以返还；

（四）通过其他合法方式追缴。

第七章 对监察机关和监察人员的监督

第二百五十一条 监察机关和监察人员必须自觉坚持党的领导，在党组织的管理、监督下开展工作，依法接受本级人民代表大会及其常务委员会的监督，接受民主监督、司法监督、社会监督、舆论监督，加强内部监督制约机制建设，确保权力受到严格的约束和监督。

第二百五十二条 各级监察委员会应当按照监察法第五十三条第二款规定，由主任在本级人民代表大会常务委员会全体会议上报告专项工作。

在报告专项工作前，应当与本级人民代表大会有关专门委员会沟通协商，并配合开展调查研究等工作。各级人民代表大会常务委员会审议专项工作报告时，本级监察委员会应当根据要求派出领导成员列席相关会议，听取意见。

各级监察委员会应当认真研究办理本级人民代表大会常务委员会反馈的审议意见，并按照要求书面报告办理情况。

第二百五十三条 各级监察委员会应当积极接受、配合本级人民代表大会常务委员会组织的执法检查。对本级人民代表大会常务委员会的执法检查报告，应当认真研究处理，并向其报告处理情况。

第二百五十四条 各级监察委员会在本级人民代表大会常务委员会会议审议

与监察工作有关的议案和报告时，应当派相关负责人到会听取意见，回答询问。

监察机关对依法交由监察机关答复的质询案应当按照要求进行答复。口头答复的，由监察机关主要负责人或者委派相关负责人到会答复。书面答复的，由监察机关主要负责人签署。

第二百五十五条　各级监察机关应当通过互联网政务媒体、报刊、广播、电视等途径，向社会及时准确公开下列监察工作信息：

（一）监察法规；

（二）依法应当向社会公开的案件调查信息；

（三）检举控告地址、电话、网站等信息；

（四）其他依法应当公开的信息。

第二百五十六条　各级监察机关可以根据工作需要，按程序选聘特约监察员履行监督、咨询等职责。特约监察员名单应当向社会公布。

监察机关应当为特约监察员依法开展工作提供必要条件和便利。

第二百五十七条　监察机关实行严格的人员准入制度，严把政治关、品行关、能力关、作风关、廉洁关。监察人员必须忠诚坚定、担当尽责、遵纪守法、清正廉洁。

第二百五十八条　监察机关应当建立监督检查、调查、案件监督管理、案件审理等部门相互协调制约的工作机制。

监督检查和调查部门实行分工协作、相互制约。监督检查部门主要负责联系地区、部门、单位的日常监督检查和对涉嫌一般违法问题线索处置。调查部门主要负责对涉嫌严重职务违法和职务犯罪问题线索进行初步核实和立案调查。

案件监督管理部门负责对监督检查、调查工作全过程进行监督管理，做好线索管理、组织协调、监督检查、督促办理、统计分析等工作。案件监督管理部门发现监察人员在监督检查、调查中有违规办案行为的，及时督促整改；涉嫌违纪违法的，根据管理权限移交相关部门处理。

第二百五十九条　监察机关应当对监察权运行关键环节进行经常性监督检查，适时开展专项督查。案件监督管理、案件审理等部门应当按照各自职责，对问题线索处置、调查措施使用、涉案财物管理等进行监督检查，建立常态化、全覆盖的案件质量评查机制。

第二百六十条　监察机关应当加强对监察人员执行职务和遵纪守法情况的监督，按照管理权限依法对监察人员涉嫌违法犯罪问题进行调查处置。

第二百六十一条 监察机关及其监督检查、调查部门负责人应当定期检查调查期间的录音录像、谈话笔录、涉案财物登记资料，加强对调查全过程的监督，发现问题及时纠正并报告。

第二百六十二条 对监察人员打听案情、过问案件、说情干预的，办理监察事项的监察人员应当及时向上级负责人报告。有关情况应当登记备案。

发现办理监察事项的监察人员未经批准接触被调查人、涉案人员及其特定关系人，或者存在交往情形的，知情的监察人员应当及时向上级负责人报告。有关情况应当登记备案。

第二百六十三条 办理监察事项的监察人员有监察法第五十八条所列情形之一的，应当自行提出回避；没有自行提出回避的，监察机关应当依法决定其回避，监察对象、检举人及其他有关人员也有权要求其回避。

选用借调人员、看护人员、调查场所，应当严格执行回避制度。

第二百六十四条 监察人员自行提出回避，或者监察对象、检举人及其他有关人员要求监察人员回避的，应当书面或者口头提出，并说明理由。口头提出的，应当形成记录。

监察机关主要负责人的回避，由上级监察机关主要负责人决定；其他监察人员的回避，由本级监察机关主要负责人决定。

第二百六十五条 上级监察机关应当通过专项检查、业务考评、开展复查等方式，强化对下级监察机关及监察人员执行职务和遵纪守法情况的监督。

第二百六十六条 监察机关应当对监察人员有计划地进行政治、理论和业务培训。培训应当坚持理论联系实际、按需施教、讲求实效，突出政治机关特色，建设高素质专业化监察队伍。

第二百六十七条 监察机关应当严格执行保密制度，控制监察事项知悉范围和时间。监察人员不准私自留存、隐匿、查阅、摘抄、复制、携带问题线索和涉案资料，严禁泄露监察工作秘密。

监察机关应当建立健全检举控告保密制度，对检举控告人的姓名（单位名称）、工作单位、住址、电话和邮箱等有关情况以及检举控告内容必须严格保密。

第二百六十八条 监察机关涉密人员离岗离职后，应当遵守脱密期管理规定，严格履行保密义务，不得泄露相关秘密。

第二百六十九条 监察人员离任三年以内，不得从事与监察和司法工作相关联且可能发生利益冲突的职业。

监察人员离任后，不得担任原任职监察机关办理案件的诉讼代理人或者辩护人，但是作为当事人的监护人或者近亲属代理诉讼或者进行辩护的除外。

第二百七十条　监察人员应当严格遵守有关规范领导干部配偶、子女及其配偶经商办企业行为的规定。

第二百七十一条　监察机关在履行职责过程中应当依法保护企业产权和自主经营权，严禁利用职权非法干扰企业生产经营。需要企业经营者协助调查的，应当依法保障其合法的人身、财产等权益，避免或者减少对涉案企业正常生产、经营活动的影响。

查封企业厂房、机器设备等生产资料，企业继续使用对该财产价值无重大影响的，可以允许其使用。对于正在运营或者正在用于科技创新、产品研发的设备和技术资料等，一般不予查封、扣押，确需调取违法犯罪证据的，可以采取拍照、复制等方式。

第二百七十二条　被调查人及其近亲属认为监察机关及监察人员存在监察法第六十条第一款规定的有关情形，向监察机关提出申诉的，由监察机关案件监督管理部门依法受理，并按照法定的程序和时限办理。

第二百七十三条　监察机关在维护监督执法调查工作纪律方面失职失责的，依法追究责任。监察人员涉嫌严重职务违法、职务犯罪或者对案件处置出现重大失误的，既应当追究直接责任，还应当严肃追究负有责任的领导人员责任。

监察机关应当建立办案质量责任制，对滥用职权、失职失责造成严重后果的，实行终身责任追究。

第八章　法 律 责 任

第二百七十四条　有关单位拒不执行监察机关依法作出的下列处理决定的，应当由其主管部门、上级机关责令改正，对单位给予通报批评，对负有责任的领导人员和直接责任人员依法给予处理：

（一）政务处分决定；

（二）问责决定；

（三）谈话提醒、批评教育、责令检查，或者予以诫勉的决定；

（四）采取调查措施的决定；

（五）复审、复核决定；

（六）监察机关依法作出的其他处理决定。

第二百七十五条 监察对象对控告人、申诉人、批评人、检举人、证人、监察人员进行打击、压制等报复陷害的，监察机关应当依法给予政务处分。构成犯罪的，依法追究刑事责任。

第二百七十六条 控告人、检举人、证人采取捏造事实、伪造材料等方式诬告陷害的，监察机关应当依法给予政务处分，或者移送有关机关处理。构成犯罪的，依法追究刑事责任。

监察人员因依法履行职责遭受不实举报、诬告陷害、侮辱诽谤，致使名誉受到损害的，监察机关应当会同有关部门及时澄清事实，消除不良影响，并依法追究相关单位或者个人的责任。

第二百七十七条 监察机关应当建立健全办案安全责任制。承办部门主要负责人和调查组组长是调查安全第一责任人。调查组应当指定专人担任安全员。

地方各级监察机关履行管理、监督职责不力发生严重办案安全事故的，或者办案中存在严重违规违纪违法行为的，省级监察机关主要负责人应当向国家监察委员会作出检讨，并予以通报、严肃追责问责。

案件监督管理部门应当对办案安全责任制落实情况组织经常性检查和不定期抽查，发现问题及时报告并督促整改。

第二百七十八条 监察人员在履行职责中有下列行为之一的，依法严肃处理；构成犯罪的，依法追究刑事责任：

（一）贪污贿赂、徇私舞弊的；

（二）不履行或者不正确履行监督职责，应当发现的问题没有发现，或者发现问题不报告、不处置，造成严重影响的；

（三）未经批准、授权处置问题线索，发现重大案情隐瞒不报，或者私自留存、处理涉案材料的；

（四）利用职权或者职务上的影响干预调查工作的；

（五）违法窃取、泄露调查工作信息，或者泄露举报事项、举报受理情况以及举报人信息的；

（六）对被调查人或者涉案人员逼供、诱供，或者侮辱、打骂、虐待、体罚或者变相体罚的；

（七）违反规定处置查封、扣押、冻结的财物的；

（八）违反规定导致发生办案安全事故，或者发生安全事故后隐瞒不报、报告失实、处置不当的；

（九）违反规定采取留置措施的；

（十）违反规定限制他人出境，或者不按规定解除出境限制的；

（十一）其他职务违法和职务犯罪行为。

第二百七十九条　对监察人员在履行职责中存在违法行为的，可以根据情节轻重，依法进行谈话提醒、批评教育、责令检查、诫勉，或者给予政务处分。构成犯罪的，依法追究刑事责任。

第二百八十条　监察机关及其工作人员在行使职权时，有下列情形之一的，受害人可以申请国家赔偿：

（一）采取留置措施后，决定撤销案件的；

（二）违法没收、追缴或者违法查封、扣押、冻结财物造成损害的；

（三）违法行使职权，造成被调查人、涉案人员或者证人身体伤害或者死亡的；

（四）非法剥夺他人人身自由的；

（五）其他侵犯公民、法人和其他组织合法权益造成损害的。

受害人死亡的，其继承人和其他有扶养关系的亲属有权要求赔偿；受害的法人或者其他组织终止的，其权利承受人有权要求赔偿。

第二百八十一条　监察机关及其工作人员违法行使职权侵犯公民、法人和其他组织的合法权益造成损害的，该机关为赔偿义务机关。申请赔偿应当向赔偿义务机关提出，由该机关负责复审复核工作的部门受理。

赔偿以支付赔偿金为主要方式。能够返还财产或者恢复原状的，予以返还财产或者恢复原状。

第九章　附　　则

第二百八十二条　本条例所称监察机关，包括各级监察委员会及其派驻或者派出监察机构、监察专员。

第二百八十三条　本条例所称“近亲属”，是指夫、妻、父、母、子、女、同胞兄弟姊妹。

第二百八十四条　本条例所称以上、以下、以内，包括本级、本数。

第二百八十五条　期间以时、日、月、年计算，期间开始的时和日不算在期间以内。本条例另有规定的除外。

按照年、月计算期间的，到期月的对应日为期间的最后一日；没有对应日的，月末日为期间的最后一日。

期间的最后一日是法定休假日的，以法定休假日结束的次日为期间的最后一日。但被调查人留置期间应当至到期之日为止，不得因法定休假日而延长。

第二百八十六条 本条例由国家监察委员会负责解释。

第二百八十七条 本条例自发布之日起施行。

中华人民共和国公职人员政务处分法

（2020年6月20日第十三届全国人民代表大会常务委员会第十九次会议通过 2020年6月20日中华人民共和国主席令第46号公布 自2020年7月1日起施行）

第一章 总　　则

第一条 为了规范政务处分，加强对所有行使公权力的公职人员的监督，促进公职人员依法履职、秉公用权、廉洁从政从业、坚持道德操守，根据《中华人民共和国监察法》，制定本法。

第二条 本法适用于监察机关对违法的公职人员给予政务处分的活动。

本法第二章、第三章适用于公职人员任免机关、单位对违法的公职人员给予处分。处分的程序、申诉等适用其他法律、行政法规、国务院部门规章和国家有关规定。

本法所称公职人员，是指《中华人民共和国监察法》第十五条规定的人员。

第三条 监察机关应当按照管理权限，加强对公职人员的监督，依法给予违法的公职人员政务处分。

公职人员任免机关、单位应当按照管理权限，加强对公职人员的教育、管理、监督，依法给予违法的公职人员处分。

监察机关发现公职人员任免机关、单位应当给予处分而未给予，或者给予的处分违法、不当的，应当及时提出监察建议。

第四条 给予公职人员政务处分，坚持党管干部原则，集体讨论决定；坚持法律面前一律平等，以事实为根据，以法律为准绳，给予的政务处分与违法行为的性质、情节、危害程度相当；坚持惩戒与教育相结合，宽严相济。

第五条 给予公职人员政务处分，应当事实清楚、证据确凿、定性准确、处理恰当、程序合法、手续完备。

第六条 公职人员依法履行职责受法律保护，非因法定事由、非经法定程序，不受政务处分。

第二章 政务处分的种类和适用

第七条 政务处分的种类为：

（一）警告；

（二）记过；

（三）记大过；

（四）降级；

（五）撤职；

（六）开除。

第八条 政务处分的期间为：

（一）警告，六个月；

（二）记过，十二个月；

（三）记大过，十八个月；

（四）降级、撤职，二十四个月。

政务处分决定自作出之日起生效，政务处分期自政务处分决定生效之日起计算。

第九条 公职人员二人以上共同违法，根据各自在违法行为中所起的作用和应当承担的法律责任，分别给予政务处分。

第十条 有关机关、单位、组织集体作出的决定违法或者实施违法行为的，对负有责任的领导人员和直接责任人员中的公职人员依法给予政务处分。

第十一条 公职人员有下列情形之一的，可以从轻或者减轻给予政务处分：

（一）主动交代本人应当受到政务处分的违法行为的；

（二）配合调查，如实说明本人违法事实的；

（三）检举他人违纪违法行为，经查证属实的；

（四）主动采取措施，有效避免、挽回损失或者消除不良影响的；

（五）在共同违法行为中起次要或者辅助作用的；

（六）主动上交或者退赔违法所得的；

（七）法律、法规规定的其他从轻或者减轻情节。

第十二条 公职人员违法行为情节轻微，且具有本法第十一条规定的情形之一的，可以对其进行谈话提醒、批评教育、责令检查或者予以诫勉，免予或者不予政务处分。

公职人员因不明真相被裹挟或者被胁迫参与违法活动，经批评教育后确有悔改表现的，可以减轻、免予或者不予政务处分。

第十三条 公职人员有下列情形之一的，应当从重给予政务处分：

（一）在政务处分期内再次故意违法，应当受到政务处分的；

（二）阻止他人检举、提供证据的；

（三）串供或者伪造、隐匿、毁灭证据的；

（四）包庇同案人员的；

（五）胁迫、唆使他人实施违法行为的；

（六）拒不上交或者退赔违法所得的；

（七）法律、法规规定的其他从重情节。

第十四条 公职人员犯罪，有下列情形之一的，予以开除：

（一）因故意犯罪被判处管制、拘役或者有期徒刑以上刑罚（含宣告缓刑）的；

（二）因过失犯罪被判处有期徒刑，刑期超过三年的；

（三）因犯罪被单处或者并处剥夺政治权利的。

因过失犯罪被判处管制、拘役或者三年以下有期徒刑的，一般应当予以开除；案件情况特殊，予以撤职更为适当的，可以不予开除，但是应当报请上一级机关批准。

公职人员因犯罪被单处罚金，或者犯罪情节轻微，人民检察院依法作出不起诉决定或者人民法院依法免予刑事处罚的，予以撤职；造成不良影响的，予以开除。

第十五条 公职人员有两个以上违法行为的，应当分别确定政务处分。应当给予两种以上政务处分的，执行其中最重的政务处分；应当给予撤职以下多个相同政务处分的，可以在一个政务处分期以上、多个政务处分期之和以下确定政务处分期，但是最长不得超过四十八个月。

第十六条 对公职人员的同一违法行为，监察机关和公职人员任免机关、单位不得重复给予政务处分和处分。

第十七条 公职人员有违法行为，有关机关依照规定给予组织处理的，监察机关可以同时给予政务处分。

第十八条　担任领导职务的公职人员有违法行为，被罢免、撤销、免去或者辞去领导职务的，监察机关可以同时给予政务处分。

第十九条　公务员以及参照《中华人民共和国公务员法》管理的人员在政务处分期内，不得晋升职务、职级、衔级和级别；其中，被记过、记大过、降级、撤职的，不得晋升工资档次。被撤职的，按照规定降低职务、职级、衔级和级别，同时降低工资和待遇。

第二十条　法律、法规授权或者受国家机关依法委托管理公共事务的组织中从事公务的人员，以及公办的教育、科研、文化、医疗卫生、体育等单位中从事管理的人员，在政务处分期内，不得晋升职务、岗位和职员等级、职称；其中，被记过、记大过、降级、撤职的，不得晋升薪酬待遇等级。被撤职的，降低职务、岗位或者职员等级，同时降低薪酬待遇。

第二十一条　国有企业管理人员在政务处分期内，不得晋升职务、岗位等级和职称；其中，被记过、记大过、降级、撤职的，不得晋升薪酬待遇等级。被撤职的，降低职务或者岗位等级，同时降低薪酬待遇。

第二十二条　基层群众性自治组织中从事管理的人员有违法行为的，监察机关可以予以警告、记过、记大过。

基层群众性自治组织中从事管理的人员受到政务处分的，应当由县级或者乡镇人民政府根据具体情况减发或者扣发补贴、奖金。

第二十三条　《中华人民共和国监察法》第十五条第六项规定的人员有违法行为的，监察机关可以予以警告、记过、记大过。情节严重的，由所在单位直接给予或者监察机关建议有关机关、单位给予降低薪酬待遇、调离岗位、解除人事关系或者劳动关系等处理。

《中华人民共和国监察法》第十五条第二项规定的人员，未担任公务员、参照《中华人民共和国公务员法》管理的人员、事业单位工作人员或者国有企业人员职务的，对其违法行为依照前款规定处理。

第二十四条　公职人员被开除，或者依照本法第二十三条规定，受到解除人事关系或者劳动关系处理的，不得录用为公务员以及参照《中华人民共和国公务员法》管理的人员。

第二十五条　公职人员违法取得的财物和用于违法行为的本人财物，除依法应当由其他机关没收、追缴或者责令退赔的，由监察机关没收、追缴或者责令退赔；应当退还原所有人或者原持有人的，依法予以退还；属于国家财产或者不应当退还以及无法退还的，上缴国库。

公职人员因违法行为获得的职务、职级、衔级、级别、岗位和职员等级、职称、待遇、资格、学历、学位、荣誉、奖励等其他利益，监察机关应当建议有关机关、单位、组织按规定予以纠正。

第二十六条 公职人员被开除的，自政务处分决定生效之日起，应当解除其与所在机关、单位的人事关系或者劳动关系。

公职人员受到开除以外的政务处分，在政务处分期内有悔改表现，并且没有再发生应当给予政务处分的违法行为的，政务处分期满后自动解除，晋升职务、职级、衔级、级别、岗位和职员等级、职称、薪酬待遇不再受原政务处分影响。但是，解除降级、撤职的，不恢复原职务、职级、衔级、级别、岗位和职员等级、职称、薪酬待遇。

第二十七条 已经退休的公职人员退休前或者退休后有违法行为的，不再给予政务处分，但是可以对其立案调查；依法应当予以降级、撤职、开除的，应当按照规定相应调整其享受的待遇，对其违法取得的财物和用于违法行为的本人财物依照本法第二十五条的规定处理。

已经离职或者死亡的公职人员在履职期间有违法行为的，依照前款规定处理。

第三章 违法行为及其适用的政务处分

第二十八条 有下列行为之一的，予以记过或者记大过；情节较重的，予以降级或者撤职；情节严重的，予以开除：

（一）散布有损宪法权威、中国共产党领导和国家声誉的言论的；

（二）参加旨在反对宪法、中国共产党领导和国家的集会、游行、示威等活动的；

（三）拒不执行或者变相不执行中国共产党和国家的路线方针政策、重大决策部署的；

（四）参加非法组织、非法活动的；

（五）挑拨、破坏民族关系，或者参加民族分裂活动的；

（六）利用宗教活动破坏民族团结和社会稳定的；

（七）在对外交往中损害国家荣誉和利益的。

有前款第二项、第四项、第五项和第六项行为之一的，对策划者、组织者和骨干分子，予以开除。

公开发表反对宪法确立的国家指导思想，反对中国共产党领导，反对社会主义制度，反对改革开放的文章、演说、宣言、声明等的，予以开除。

第二十九条　不按照规定请示、报告重大事项，情节较重的，予以警告、记过或者记大过；情节严重的，予以降级或者撤职。

违反个人有关事项报告规定，隐瞒不报，情节较重的，予以警告、记过或者记大过。

篡改、伪造本人档案资料的，予以记过或者记大过；情节严重的，予以降级或者撤职。

第三十条　有下列行为之一的，予以警告、记过或者记大过；情节严重的，予以降级或者撤职：

（一）违反民主集中制原则，个人或者少数人决定重大事项，或者拒不执行、擅自改变集体作出的重大决定的；

（二）拒不执行或者变相不执行、拖延执行上级依法作出的决定、命令的。

第三十一条　违反规定出境或者办理因私出境证件的，予以记过或者记大过；情节严重的，予以降级或者撤职。

违反规定取得外国国籍或者获取境外永久居留资格、长期居留许可的，予以撤职或者开除。

第三十二条　有下列行为之一的，予以警告、记过或者记大过；情节较重的，予以降级或者撤职；情节严重的，予以开除：

（一）在选拔任用、录用、聘用、考核、晋升、评选等干部人事工作中违反有关规定的；

（二）弄虚作假，骗取职务、职级、衔级、级别、岗位和职员等级、职称、待遇、资格、学历、学位、荣誉、奖励或者其他利益的；

（三）对依法行使批评、申诉、控告、检举等权利的行为进行压制或者打击报复的；

（四）诬告陷害，意图使他人受到名誉损害或者责任追究等不良影响的；

（五）以暴力、威胁、贿赂、欺骗等手段破坏选举的。

第三十三条　有下列行为之一的，予以警告、记过或者记大过；情节较重的，予以降级或者撤职；情节严重的，予以开除：

（一）贪污贿赂的；

（二）利用职权或者职务上的影响为本人或者他人谋取私利的；

（三）纵容、默许特定关系人利用本人职权或者职务上的影响谋取私利的。

拒不按照规定纠正特定关系人违规任职、兼职或者从事经营活动，且不服从职务调整的，予以撤职。

第三十四条 收受可能影响公正行使公权力的礼品、礼金、有价证券等财物的，予以警告、记过或者记大过；情节较重的，予以降级或者撤职；情节严重的，予以开除。

向公职人员及其特定关系人赠送可能影响公正行使公权力的礼品、礼金、有价证券等财物，或者接受、提供可能影响公正行使公权力的宴请、旅游、健身、娱乐等活动安排，情节较重的，予以警告、记过或者记大过；情节严重的，予以降级或者撤职。

第三十五条 有下列行为之一，情节较重的，予以警告、记过或者记大过；情节严重的，予以降级或者撤职：

（一）违反规定设定、发放薪酬或者津贴、补贴、奖金的；

（二）违反规定，在公务接待、公务交通、会议活动、办公用房以及其他工作生活保障等方面超标准、超范围的；

（三）违反规定公款消费的。

第三十六条 违反规定从事或者参与营利性活动，或者违反规定兼任职务、领取报酬的，予以警告、记过或者记大过；情节较重的，予以降级或者撤职；情节严重的，予以开除。

第三十七条 利用宗族或者黑恶势力等欺压群众，或者纵容、包庇黑恶势力活动的，予以撤职；情节严重的，予以开除。

第三十八条 有下列行为之一，情节较重的，予以警告、记过或者记大过；情节严重的，予以降级或者撤职：

（一）违反规定向管理服务对象收取、摊派财物的；

（二）在管理服务活动中故意刁难、吃拿卡要的；

（三）在管理服务活动中态度恶劣粗暴，造成不良后果或者影响的；

（四）不按照规定公开工作信息，侵犯管理服务对象知情权，造成不良后果或者影响的；

（五）其他侵犯管理服务对象利益的行为，造成不良后果或者影响的。

有前款第一项、第二项和第五项行为，情节特别严重的，予以开除。

第三十九条 有下列行为之一，造成不良后果或者影响的，予以警告、记过或者记大过；情节较重的，予以降级或者撤职；情节严重的，予以开除：

（一）滥用职权，危害国家利益、社会公共利益或者侵害公民、法人、其他组织合法权益的；

（二）不履行或者不正确履行职责，玩忽职守，贻误工作的；

（三）工作中有形式主义、官僚主义行为的；

（四）工作中有弄虚作假，误导、欺骗行为的；

（五）泄露国家秘密、工作秘密，或者泄露因履行职责掌握的商业秘密、个人隐私的。

第四十条　有下列行为之一的，予以警告、记过或者记大过；情节较重的，予以降级或者撤职；情节严重的，予以开除：

（一）违背社会公序良俗，在公共场所有不当行为，造成不良影响的；

（二）参与或者支持迷信活动，造成不良影响的；

（三）参与赌博的；

（四）拒不承担赡养、抚养、扶养义务的；

（五）实施家庭暴力，虐待、遗弃家庭成员的；

（六）其他严重违反家庭美德、社会公德的行为。

吸食、注射毒品，组织赌博，组织、支持、参与卖淫、嫖娼、色情淫乱活动的，予以撤职或者开除。

第四十一条　公职人员有其他违法行为，影响公职人员形象，损害国家和人民利益的，可以根据情节轻重给予相应政务处分。

第四章　政务处分的程序

第四十二条　监察机关对涉嫌违法的公职人员进行调查，应当由二名以上工作人员进行。监察机关进行调查时，有权依法向有关单位和个人了解情况，收集、调取证据。有关单位和个人应当如实提供情况。

严禁以威胁、引诱、欺骗及其他非法方式收集证据。以非法方式收集的证据不得作为给予政务处分的依据。

第四十三条　作出政务处分决定前，监察机关应当将调查认定的违法事实及拟给予政务处分的依据告知被调查人，听取被调查人的陈述和申辩，并对其陈述的事实、理由和证据进行核实，记录在案。被调查人提出的事实、理由和证据成立的，应予采纳。不得因被调查人的申辩而加重政务处分。

第四十四条 调查终结后，监察机关应当根据下列不同情况，分别作出处理：

（一）确有应受政务处分的违法行为的，根据情节轻重，按照政务处分决定权限，履行规定的审批手续后，作出政务处分决定；

（二）违法事实不能成立的，撤销案件；

（三）符合免予、不予政务处分条件的，作出免予、不予政务处分决定；

（四）被调查人涉嫌其他违法或者犯罪行为的，依法移送主管机关处理。

第四十五条 决定给予政务处分的，应当制作政务处分决定书。

政务处分决定书应当载明下列事项：

（一）被处分人的姓名、工作单位和职务；

（二）违法事实和证据；

（三）政务处分的种类和依据；

（四）不服政务处分决定，申请复审、复核的途径和期限；

（五）作出政务处分决定的机关名称和日期。

政务处分决定书应当盖有作出决定的监察机关的印章。

第四十六条 政务处分决定书应当及时送达被处分人和被处分人所在机关、单位，并在一定范围内宣布。

作出政务处分决定后，监察机关应当根据被处分人的具体身份书面告知相关的机关、单位。

第四十七条 参与公职人员违法案件调查、处理的人员有下列情形之一的，应当自行回避，被调查人、检举人及其他有关人员也有权要求其回避：

（一）是被调查人或者检举人的近亲属的；

（二）担任过本案的证人的；

（三）本人或者其近亲属与调查的案件有利害关系的；

（四）可能影响案件公正调查、处理的其他情形。

第四十八条 监察机关负责人的回避，由上级监察机关决定；其他参与违法案件调查、处理人员的回避，由监察机关负责人决定。

监察机关或者上级监察机关发现参与违法案件调查、处理人员有应当回避情形的，可以直接决定该人员回避。

第四十九条 公职人员依法受到刑事责任追究的，监察机关应当根据司法机关的生效判决、裁定、决定及其认定的事实和情节，依照本法规定给予政务处分。

公职人员依法受到行政处罚，应当给予政务处分的，监察机关可以根据行政处罚决定认定的事实和情节，经立案调查核实后，依照本法给予政务处分。

监察机关根据本条第一款、第二款的规定作出政务处分后，司法机关、行政机关依法改变原生效判决、裁定、决定等，对原政务处分决定产生影响的，监察机关应当根据改变后的判决、裁定、决定等重新作出相应处理。

第五十条 监察机关对经各级人民代表大会、县级以上各级人民代表大会常务委员会选举或者决定任命的公职人员予以撤职、开除的，应当先依法罢免、撤销或者免去其职务，再依法作出政务处分决定。

监察机关对经中国人民政治协商会议各级委员会全体会议或者其常务委员会选举或者决定任命的公职人员予以撤职、开除的，应当先依章程免去其职务，再依法作出政务处分决定。

监察机关对各级人民代表大会代表、中国人民政治协商会议各级委员会委员给予政务处分的，应当向有关的人民代表大会常务委员会，乡、民族乡、镇的人民代表大会主席团或者中国人民政治协商会议委员会常务委员会通报。

第五十一条 下级监察机关根据上级监察机关的指定管辖决定进行调查的案件，调查终结后，对不属于本监察机关管辖范围内的监察对象，应当交有管理权限的监察机关依法作出政务处分决定。

第五十二条 公职人员涉嫌违法，已经被立案调查，不宜继续履行职责的，公职人员任免机关、单位可以决定暂停其履行职务。

公职人员在被立案调查期间，未经监察机关同意，不得出境、辞去公职；被调查公职人员所在机关、单位及上级机关、单位不得对其交流、晋升、奖励、处分或者办理退休手续。

第五十三条 监察机关在调查中发现公职人员受到不实检举、控告或者诬告陷害，造成不良影响的，应当按照规定及时澄清事实，恢复名誉，消除不良影响。

第五十四条 公职人员受到政务处分的，应当将政务处分决定书存入其本人档案。对于受到降级以上政务处分的，应当由人事部门按照管理权限在作出政务处分决定后一个月内办理职务、工资及其他有关待遇等的变更手续；特殊情况下，经批准可以适当延长办理期限，但是最长不得超过六个月。

第五章 复审、复核

第五十五条 公职人员对监察机关作出的涉及本人的政务处分决定不服的，可以依法向作出决定的监察机关申请复审；公职人员对复审决定仍不服的，可以向上一级监察机关申请复核。

监察机关发现本机关或者下级监察机关作出的政务处分决定确有错误的，应当及时予以纠正或者责令下级监察机关及时予以纠正。

第五十六条 复审、复核期间，不停止原政务处分决定的执行。

公职人员不因提出复审、复核而被加重政务处分。

第五十七条 有下列情形之一的，复审、复核机关应当撤销原政务处分决定，重新作出决定或者责令原作出决定的监察机关重新作出决定：

（一）政务处分所依据的违法事实不清或者证据不足的；

（二）违反法定程序，影响案件公正处理的；

（三）超越职权或者滥用职权作出政务处分决定的。

第五十八条 有下列情形之一的，复审、复核机关应当变更原政务处分决定，或者责令原作出决定的监察机关予以变更：

（一）适用法律、法规确有错误的；

（二）对违法行为的情节认定确有错误的；

（三）政务处分不当的。

第五十九条 复审、复核机关认为政务处分决定认定事实清楚，适用法律正确的，应当予以维持。

第六十条 公职人员的政务处分决定被变更，需要调整该公职人员的职务、职级、衔级、级别、岗位和职员等级或者薪酬待遇等的，应当按照规定予以调整。政务处分决定被撤销的，应当恢复该公职人员的级别、薪酬待遇，按照原职务、职级、衔级、岗位和职员等级安排相应的职务、职级、衔级、岗位和职员等级，并在原政务处分决定公布范围内为其恢复名誉。没收、追缴财物错误的，应当依法予以返还、赔偿。

公职人员因有本法第五十七条、第五十八条规定的情形被撤销政务处分或者减轻政务处分的，应当对其薪酬待遇受到的损失予以补偿。

第六章 法律责任

第六十一条 有关机关、单位无正当理由拒不采纳监察建议的，由其上级机关、主管部门责令改正，对该机关、单位给予通报批评，对负有责任的领导人员和直接责任人员依法给予处理。

第六十二条 有关机关、单位、组织或者人员有下列情形之一的，由其上级机关，主管部门，任免机关、单位或者监察机关责令改正，依法给予处理：

（一）拒不执行政务处分决定的；

（二）拒不配合或者阻碍调查的；

（三）对检举人、证人或者调查人员进行打击报复的；

（四）诬告陷害公职人员的；

（五）其他违反本法规定的情形。

第六十三条 监察机关及其工作人员有下列情形之一的，对负有责任的领导人员和直接责任人员依法给予处理：

（一）违反规定处置问题线索的；

（二）窃取、泄露调查工作信息，或者泄露检举事项、检举受理情况以及检举人信息的；

（三）对被调查人或者涉案人员逼供、诱供，或者侮辱、打骂、虐待、体罚或者变相体罚的；

（四）收受被调查人或者涉案人员的财物以及其他利益的；

（五）违反规定处置涉案财物的；

（六）违反规定采取调查措施的；

（七）利用职权或者职务上的影响干预调查工作、以案谋私的；

（八）违反规定发生办案安全事故，或者发生安全事故后隐瞒不报、报告失实、处置不当的；

（九）违反回避等程序规定，造成不良影响的；

（十）不依法受理和处理公职人员复审、复核的；

（十一）其他滥用职权、玩忽职守、徇私舞弊的行为。

第六十四条 违反本法规定，构成犯罪的，依法追究刑事责任。

第七章 附 则

第六十五条 国务院及其相关主管部门根据本法的原则和精神，结合事业单位、国有企业等的实际情况，对事业单位、国有企业等的违法的公职人员处分事宜作出具体规定。

第六十六条 中央军事委员会可以根据本法制定相关具体规定。

第六十七条 本法施行前，已结案的案件如果需要复审、复核，适用当时的规定。尚未结案的案件，如果行为发生时的规定不认为是违法的，适用当时的规定；如果行为发生时的规定认为是违法的，依照当时的规定处理，但是如果本法不认为是违法或者根据本法处理较轻的，适用本法。

第六十八条 本法自2020年7月1日起施行。

中华人民共和国公务员法（节录）

（2005年4月27日第十届全国人民代表大会常务委员会第十五次会议通过 根据2017年9月1日第十二届全国人民代表大会常务委员会第二十九次会议《关于修改〈中华人民共和国法官法〉等八部法律的决定》修正 2018年12月29日第十三届全国人民代表大会常务委员会第七次会议修订 2018年12月29日中华人民共和国主席令第20号公布 自2019年6月1日起施行）

……

第九章 监督与惩戒

第五十七条 机关应当对公务员的思想政治、履行职责、作风表现、遵纪守法等情况进行监督，开展勤政廉政教育，建立日常管理监督制度。

对公务员监督发现问题的，应当区分不同情况，予以谈话提醒、批评教育、责令检查、诫勉、组织调整、处分。

对公务员涉嫌职务违法和职务犯罪的，应当依法移送监察机关处理。

第五十八条 公务员应当自觉接受监督，按照规定请示报告工作、报告个人有关事项。

第五十九条 公务员应当遵纪守法，不得有下列行为：

（一）散布有损宪法权威、中国共产党和国家声誉的言论，组织或者参加旨在反对宪法、中国共产党领导和国家的集会、游行、示威等活动；

（二）组织或者参加非法组织，组织或者参加罢工；

（三）挑拨、破坏民族关系，参加民族分裂活动或者组织、利用宗教活动破坏民族团结和社会稳定；

（四）不担当，不作为，玩忽职守，贻误工作；

（五）拒绝执行上级依法作出的决定和命令；

（六）对批评、申诉、控告、检举进行压制或者打击报复；

（七）弄虚作假，误导、欺骗领导和公众；

（八）贪污贿赂，利用职务之便为自己或者他人谋取私利；

（九）违反财经纪律，浪费国家资财；

（十）滥用职权，侵害公民、法人或者其他组织的合法权益；

（十一）泄露国家秘密或者工作秘密；

（十二）在对外交往中损害国家荣誉和利益；

（十三）参与或者支持色情、吸毒、赌博、迷信等活动；

（十四）违反职业道德、社会公德和家庭美德；

（十五）违反有关规定参与禁止的网络传播行为或者网络活动；

（十六）违反有关规定从事或者参与营利性活动，在企业或者其他营利性组织中兼任职务；

（十七）旷工或者因公外出、请假期满无正当理由逾期不归；

（十八）违纪违法的其他行为。

第六十条 公务员执行公务时，认为上级的决定或者命令有错误的，可以向上级提出改正或者撤销该决定或者命令的意见；上级不改变该决定或者命令，或者要求立即执行的，公务员应当执行该决定或者命令，执行的后果由上级负责，公务员不承担责任；但是，公务员执行明显违法的决定或者命令的，应当依法承担相应的责任。

第六十一条 公务员因违纪违法应当承担纪律责任的，依照本法给予处分或者由监察机关依法给予政务处分；违纪违法行为情节轻微，经批评教育后改正的，可以免予处分。

对同一违纪违法行为，监察机关已经作出政务处分决定的，公务员所在机关不再给予处分。

第六十二条 处分分为：警告、记过、记大过、降级、撤职、开除。

第六十三条 对公务员的处分，应当事实清楚、证据确凿、定性准确、处理恰当、程序合法、手续完备。

公务员违纪违法的，应当由处分决定机关决定对公务员违纪违法的情况进行调查，并将调查认定的事实以及拟给予处分的依据告知公务员本人。公务员有权进行陈述和申辩；处分决定机关不得因公务员申辩而加重处分。

处分决定机关认为对公务员应当给予处分的，应当在规定的期限内，按照管理权限和规定的程序作出处分决定。处分决定应当以书面形式通知公务员本人。

第六十四条 公务员在受处分期间不得晋升职务、职级和级别，其中受记过、记大过、降级、撤职处分的，不得晋升工资档次。

受处分的期间为：警告，六个月；记过，十二个月；记大过，十八个月；降级、撤职，二十四个月。

受撤职处分的，按照规定降低级别。

第六十五条 公务员受开除以外的处分，在受处分期间有悔改表现，并且没有再发生违纪违法行为的，处分期满后自动解除。

解除处分后，晋升工资档次、级别和职务、职级不再受原处分的影响。但是，解除降级、撤职处分的，不视为恢复原级别、原职务、原职级。

……

中华人民共和国监察官法（节录）

（2021年8月20日第十三届全国人民代表大会常务委员会第三十次会议通过 2021年8月20日中华人民共和国主席令第92号公布 自2022年1月1日起施行）

……

第十九条 国家监察委员会主任由全国人民代表大会选举和罢免，副主任、委员由国家监察委员会主任提请全国人民代表大会常务委员会任免。

地方各级监察委员会主任由本级人民代表大会选举和罢免，副主任、委员由监察委员会主任提请本级人民代表大会常务委员会任免。

新疆生产建设兵团各级监察委员会主任、副主任、委员，由新疆维吾尔自治区监察委员会主任提请自治区人民代表大会常务委员会任免。

其他监察官的任免，按照管理权限和规定的程序办理。

……

第二十六条 国家监察委员会主任为总监察官。

……

第五十二条 监察官有下列行为之一的，依法给予处理；构成犯罪的，依法追究刑事责任：

（一）贪污贿赂的；

（二）不履行或者不正确履行监督职责，应当发现的问题没有发现，或者发现问题不报告、不处置，造成恶劣影响的；

（三）未经批准、授权处置问题线索，发现重大案情隐瞒不报，或者私自留存、处理涉案材料的；

（四）利用职权或者职务上的影响干预调查工作、以案谋私的；

（五）窃取、泄露调查工作信息，或者泄露举报事项、举报受理情况以及举报人信息的；

（六）隐瞒、伪造、变造、故意损毁证据、案件材料的；

（七）对被调查人或者涉案人员逼供、诱供，或者侮辱、打骂、虐待、体罚、变相体罚的；

（八）违反规定采取调查措施或者处置涉案财物的；

（九）违反规定发生办案安全事故，或者发生安全事故后隐瞒不报、报告失实、处置不当的；

（十）其他职务违法犯罪行为。

监察官有其他违纪违法行为，影响监察官队伍形象，损害国家和人民利益的，依法追究相应责任。

第五十三条 监察官涉嫌违纪违法，已经被立案审查、调查、侦查，不宜继续履行职责的，按照管理权限和规定的程序暂时停止其履行职务。

第五十四条 实行监察官责任追究制度，对滥用职权、失职失责造成严重后果的，终身追究责任或者进行问责。

监察官涉嫌严重职务违法、职务犯罪或者对案件处置出现重大失误的，应当追究负有责任的领导人员和直接责任人员的责任。

……

二、相关规定

中国共产党纪律处分条例（节录）

（2018 年 8 月 18 日）

……

第三章　纪律处分运用规则

第十七条　有下列情形之一的，可以从轻或者减轻处分：

（一）主动交代本人应当受到党纪处分的问题的；

（二）在组织核实、立案审查过程中，能够配合核实审查工作，如实说明本人违纪违法事实的；

（三）检举同案人或者其他人应当受到党纪处分或者法律追究的问题，经查证属实的；

（四）主动挽回损失、消除不良影响或者有效阻止危害结果发生的；

（五）主动上交违纪所得的；

（六）有其他立功表现的。

……

第二十条　有下列情形之一的，应当从重或者加重处分：

（一）强迫、唆使他人违纪的；

（二）拒不上交或者退赔违纪所得的；

（三）违纪受处分后又因故意违纪应当受到党纪处分的；

（四）违纪受到党纪处分后，又被发现其受处分前的违纪行为应当受到党纪处分的；

（五）本条例另有规定的。

第二十一条　从轻处分，是指在本条例规定的违纪行为应当受到的处分幅度以内，给予较轻的处分。

从重处分，是指在本条例规定的违纪行为应当受到的处分幅度以内，给予较重的处分。

第二十二条 减轻处分，是指在本条例规定的违纪行为应当受到的处分幅度以外，减轻一档给予处分。

加重处分，是指在本条例规定的违纪行为应当受到的处分幅度以外，加重一档给予处分。

本条例规定的只有开除党籍处分一个档次的违纪行为，不适用第一款减轻处分的规定。

第二十三条 一人有本条例规定的两种以上（含两种）应当受到党纪处分的违纪行为，应当合并处理，按其数种违纪行为中应当受到的最高处分加重一档给予处分；其中一种违纪行为应当受到开除党籍处分的，应当给予开除党籍处分。

……

第二十七条 党组织在纪律审查中发现党员有贪污贿赂、滥用职权、玩忽职守、权力寻租、利益输送、徇私舞弊、浪费国家资财等违反法律涉嫌犯罪行为的，应当给予撤销党内职务、留党察看或者开除党籍处分。

第二十八条 党组织在纪律审查中发现党员有刑法规定的行为，虽不构成犯罪但须追究党纪责任的，或者有其他违法行为，损害党、国家和人民利益的，应当视具体情节给予警告直至开除党籍处分。

……

第三十三条 党员依法受到刑事责任追究的，党组织应当根据司法机关的生效判决、裁定、决定及其认定的事实、性质和情节，依照本条例规定给予党纪处分，是公职人员的由监察机关给予相应政务处分。

党员依法受到政务处分、行政处罚，应当追究党纪责任的，党组织可以根据生效的政务处分、行政处罚决定认定的事实、性质和情节，经核实后依照规定给予党纪处分或者组织处理。

党员违反国家法律法规，违反企事业单位或者其他社会组织的规章制度受到其他纪律处分，应当追究党纪责任的，党组织在对有关方面认定的事实、性质和情节进行核实后，依照规定给予党纪处分或者组织处理。

党组织作出党纪处分或者组织处理决定后，司法机关、行政机关等依法改变原生效判决、裁定、决定等，对原党纪处分或者组织处理决定产生影响的，党组织应当根据改变后的生效判决、裁定、决定等重新作出相应处理。

……

中国共产党纪律检查机关监督执纪工作规则（节录）

（2019年1月1日[①]）

……

第三十九条　对涉嫌严重违纪或者职务违法、职务犯罪人员立案审查调查，纪检监察机关主要负责人应当主持召开由纪检监察机关相关负责人参加的专题会议，研究批准审查调查方案。

纪检监察机关相关负责人批准成立审查调查组，确定审查调查谈话方案、外查方案，审批重要信息查询、涉案财物查扣等事项。

监督检查、审查调查部门主要负责人组织研究提出审查调查谈话方案、外查方案和处置意见建议，审批一般信息查询，对调查取证审核把关。

审查调查组组长应当严格执行审查调查方案，不得擅自更改；以书面形式报告审查调查进展情况，遇有重要事项及时请示。

第四十条　审查调查组可以依照党章党规和监察法，经审批进行谈话、讯问、询问、留置、查询、冻结、搜查、调取、查封、扣押（暂扣、封存）、勘验检查、鉴定，提请有关机关采取技术调查、通缉、限制出境等措施。

承办部门应当建立台账，记录使用措施情况，向案件监督管理部门定期备案。

案件监督管理部门应当核对检查，定期汇总重要措施使用情况并报告纪委监委领导和上一级纪检监察机关，发现违规违纪违法使用措施的，区分不同情况进行处理，防止擅自扩大范围、延长时限。

……

第四十九条　对涉嫌严重违纪或者职务违法、职务犯罪问题的审查调查，监督执纪人员未经批准并办理相关手续，不得将被审查调查人或者其他重要的谈话、询问对象带离规定的谈话场所，不得在未配置监控设备的场所进行审查调查谈话或者其他重要的谈话、询问，不得在谈话期间关闭录音录像设备。

第五十条　监督检查、审查调查部门主要负责人、分管领导应当定期检查审

---

① 此为该规则施行日期。

查调查期间的录音录像、谈话笔录、涉案财物登记资料，发现问题及时纠正并报告。

纪检监察机关相关负责人应当通过调取录音录像等方式，加强对审查调查全过程的监督。

第五十一条 查明涉嫌违纪或者职务违法、职务犯罪问题后，审查调查组应当撰写事实材料，与被审查调查人见面，听取意见。被审查调查人应当在事实材料上签署意见，对签署不同意见或者拒不签署意见的，审查调查组应当作出说明或者注明情况。

审查调查工作结束，审查调查组应当集体讨论，形成审查调查报告，列明被审查调查人基本情况、问题线索来源及审查调查依据、审查调查过程，主要违纪或者职务违法、职务犯罪事实，被审查调查人的态度和认识，处理建议及党纪法律依据，并由审查调查组组长以及有关人员签名。

对审查调查过程中发现的重要问题和意见建议，应当形成专题报告。

……

参考文献

1. 本书编写组编：《〈中华人民共和国监察法实施条例〉及相关规定索引速查手册》，法律出版社 2021 年版。

2. 中共中央纪律检查委员会中华人民共和国国家监察委员会案件审理室编写：《纪检监察审理实务研究》（总第 3 辑），中国方正出版社 2021 年版。

3. 谭宗泽主编：《监察法论丛》，法律出版社 2020 年版。

4. 莫于川主编：《中华人民共和国公职人员政务处分法释义》，中国法制出版社 2020 年版。

5. 中共中央纪律检查委员会中华人民共和国国家监察委员会案件审理室编写：《纪检监察审理实务研究》（总第 2 辑），中国方正出版社 2020 年版。

6. 马怀德主编：《监察法学》，人民出版社 2019 年版。

7. 中共中央纪律检查委员会中华人民共和国国家监察委员会案件审理室编写：《纪检监察审理实务研究》（总第 1 辑），中国方正出版社 2019 年版。

8. 秦前红主编：《监察法学教程》，法律出版社 2019 年版。

9. 中共中央纪律检查委员会中华人民共和国国家监察委员会法规室编写：《〈中国共产党纪律检查机关监督执纪工作规则〉释义》，中国方正出版社 2018 年版。

10. 中共中央纪律检查委员会中华人民共和国国家监察委员会法规室编写：《〈中国共产党纪律处分条例〉释义》，中国方正出版社 2018 年版。

11. 江国华：《中国监察法学》，中国政法大学出版社 2018 年版。

12. 姜明安：《监察工作理论与实务》，中国法制出版社 2018 年版。

13. 本书编写组编写：《〈中华人民共和国监察法〉案例解读》，中国方正出版社 2018 年版。

14. 中共中央纪律检查委员会中华人民共和国国家监察委员会法规室编写：《〈中华人民共和国监察法〉释义》，中国方正出版社 2018 年版。

本书作者及写作分工[1]

莫于川 中国人民大学法学院教授、博士生导师、中国行政法研究所所长，法学博士，中国法学会行政法学研究会副会长，编写序言、上编第一章、下编部分案例，负责统稿。

林鸿潮 中国政法大学法治政府研究院教授、博士生导师、应急法研究中心主任，法学博士、博士后，中国法学会行政法学研究会理事，编写上编第二章、第三章、下编部分案例。

王嘉文 中国政法大学法治政府研究院博士生，编写上编第二章、第三章、下编部分案例。

哈书菊 黑龙江大学法学院教授、博士生导师、院长，法学博士、博士后，中国法学会行政法学研究会理事，编写序言、上编第四章（监察法第十八条条至第二十三条）、下编部分案例，负责统稿。

郭庆珠 天津师范大学法学院教授，法学博士，中国法学会行政法学研究会理事，编写上编第四章（监察法第二十四条至第三十四条）、下编部分案例。

王　晨 哈尔滨理工大学马克思主义学院教授，法学博士，编写上编第五章、下编部分案例。

禹竹蕊 中共四川省委党校（四川行政学院）党建教研部教授，法学博士，中国法学会行政法学研究会理事，编写上编第六章、第七章、第八章、第九章、下编部分案例。

邬乃瑾 北京市监察委驻北京国有资本运营管理有限公司监察专员办公室（北京国有资本运营管理有限公司纪委）审查调查室主任，法学硕士，编写下编部分案例并协助统稿。

宁昆桦 中国人民大学法学院博士生，整理本书附录，协助校稿。

---

① 以撰写章节为序。

图书在版编目（CIP）数据

中华人民共和国监察法　中华人民共和国监察法实施条例关联条文对照与适用精解／莫于川主编．—北京：中国法制出版社，2022.1

ISBN 978-7-5216-2428-1

Ⅰ.①中…　Ⅱ.①莫…　Ⅲ.①监察法-中国②监察-条例-法律解释-中国　Ⅳ.①D922.11

中国版本图书馆 CIP 数据核字（2022）第 007654 号

策划编辑　王　熹

责任编辑　吕静云　赵律玮　　　　封面设计　李　宁

中华人民共和国监察法　中华人民共和国监察法实施条例关联条文对照与适用精解

ZHONGHUA RENMIN GONGHEGUO JIANCHAFA　ZHONGHUA RENMIN GONGHEGUO JIANCHAFA SHISHI TIAOLI GUANLIAN TIAOWEN DUIZHAO YU SHIYONG JINGJIE

主编/莫于川

经销/新华书店

印刷/三河市国英印务有限公司

开本/710 毫米×1000 毫米　16 开　　　　印张/ 18　字数/ 240 千

版次/2022 年 1 月第 1 版　　　　2022 年 1 月第 1 次印刷

中国法制出版社出版

书号 ISBN 978-7-5216-2428-1　　　　定价：69.00 元

北京市西城区西便门西里甲 16 号西便门办公区

邮政编码：100053　　　　传真：010-63141600

网址：http://www.zgfzs.com　　　　**编辑部电话：010-63141795**

市场营销部电话：010-63141612　　　　**印务部电话：010-63141606**

（如有印装质量问题，请与本社印务部联系。）